杭州市哲学社会科学重点研究基地"杭州市委党校社会哲理与地方政府创新研究中心"2018 年度重点项目研究成果

# 世界名城建设的杭州路径研究

常　敏　黎晓春 著

浙江工商大学出版社
ZHEJIANG GONGSHANG UNIVERSITY PRESS

**图书在版编目(CIP)数据**

世界名城建设的杭州路径研究 / 常敏，黎晓春著.
—杭州：浙江工商大学出版社，2018.9
　ISBN 978-7-5178-2915-7

　Ⅰ．①世… Ⅱ．①常… ②黎… Ⅲ．①城市建设—研
究—杭州 Ⅳ．①F299.275.51

中国版本图书馆 CIP 数据核字(2018)第 195106 号

# 世界名城建设的杭州路径研究

常　敏　黎晓春 著

| | |
|---|---|
| 责任编辑 | 王　耀　白小平 |
| 封面设计 | 林朦朦 |
| 责任印制 | 包建辉 |
| 出版发行 | 浙江工商大学出版社 |
| | （杭州市教工路 198 号　邮政编码 310012） |
| | （E-mail：zjgsupress@163.com） |
| | （网址：http://www.zjgsupress.com） |
| | 电话：0571－88904980，88831806（传真） |
| 排　　版 | 杭州朝曦图文设计有限公司 |
| 印　　刷 | 杭州五象印务有限公司 |
| 开　　本 | 710mm×1000mm　1/16 |
| 印　　张 | 14.25 |
| 字　　数 | 230 千 |
| 版印次 | 2018 年 9 月第 1 版　2018 年 9 月第 1 次印刷 |
| 书　　号 | ISBN 978-7-5178-2915-7 |
| 定　　价 | 48.00 元 |

# 前　言

　　当今世界正处在大发展、大变革、大调整时期,世界多极化、经济全球化深入发展,科技进步日新月异,国际金融危机影响深远,世界经济格局发生新变化,国际力量对比出现新态势,全球思想文化的交流、交融、交锋呈现新特点,不稳定、不确定因素增多,贸易保护和民粹主义渐次抬头。2016 年,在中国杭州召开的 G20 峰会上,习近平总书记强调,面对当前挑战,二十国集团要与时俱进、知行合一、共建共享、同舟共济,为世界经济繁荣稳定把握好大方向,推动世界经济强劲、可持续、平衡、包容增长。G20 杭州峰会向世界展示出中国卓越的领导力,也为 G20 找到了全球持续发展的历史使命。同时,这次峰会也让杭州登上了世界的舞台,开启城市国际化发展的新阶段。2016 年 11月,杭州市委市政府出台《关于全面提升杭州城市国际化水平的若干意见》,2017 年 2 月,市委第十二次党代会明确“加快建设独特韵味、别样精彩的世界名城”奋斗目标。杭州将通过世界名城的建设,积极践行 G20 峰会提出的“消除贸易壁垒,便利全球投资,调整经济结构,实现生态平衡”等可持续发展倡议,为 21 世纪国际化城市的发展呈现“杭州样本”。

　　2017 年 10 月,中国共产党第十九次全国代表大会胜利召开,大会报告高举旗帜、立论定向,把握大势、总揽全局,提出了具有全局性、战略性、前瞻性的行动纲领,具有划时代的里程碑意义。中国特色社会主义进入新时代,我国社会主要矛盾转化为“人民日益增长的美好生活需要和不平衡不充分的发展之间的矛盾”,这些历史性的重大判断,对理解我国城市发展问题同样提出了新视角、新要求。党的十九大报告明确提出实施区域协调发展战略,提出以城市群为主体构建大、中、小城市和小城镇协调发展的城镇格局,表明城市群不仅在形态上,而且在规划、建设等各方面都将在推进新型城镇化进程中占有主体地位,也明确了未来我国新型城镇化的模式、路径和重点。报告强调,发挥长江经济带联通东中西部地区的独特优势,加快沿江基础设施建设和生态环境保护,优化沿江城镇、人口和产业空间布局,强化重点城市群的集聚辐射功能,建设成为促进东中西区域协调发展的重要支撑带。报告还提出,加强"一带一路"建设与国家重大区域战略统筹对接,明确不同区域对接"一带一路"的各重点方向,统筹布局安排,促进形成重点区域内外开放的良性互动。因此,杭州在建设世界名城过程中要强调大中小城市协调发展的城市群建设意义,将杭州的城市国际化纳入区域协同的平衡发展需求中,上升到提高国家竞争力的充分发展要求上。

作为改革开放的先行地,坐拥杭州湾等重要海港地利的浙江,2017 年省第十四次党代会提出,谋划实施"大湾区"建设行动纲要,重点建设杭州湾经济区。综观全球,国际一流大湾区都孕育着世界超级城市群的发展,承担着全球经济发展的引领创新、聚集辐射的核心功能,是带动全球经济发展的重要增长极和引领技术变革的发动机。杭州大湾区已具备了发展成为世界大湾区的基础和条件,承担着新时代中国经济高质量发展的历史使命。杭州应通过充分发挥创新经济优势,争取大改革、构筑新平台、聚焦原基因、集聚高要素、谋划大格局、创建国际营商环境,加快世界名城建设,与上海互为依托和促进,共同引领杭州大湾区经济发展。①

国际化城市是城市发展到一定阶段的产物,普遍是经济实力强大、基础设施完善、服务功能良好、管理理念先进、发展腹地广阔、文化氛围多元、生态环境优美的城市。世界名城是因为在政治、经济、文化等单方面或多方面具有一定影响力,在国际上享有相应知名度的城市,世界名城的建设是一个城市国际化发展的过程,承载了地区乃至国家发展的重大历史使命。杭州建设世界名城的意义和责任已经非常清晰,各项目标也逐步明确,但是建设路径如何引起了各界热议。杭州的城市国际化路径需要广泛思考、系统研究、深入论证。英国地理学家霍尔和美国学者弗里德曼提出了国际化城市"七特征说",即国际化城市必须是国际政治中心、金融中心、世界交通枢纽,跨国公司总部云集,国际组织集中,第三产业高度发达,人口规模较大。国内对这一概念的理解则有整体论和分解论的区别,整体论强调国际化城市的政治、经济、文化都是国际交流中心;分解论指的是,一座城市的国际人流、物流、资金流

---

① 黄宝连:《杭州建设世界名城与大杭州湾区发展》,《杭州日报》2017 年 7 月 17 日,第 7 版。

和信息流方面的交流出众,无论它出于政治、经济、文化、旅游的综合原因还是其中一方面原因。显然,杭州城市国际化也存在整体论和分解论的理解歧义。一些人认为,杭州缺乏大港口等世界交通枢纽,跨国公司总部数量有限,无法打造综合性国际化体系。另一些人认为,杭州最大的城市资源禀赋特点在于它的"综合前端性":既有秀美纵深的自然山水,又有深厚悠久的历史人文;既有发达雄厚的经济实力,又有极具商业化的创新活力;既有超大型的城市规模,又有完备的城市功能。虽然这一禀赋的每一个方面可能都不是全球或全国最好的,但它的每一个方面都是靠前的。这一形态在中国乃至世界都是少见的,这形成了杭州在全国乃至世界最独特的城市禀赋——综合优势禀赋,杭州的城市国际化要基于综合优势推进。

实际上,从 19 世纪末起,国际上对于城市的世界性研究大致经历了三个阶段:20 世纪 60 年代之前,主要关注城市规模;20 世纪 60 年代以后,关注点从规模转变为影响力。进入 21 世纪,城市多元性逐渐受到重视,研究重点开始转向城市特质。[①] 全球范围内,像伦敦、纽约、东京这样大规模、综合性的全球城市屈指可数,巴黎、日内瓦、达沃斯、新加坡、香港、首尔、夏威夷等绝大多数全球知名城市,都是不同规模、特色凸显的区域性城市。所以,就目前来说,杭州的城市国际化发展需要发挥"综合前端性"的综合优势禀赋,但绝不是直接走向大规模、综合性的全球城市。杭州提出的"独特韵味、别样精彩的世界名城"很好地表现了以城市特质为导向、以城市与世界交融为支撑的概念,即依托自身特质而培育出具有世界性影响力、吸引力的城市。具体而言,杭州城市国际化路径就是,在经济、政治、文化、社会、生态、科技等领域中,具有一个或多个不同于特别是远优于其他城市的特质,并以此而闻名于世,其特质所传达的文明和进步能让世界上不同社会和文化背景的人群所广为接受,拥有广泛的认可度和美誉度,从而形成具有世界性影响力、吸引力的城市。[②] 这种特质引领的世界名城建设路径,将逐步提升杭州的国际地位,并最终实现综合性国际化城市建设。

本书紧密围绕杭州的世界名城建设,分四个篇章进行阐述。第一,借鉴篇从国内外世界名城建设的理论和实践,研究借鉴城市国际化发展经验。其

---

①② 韩昊英:《杭州建设世界名城的发展方略》,杭州 2049 发展展望科技沙龙,2017 年 10 月。

中,第一章对世界名城的理论研究进行综述,研判全球化背景下城市国际化的基本趋势;第二章选取首尔、新加坡、深圳和成都等标杆城市,梳理各地世界名城建设情况,剖析世界名城建设路径及关键经验,为杭州的世界名城建设提供有益的参考。第二,综合篇分析杭州世界名城建设的历史进程、现实状况、短板挑战及目标战略等整体概况。其中,第三章阐明杭州建设世界名城的历史背景、现实意义及基础条件;第四章分析杭州建设世界名城的现状,测度城市国际化的相对水平,厘清存在的主要短板和挑战;第五章明确杭州建设世界名城的主要目标和总体战略。第三,特色篇围绕杭州的新兴经济、国际会展、旅游休闲、东方文化四大特质,分别研究其世界名城建设的具体路径。第六章研究杭州建设全球"互联网+"创新创业中心的路径;第七章研究杭州建设国际会议目的地城市的路径;第八章研究杭州建设国际重要旅游休闲中心的路径;第九章研究杭州建设东方文化国际交流重要城市的路径。第四,专题篇着重对杭州建设世界名城的人才国际化、交通国际化及产业国际化问题进行专题研究。其中,第十章深入研究杭州建设世界名城的人才问题;第十一章具体研究杭州城市交通国际化问题;第十二章以产业和创新为主线研究杭州高新区(滨江)的国际化发展问题。

在后峰会、前亚运会的历史窗口期,杭州将抓住国家区域发展战略机遇,积极参与"一带一路"倡议,主动融入长江经济带、长三角城市群和杭州大湾区发展规划,提高杭州在全国的城市地位,提升杭州在全球的城市知名度。希望此书的出版能引起更多读者了解并关注杭州的世界名城建设,盼望有更多的团队和个人能在此领域展开深入、系统的跟踪研究,使包括杭州在内的中国城市实现健康持续发展。

# MULU 目录

借鉴篇

# 第一章 世界名城建设的理论研究

城市是现代经济最为重要的空间载体,是一个国家或地区经济发展的核心。在全球化进程中,城市发展水平是一个国家或地区参与全球化深度与广度的集中体现,世界性名城在国际资源配置中发挥核心枢纽作用,即在人流、物流、资金流、信息流上起着重要的沟通国内与国际的功能。世界名城是一个国家或地区经济、社会国际化的必然产物,是城市化进程的相对高级阶段,它将一座城市从经济、文化、科技等某一领域或综合领域嵌入全球城市网络当中。

## 一、世界名城的概念及特征

### (一)世界名城的概念

世界名城与国际化城市、城市国际化具有极为密切的关系,这与我国当前众多城市推动城市国际化的背景与动因有关。一方面,世界名城首先必然是国际化城市。各城市以会展、旅游、文化创意、新兴经济、交通枢纽等的建设作为切入点推进世界名城建设,这就需要这些切入点本身,以及城市规划、管理、社会治理、国际交往等与国际通行做法、惯例、规则接轨,实现城市国际化。另一方面,世界名城是城市国际化过程的目标。城市成为世界名城的主要标志是其较大的国际影响力,国际化就是形成、强化这种影响力的过程。

因此,在给出"世界名城"这一概念之前,有必要对国际化城市有一定的认识。国际城市(international city),也可以称为世界城市(world city)或全球城市(global city),这一概念最早出现于 18 世纪末,Goethe 把罗马和巴黎描述为世界城市(weltstadte)。1966 年,著名英国城市规划专家霍尔(Peter Hall)在其著作《世界城市》(*The World Cities*)中较为全面地描述了世界上主要的、具有国际影响力的城市,提出了国际政治中心、商业中心、文化与人才中心等世界城市"六中心论",据此确定了巴黎、莱茵—鲁尔区等 7 个世界城市。① 霍尔真正从学术角度给出了"世界城市"的概念,与当下我国各地推进世界名城建设过程中的认知较为接近。国内学者综合了前人的研究给出了定义,如张骁儒、黄发玉(2014)认为,随着人类交流技术的突飞猛进和经济全球化的迅猛发展,一座城市如果在某一方面或几个方面的跨国交流比较频繁,其吸引力和辐射力能够对全球或区域产生重大影响,这类城市就可称为国际化城市。②

综上所述,我们认为,世界名城是在政治、经济、文化等单方面或多方面具有一定影响力,成为国际人流、物流、资金流、信息流等方面交流的全球性或区域性中心,并且在国际上享有相应知名度的城市,世界名城的建设是一个城市国际化发展的过程,承载了地区乃至国家经济社会转型、突破、提升的重大历史使命。

## (二)世界名城的特征

世界名城从形态来看千差万别,但这些城市还是具有一些共同的特征。③

具有一定的国际知名度。知名度来源于其在某些领域的影响力,通常影响力越大知名度就越高。世界名城不一定都是经济中心或一个国家、地区的首府,著名的历史文化遗产,优美宜人的自然环境、气候,重要的国际机构所在地,具有国际影响力的活动举办地,重要的金融中心、产业基地等,都可以让一座城市在国际上被普遍了解从而成为世界名城。梵蒂冈著名是因为其在宗教世界的特殊地位,而日内瓦则凭借其永久中立国地位和宜人的自然环境,成为众多国际机构总部所在地,以及国际会议目的地,这里产生的决策可以影响到周边国家甚至全世界的政治、经济、文化发展。

具有一定数量的国际人口。国际人口包括常住人口和非常住人口。世界名城的国际人口在总量上应该达到一定规模,在总人口中应当占有一定比例,特别是常住人口,如果常住人口过少或比例过低则无法形成国际性的多元化文化。而一些常住人口很少的城市,由于旅游、过境人口较多,也会成为世界名城。如水城威尼斯,常住人口大约3万人(全市总人口约10万人),每天来自世界各地的游客一般都在7万到8万人,远远超过其常住人口,人口数量并没有妨碍其成为世界名城。

---

① Hall P. *The world cities*. London:Weidenfeld and Nicolson Ltd,1984,pp. 1-7.
② 张骁儒、黄发玉:《国际化城市与深圳方略》,海天出版社2014年版,第10页。
③ 白友涛、吴填、俞晓霞:《引入与融合:城市国际化研究》,东南大学出版社2008年版,第24页。

运用国际惯例治理城市。衡量世界名城的一个软性指标,即是否运用国际上已经比较成熟或通行的管理经验、管理方法进行城市治理。规划、建设、管理是城市工作的三大环节,世界名城必须实现治理体系、治理能力提升并现代化,坚持精细化、人性化综合施策,坚持用新技术手段实现智慧化。城市治理应达到文明整洁、规范有序、宜居宜业的目标,实现软硬件环境的整体提升。世界名城治理中极为重要的一点是必须最大限度体现人性化与包容性,来自不同国家、地区的人应被平等对待,不被特殊优待,不歧视某部分群体。

具有良好的自然和人文环境。世界名城一般具有高质量的城市生态环境,绿色消费、绿色发展、生态友好等理念深入人心,如瑞士等地,气候适宜、植被良好、人与自然和谐共处,并具有得天独厚的区位优势。世界名城一般具有良好的人文环境,市民待人友好和善、社会安定安全,不同国家、民族文化丰富多元,能够和平共处并得到相应体现。

具备雄厚的经济实力。除非极具特色的城市,一般情况下世界名城应具备雄厚的经济实力,是国际经济中心;产业结构高度化,是高科技和国际资本的集散中心;交通、通信发达,是国际交通枢纽、通信中心;具有发达的第三产业,特别是现代服务业,可以现代化、全方位、高效率、标准化地提供国际性服务;经济具有较强开放性,国际金融、商贸业发达,对跨国公司有较强吸引力,对国际经济有较高的参与度和较强的竞争力、渗透力,通常是国际交流中心;可举办大型国际交流活动,是政治、经济、文化活动的重要场所;经济体制和运行机制与国际经济体系兼容,成为连接国内和国际经济的纽带和桥梁。[①]

## 二、世界名城相关理论

西方学术界对世界城市进行系统深入的研究始于 20 世纪 60 年代,英国城市规划专家霍尔是这一时期的代表,成为"世界城市"概念的奠基人。1981年,美国经济学家科恩(R. Cohen)分析了跨国公司在世界城市体系形成中的作用,得出全球城市是新的国际劳动分工的协调和控制中心这一论断。同样以国际经济分工为切入点,1982 年,弗里德曼(J. Friedman)和伍尔夫(Goetz

---

① 冯贵盛、陈萍:《沈阳,创建国际化城市的若干问题思考》,《社会科学辑刊》1997 年第 6 期,第73—78 页。

Wolff)共同发表《世界城市的形成:研究与行动备忘录》,根据国际分工的变化趋势对世界城市进行了开创性研究,对世界城市的概念及本质进行了分析,标志着世界城市理论体系的成型,在世界城市研究中具有划时代意义。1986年,弗里德曼发表《世界城市假说》,该理论试图为新的国际劳动地域分工提供有关空间组织方面的理论基础。有假说认为,城市与世界经济整合的程度及其在新的国际劳动地域分工中的地位,将决定城市的功能与结构重组;处于国际城市体系顶端的城市即"世界城市"或"国际城市",主要充当跨国公司的总部所在地等。[①] 迈耶(Meyer,1986)、里德(Reed,1981)等人则从金融资本国际化角度进行了研究,分别绘出世界城市体系结构图、给出全球主要金融中心城市的等级结构和类型,纳威和斯坦布(Noyelle & Stanbach,1985)的研究则涉及生产性服务业的发展,研究了美国经济结构转变对城市发展的影响,尤其是高级商务服务在其中的作用,增强了对生产性服务业集中化研究的力度。

20世纪60年代到80年代的学者主要集中于从世界城市和世界经济发展之间的关联等角度对世界城市进行研究,从现象上来看世界上有较大影响力的城市也多是经济实力雄厚的大城市。这类研究被一些学者批评为经济决定论,因为某些城市,如华盛顿、东京等地雄厚的经济实力及国际影响力与其作为国家首都有密切关系。[②] 随着信息技术的发展,以及国际交往的频繁、深化,世界城市网络格局、城市间联结方式出现了很大变化,从20世纪90年代起,卡斯特尔斯(Castells,1996)、比弗斯托克(Beaverstock,2000)、泰勒(Peter J. Taylor,2005)等众多学者开始进行世界城市体系和世界城市网络的研究,探讨世界城市在全球经济和城市体系中的地位和职能。其中,著名城市学者卡斯特尔斯把由信息技术创造的生产与管理空间定义为流动空间,进一步认为"流动空间"已经成为支配城市空间发展演化、城市资源配置的主导力量(Castells,2006),正在取代传统的"场所空间"。信息技术的发展影响全球化发展态势,全球范围内的信息、资本的交换流通都出现了空间的高密度、高强度、高速度流动状态,一个国家或城市为了获取更多的发展机会,就

---

① 周振华:《全球化、全球城市网络与全球城市的逻辑关系》,《社会科学》2006年第10期,第17—26页。

② 郑伯红、陈存友:《世界城市理论研究综述》,《长沙铁道学院学报》(社会科学版),2007年第2期,第196页。

必须在流动的资本空间中有所作为。世界城市与经济产业发展间的关系仍然是研究的重点,但更侧重于城市网络、体系及功能的研究。

城市在世界城市网络中的地位一直是学者研究的重点,霍尔、弗里德曼、卡斯特尔斯等人的研究已经包含这一点。特别是进入 21 世纪以后,一些研究机构或学者团队从不同角度给出量化评价指标与标准,对全球各地的城市进行评级分类,发布世界城市排行榜单,对推动世界名城建设具有一定的参考意义。全球化及世界城市研究网络(GaWC)发布的《世界级城市名册》是其中比较权威的研究成果。该网络由英国拉夫堡大学尊·比佛斯达克(Jon Bea-verstock)等学者创办于 1998 年,以国际公司的"高阶生产者服务业"供应,如以会计、广告、金融、法律等为城市排名,目前该排名分为 5 类 12 档次,2016年,中国南京、杭州、青岛三座城市在该榜单中处于"三线强(γ+)"位置。另一比较权威的评价为"科尔尼指数(GCI)",由全球管理咨询公司科尔尼公司、芝加哥全球事务委员会及《外交政策》共同研究发布。该指数从商业活动、人文资本、信息交流、文化体验和政治参与等五个维度对全球城市进行综合排名,反映了这些城市如何在全球范围内推进一体化及互动进程并扩展其影响力。2016 年,科尔尼指数排名城市数量增加到 125 个,其中杭州市位列第 115 名。

国内学者对世界城市的研究起步较晚,在理论与实践中一般称世界城市为"国际化城市"。近年各地加快推进城市国际化建设,学者对城市国际化评价指标、国际化推进对策有相对较深入的研究。倪鹏飞(2006)提出从城市经济国际开放度、城市人文国际开放度对城市国际化进行评价,吴伟强(2016)基于 GCI 指数的五个维度测试杭州城市国际化水平,给出推进杭州城市国际化的关键指标,如增加跨国企业总部设立数、扩大国际学校和高校数量等,其研究成果已被用于具体实践。李丽纯(2011),周春山(2016),梅琳、黄柏石(2017),先后分别对长沙、广州、武汉等城市国际化水平进行了国际、国内比较研究,并给出相应发展建议,如梅琳等特别强调了创新驱动型经济、本土特色型文化、品牌宜居型生态在城市国际化建设中的重要性。周蜀泰(2010)基于特色竞争优势研究了城市国际化路径,认为南京的国际化发展需要从"多重维度"综合审视,应基于自身的特色优势提升国际化水平;叶南客、李程骅等(2011)则以南京青奥会等为例,分析了"大事件"驱动城市国际化问题,认为大事件可以创新城市发展主题与城市发展定位、创新城市空间结构体系等。吴可人（2008）、浙江省委政研室课题组（2014）、任远（2017）、李俊（2017）、李明超（2017）、许玲（2017）分别对杭州市国际化水平提升策略、路径进行了研究阐述。如李明超（2017）基于区域竞争力提升给出杭州市国际化水平提升路径，为如何打造"独特韵味、别样精彩的世界名城"、智慧经验为特色的国家中心城市、亚太地区重要国际门户枢纽等提出相关建议。

### 三、全球化背景下城市国际化基本趋势

人类社会发展进入后工业社会，城市职能已经发生了重大变化，工业生产向外扩散，中心城市从工业生产中心转变为商业和服务业中心，各类要素集聚作用增强，其中大城市开始向多中心转换。而在全球化背景下，城市间的竞合关系跨越区域界限，形成新型有机联系的世界城市网络，其发展趋势可以概括为以下几方面。

#### （一）城市国际化深化发展

经济全球化使国家对跨越国界的经济活动的制约能力不断被削弱，各类生产要素在全球范围内优化配置、自由流动，支撑城市发展的资源不再仅仅来源于传统周边区域，更加扩展到其他国家和地区，一些城市在某些方面开始具有广泛的甚至是全球性的影响。中心城市间的经济联系开始加强，形成了具有一定秩序和格局的城市体系，影响全球经济命脉，部分城市的国际化程度不断加深，并带动所在国家或地区积极融入世界经济体系，承载所在地经济、社会发展战略使命。在全球城市网络中，已经涌现出一批在全球经济、社会、政治、文化等方面发挥指挥、控制或重大影响作用的城市。

#### （二）新型城市网络体系正在形成

传统的城市体系是基于国家框架，分为首都、区域中心等级别，但随着经济全球化下的生产、流通、交换系统机制的形成，传统城市体系的框架理论基础已经改变，城市系统观念已突破基于领土的连续性，而是建构在功能节点（中心城市）及节点间的联系轴（人流、物流、资金流、信息流）之上，全球网络正日益变成一个将全世界各大枢纽与节点连接在一起的横向网络。[①]　在这一

---

① 史健洁、林炳耀：《经济全球化背景下的城市化》，《城市问题》2002年第4期，第15—17页。

背景下,基于产业分工和专业化形成的效率改进、成本降低仍然会影响城市竞争力,但这种影响会不断弱化,特别是其中可替代性较强的从事标准化产品生产的能力将很难再构成核心竞争力。在产品和服务需求多样化条件下,单体城市的竞争力将日益取决于价值链上各参与方沟通合作的效率和质量,取决于单体城市在城市网络中所处的地位和核心优势。①

### (三)都市集群化发展成为重要趋势

都市集群发展的结果是形成"都市区"和"大都市连绵带",将成为未来人口主要集聚地和经济成长的主要来源地。在经济合作组织(OECD)国家中,目前约有 2/3 的人口居住在城市,未来 10 年居民数量超过 100 万的大城市将达到 500 座。随着城市的发展,社会经济活动必然会从核心城市蔓延到市郊或更远的地方,大都市区的发展成为必然趋势,在一些 OECD 国家中,一个大都市区几乎占据所在国总人口的一半。② 伴随着大都市区在经济发展中地位的凸显,OECD 国家大都市地区人均生产总值及生产总值占全国的比重要远远高于其他地区,有些大都市区甚至占全国的 1/2。我国的城镇化已经进入大都市区化的发展阶段。如北京疏解非首都功能推进京津冀协同发展规划,福州大都市区发展规划均是我国大都市区发展的典型案例。

### (四)发展中国家城市化步伐大大加快

人类社会活动的空间结构已经进入了以城市为主的新阶段。联合国《世界城市化展望》(2014 年修订版)报告指出,全球城市人口由 1950 年的 7.46 亿人增加至 2014 年的 39 亿人,到 2050 年,全球城市人口将再增加 25 亿人,全球城市人口比例将达 66%,其中近九成新增城市人口集中在亚洲和非洲,而未来城市人口增加最多的国家将是印度、中国和尼日利亚。从 2014 年到 2050 年,这三个国家将分别增加 4.04 亿、2.92 亿和 2.12 亿城市人口,占全球新增城市人口的 37%。而发达国家人口城市化率接近饱和,未来将不会有大的起伏。值得注意的是中国城市化进程影响深远,美国经济学家斯蒂格利茨

---

① 国务院发展研究中心课题组:《世界城市化和城市发展的若干新趋势和新理念》,《中国发展观察》2013 年第 1 期,第 36 页。

② 杨莉、刘霞:《OECD 国家的大都市区治理》,《国外社会科学——大都市区治理——以交通规制与空间为例》2015 年第 5 期,第 52 页。

曾指出,中国的城市化和美国的高科技是影响 21 世纪人类发展进程的两大关键因素。中华人民共和国成立前,中国的城市只有 132 个,2016 年这一数字已增加到 654 个,城市化率由 1949 年的 10.6％提高到 2016 年的 57.35％。

### (五)第三次工业革命将对城市国际化形成深远影响

第三次工业革命将带来能源生产与使用革命、生产方式变革、制造模式变革、生产组织方式变革及生活方式变革。与第三次工业革命相关的尖端制造业将成为一些城市新的竞争力来源,德国工业 4.0、美国工业互联网等战略效应已经开始显现,无疑将带来全球产业分工链条的重新调整。值得注意的是,发达国家一些在全球化进程中衰落的以制造业为主的城市及目前以服务业为主的城市,有可能因此获得新的发展生机。对于发展中国家来说,要更加警惕由于技术差距过大导致无法从发达国家高端制造业兴起中获得带动效应,特别当高端制造业对传统制造业形成替代关系时,可能对发展中国家形成严重负面冲击。[①]"中国制造 2025"力求抓紧第三次工业革命机遇,我国的一些互联网技术等领域已处于世界前沿的城市,借助新经济的兴起有望在世界城市版图中占据重要位置。

### (六)包容性发展理念越来越受到人们重视

"生态友好、绿色发展"的理念已经在很多国家被广泛接受,是国际化城市、世界名城建设的基本理念。越来越多的国际交往、要素的国际流动,使得不同文化、制度、理念碰撞越来越深入、频繁,尊重、包容的氛围成为世界名城典型特征。此外,随着人民群众权利和平等意识日益增强,原有城市中贫富差距、发展不平衡等问题成为更加严峻的挑战。如在一些 OECD 国家城市中,社会排斥及贫穷问题普遍存在,而其他一些发展中国家情况更为严重。世界观察研究所和全球环境研究所发布的《世界报告 2007:我们城市的未来》中称,目前全球 30 亿城市人口中有 10 亿人居住在"贫民窟"[②]。包容性理念指导下的制度构建、政策施行显得尤为重要。

---

① 国务院发展研究中心课题组:《世界城市化和城市发展的若干新趋势和新理念》,《中国发展观察》2013 年第 1 期。

② 搜狐新闻:《世界报告 2007:全球有 10 亿城市人口住在贫民窟》,2007 年 4 月 25 日,http://news.sohu.com/20070425/n249668503.shtml。

# 第二章  世界名城建设的实践探索

　　各地"世界名城"差异巨大,成长路径也大相径庭,但其发展经验仍然有重要的借鉴意义。首尔、新加坡与杭州在经济社会发展阶段上较为接近,且同为亚洲城市,首尔的城市营销、设计等方面具有借鉴意义,而新加坡城市治理等方面极具启发性。此外,深圳、成都等国内城市均在积极推进世界名城建设,在产业转型升级、城市治理现代化、深化国际交往等方面发展迅速,已给杭州带来巨大竞争压力。本章对上述四座城市的"世界名城"建设过程进行了梳理,寻找其中具有借鉴意义的闪光点。

## 一、首尔世界名城建设情况分析

　　韩国首尔地处朝鲜半岛中部,是韩国最大的城市,面积约 605.25 平方千米,截至 2016 年 3 月末,居民登记人口约为 1000.96 万人,实际居住人口约999.91 万人。首尔是一个有着超过 600 年历史的古都,是韩国政治、经济、文化、教育、科技中心。1988 年汉城奥运会后,首尔经经济经历了 10 年飞速发展,2016 年 GDP 高达 19744 亿元人民币,现代服务业是其支撑产业,首先是海、陆、空交通枢纽,是全球最繁华的现代化大都市之一。首尔保存着大量历史文化遗产,文化极具多元性,文化产业影响力也在不断增强,影视、流行音乐、观光旅游等给人印象深刻。首尔城市建设十分重视设计,有着"世界设计之都"的美誉,在世界名城建设方面有着严密的定位、规划、目标及执行体系。首尔将每一发展目标细化到可执行、可操作的层面,发展方向与发展路径十分明确。

### (一)"活力之城"的独特定位

　　城市定位是城市在全面深刻分析发展的重大影响因素及其作用机理、复合效应的基础上所确定的城市发展的基调、特色,是有别于其他城市的最为突出的特点,是一座城市中相关活动、事物的共同特点。首尔前市长吴世勋用"活力"一词来表达首尔的城市总体定位,既能概括首尔的文化及各支柱产业的特征,突出首尔"以人为本"的城市形象,又能表现出首尔不断向前发展的势头。在"活力之城"总体定位下,首尔建立了不同城市产品的品牌定位体系,如旅游休闲类产品方面,将首尔定位为"独有的文化之都",这是基于首尔"六百年古都、国际化文化名城"这一扩展定位而来。此外,创业投资类产品、人居生活类产品均有不同定位及扩展定位基础。

### (二)世界名城建设的战略规划

《2020 年首尔市发展计划(草案)》提出把首尔建成"领导东北亚经济的世界级城市,充满文化气息的城市,治理环境的生态城市,充满幸福的福利城市以及统一朝鲜半岛的中心城市",并分别基于经济、文化、环境、社会、政治等五个方面对首尔城市国际化发展使命和愿景进行了规划,明确了城市发展目标、发展方向与发展路径。[①] 首尔把提高经济活力、便利、健康和具有国际竞争力作为城市国际化发展的战略目标,并将每项目标都细化到可执行、可操作的层面,目标之间相互协调。严密系统的发展战略规划有利于推动世界名城的建设。

### (三)世界名城建设的营销策略

首尔的国际化城市营销成效卓著,其工作大体可分为形象设计、市民教育、流程机制、营销活动、绩效控制等五方面。形象设计方面,开展"靓汉江工程""文化建设工程"等打造城市形象,打造市徽、市歌等城市符号,向人们诠释首尔的"活力之城"的定位,形成深度可识别的城市品牌。市民教育方面,作为世界上教育水平最高的国家(OECD,2008),韩国首尔进一步通过礼仪教育、交通整治、卫生治理等行动提升市民素质,市民意识大大提升。在流程机制等方面,建设外国人援助机制,方便外国人旅游、经商和居住;建设智慧城市系统,实现各类服务的自动化;实行过境免签机制,实行转机外国乘客无签证停留 12 小时,利用交通便利等优势持续巩固其金融中心地位。营销活动方面,首尔通过体育营销、节事营销、会展营销等向人们传递"活力之城"的形

---

① 汤丽霞、海闻:《深圳国际化城市建设比较研究报告》,中国发展出版社 2014 年版,第 145 页。

象,提升城市品牌。其中体育营销在首尔建设世界名城过程中发挥了重要作用,第 24 届奥运会、2002 年世界杯成功将首尔形象传播到世界各地。在绩效控制方面,首尔城市营销组织网络完整,由市长和首尔城市营销组织进行领导和协调,有效的营销组织协调机制、治理机制发挥了巨大作用,确保了城市营销策略的执行效率与效果。

### (四)世界名城建设中的产业发展

服务业特别是现代服务业已成为城市文明进步和现代化程度的重要标志,而现代化国际城市一个显著特点就是现代服务业非常发达。2011 年,首尔服务业经济总量占首尔本地国内生产总值的 91.2%,其中金融保险、批发零售、信息通信、商务服务四大行业增加值已占首尔国内生产总值的 55.6%。[①] 首尔已经是一个典型的现代服务业发达城市。特别值得一提的是,在金融危机后新一轮产业升级中,首尔选择了文化创意产业作为其发展重点。吴世勋认为与众不同的设计是首尔跻身世界伟大都市的唯一途径。市长直属的设计首尔总括本部部长郑庆源曾指出,设计使首尔由过去以建设和产业为中心的开发理念下的"硬城市",转变为以文化和设计为中心的"软城市"。2010 年,首尔获得联合国教科文组织授予的"设计之都"称号。在具体策略方面,首尔专门设立了副市长级别的设计首尔总部专家小组,构建了全方位设计与创新体系,打造文化创新产业基地作为发展文化创意产业的载体,扶持完善以创新与创意为目标的产业链。文化创新产业的发展在首尔打造世界名城文化品牌方面起到了非常重要的作用。

### (五)世界名城建设中的城市治理

首尔的城市治理有独到的方式和路径,支撑了"活力城市"的整体定位,实现了城市生态与文化的完美结合。首尔城市治理重视规划的重要作用。参考伦敦规划设置绿带的做法设置开发限制区,一方面成功控制了城市向周围农村地区的蔓延,另一方面鼓励了外围卫星城的发展、分散了过度集中的首尔,保护了城区周围的自然和半自然环境。首尔规划的另一亮点是对历史建筑及民居的保护,实现了传统与现代的完美结合。此外,土地与住宅政策

---

① 汤丽霞、海闻:《深圳国际化城市建设比较研究报告》,中国发展出版社 2014 年版,第 164 页。

是保证首尔"活力"的重要基础。首尔采取土地租赁式住宅销售制度和长期传贳房制度。前者规避了土地炒作与地产投机,有利于降低购房门槛,后者使民众从"追求拥有"向"稳定租住"转变,保证房地产市场的稳定。生态建设是城市治理中的重要组成部分,首尔从以下几方面推进。一是进行生态文化城市建设:建设生态文化城市(环境友好型城市)已成为韩国各地的核心发展理念,其目的是摆脱以开发为主的城市改造方式,实现自然生态与文化之间的深度融合。二是构建城市自然生态:首尔通过城市绿地建设、公园建设、露营森林建设等构建城市自然生态,大大提高了市民幸福指数。其中,引人瞩目的是进行了复原生态建设,如 2003 年复原清溪川工程,成为改造城市景观和生态的经典案例。三是进行清洁城市建设:首尔通过导入公用自行车、"汽车共享"等措施或理念,以及超微尘(PM2.5)整治等建设清洁城市,实现环境的宜居性。

## 二、新加坡世界名城建设情况分析

新加坡是东南亚的一个岛国,也是一个城市国家,毗邻马六甲海峡南口,南面隔新加坡海峡与印尼相望,北面有柔佛海峡与马来西亚相隔,国土面积约 700 平方千米,2013 年人口约 530 万人。新加坡是一个发达的资本主义国家,是亚洲最重要服务和航运中心之一,2017 年全球金融中心指数(GFCI)报告中,新加坡是位列纽约、伦敦、中国香港之后的第四大国际金融中心,部分制造业实力较强,是世界第三大炼油中心和石化中心。新加坡政治、社会稳定,法治建设极为成功,在城市管理、社会管理等方面具有很多有效实施多年的做法。新加坡具有世界一流的城市规划,城市管理效果显著,有"花园城市"的美称。新加坡作为一个小国,其国际影响力和经济竞争力令全世界瞩目,在上世纪中叶后短短几十年间所取得的发展成就、发展经验值得研究借鉴。新加坡世界名城建设重点推进领域大体可分为经济领域、城市管理领域、社会管理领域。

### (一)世界名城建设中的经济发展分析

新加坡经济发展大致经历了五次成功的转型,由 20 世纪 60 年代的劳动密集型产业、70 年代的经济密集型产业、80 年代的资本密集型产业、90 年代的科技密集型产业,直至 21 世纪发展为以知识密集型产业为主导。[①] 新加坡充分把握世界经济发展整体趋势,不断融入世界经济体系并努力使自身成为全球产业分工链条中的一个重要环节。经过持续不断的努力,20 世纪 80 年代末,新加坡开始向高收入阶段发展,国际金融服务业、国际运输业等国际性服务经济的大发展,使新加坡成为东南亚地区乃至亚太地区的区域性服务中心。[②] 1996 年新加坡从发展中国家上升为发达国家,实现了工业化,产业结构进一步向高级化和科技化方向迈进。2000 年新加坡提出的 10 年计划中,将制造业和服务业发展确定为经济增长的双引擎;2008 年全球金融危机之后,其经济结构并未发生较大变化,以技术密集型为特征的产业部门和服务业仍为新加坡的主导产业。

新加坡经济显示出高度国际化的特征。首先是制造业部门的高度国际化。新加坡产业不断更新换代,在全球产业链、价值链中的地位不断提升。工业化、电子业、机械制造、生物医药是新加坡制造业四大支柱产业。新加坡是世界第三大炼油中心和石化中心,裕廊岛成为世界著名化工基地,是全球最大的自升式石油钻井平台制造国,是亚洲最大的飞机维护、修理和翻修(MRO)中心。其次是服务业部门的高度国际化。服务业约占新加坡 GDP 的 3/4,是新加坡支柱性产业,已经使新加坡成为国际航运中心、国际金融中心、国际贸易中心及国际旅游会议中心。再次是经济发展环境的高度国际化。新加坡打造优良基础设施、基础服务,优化营商环境的措施,已经成为各国企业发展业务、鼓励创新和培养人才的家园,超过三分之一的财富 500 强公司选择在新加坡设立亚洲总部。

新加坡经济发展成功的经验可以概括为以下几点。一是打造经济发展基础条件。稳定的宏观经济及政治,透明、诚实的法治制度及看重教育与培训被认为是新加坡经济快速发展的三大基础条件。二是构建适合自身情况的市场经济体制。新加坡经济体制有效整合了市场机制与政府作用机制,其中基础是市场经济,但政府在历次重大历史阶段均扮演了十分重要角色,每10 年一次的经济转型都离不开政府的大力推动。三是高度重视对外开放。

---

① 胡国洪:《新加坡经济发展的模式及经验管窥》,《中国城市经济》2011 年第 12 期,第 16 页。
② 汪慕恒、黄汉生:《新加坡独立后的经济发展》,《厦门大学学报(哲社版)》1994 年第 3 期,第 4 页。

各种条件限制使得新加坡缺乏经济纵深,因此新加坡具有强烈的开放意识。在具体做法方面,新加坡积极鼓励科技创新,充分重视人力资本积累,加强基础设施建设,通过改善居住环境、提升政府效能、优化税收政策等优化营商环境,以上均是维持并提升其城市竞争力的重要手段。

### (二)世界名城建设中的城市管理分析

2017 年,根据美世人力资源顾问有限公司发布的《2017 年全球城市生活质量排名》,新加坡排名第 25 位,是亚太地区排名最高的城市。同年英国《经济学人》杂志发布的"全球宜居城市"榜单中,新加坡位列第 35,是亚洲三甲之一。新加坡城市管理经验主要有以下三个方面。

首先是科学的城市发展规划。新加坡城市规划和布局的合理,堪称世界一流,节约了土地等各类资源,极大缓解了城市压力。新加坡充分重视专家与社会意见,重要的规划要在草案确定后对社会公布,征询各界意见。更重要的是其城市规划着眼未来、着眼长远。新加坡刚刚独立时做了 30～50 年的城市发展规划,概念性发展规划历时 4 年完成,今天世界上数一数二的世界级良港新加坡港就是当时规划下的产物。2011 年的概念规划充分利用现代管理技术手段预测了 2030 年城市发展各方面情况,是一个精细而又科学的土地供应和基础设施投资规划。新加坡在软、硬公共服务方面同样基于未来的标准与需求,确保了城市基础设施的超前性。

其次是法制化的城市管理。新加坡是一个高度法治化的国家,这是其城市管理取得巨大成功的重要因素。一是法规体系完备。国家对城市中建筑物、广告牌、园林绿化等硬环境的方方面面都做了具体规定,做到了"无事不立法",各项工作有法可依。同时法规操作性强,各方面规定详细,避免了执法的随意性。二是执法严格。以罚款制度为例,其罚款制度涉及城市管理的方方面面,规定具体、明确,罚款项目繁多、执行严格。政府对于执行罚款高度重视,通常派专人进行监督。罚款制度创造了新加坡良好的城市环境,也带来了大量的城市管理经费。①

再次是多方参与共同管理。新加坡特别重视城市管理中政府、市场和公

---

① 方东华、陈珊珊:《国外先进城市管理模式及其对宁波的启示》,《宁波大学学报》(人文科学版)2012 年第 4 期,第 103—104 页。

众的共同参与。一方面,政府重视公民教育工作,把"遵守法律、遵守公德,爱护公物、为社会做贡献,为国家增光彩"作为重要教育内容,大大促进了公民参与意识,并在城市管理中发挥越来越重要的作用。另一方面,重视公民参与机制建设,如在市镇理事会中吸纳很多普通居民,共同商讨管理中的具体问题,使管理符合公众的需求。此外,新加坡十分重视管理工作的市场化,充分发挥企业作为市场主体的作用,如采用招投标方式把一部分工作发包给社会企业来做,减轻政府负担的同时也提高了管理效率。[①]

### (三)世界名城建设中的社会管理分析

新加坡的成功除上述经济发展、城市管理等因素外,社会管理方面诸多实践功不可没,其主要经验在社会保障和社会基层治理方面。新加坡社会管理由政府积极主导,但充分注重市民自我管理,社会基层参与多元化,同时具有严密的制度安排保证落实。

首先,在社会保障方面,新加坡独具特色的中央公积金制度是维持其社会保障体系运行的核心内容,其用途已经拓展到住房、卫生保健、家庭保障、资产增值等多方面。中央公积金涵盖了大部分公共和私人部门的工薪阶层,建立了完善、科学的管理机制、运营机制和财务机制。这一制度实现了一定意义上的资源优化配置,使新加坡长期保持较高的储蓄水平,提高公民保障水平的同时,也为政府提供了大量建设资金,对国民经济的长期快速发展起到了积极的推动作用。新加坡社会保障体系中另一值得研究借鉴的是房屋政策。新加坡拥有全球公认的最佳社会保障住房体系,实现了"居者有其屋"的目标,降低了居民生活和城市管理成本,在移民国家多元化的社会中成功实现了社会和谐稳定,该计划获得联合国公共服务奖。

其次,在社会基层治理方面,作为移民国家,对于来自不同国家和地区的,有着不同的种族、习惯及宗教信仰的民众,其大量的社区基层组织在社会再组织中发挥了积极作用,成为吸引企业、个人参与,协调政府部门的主体。新加坡充分给予民间组织发展空间,社会组织发育成熟,政府重视社会团体、宗教团体、服务中介组织参与社区建设,建立起纵横交错、组织严

---

① 汤丽霞、海闻:《深圳国际化城市建设比较研究报告》,中国发展出版社2014年第1版,第92页。

密的社区基层组织网络,分担政府管理和服务工作,服务内容涵盖了民众生活的方方面面,民众对这些基层组织有较好的认同、较强的归属感和参与热情。

### 三、深圳世界名城建设情况分析

深圳是中国南部海滨城市,地处广东省南部,珠江口东岸,毗邻香港,全市面积约 1997.27 平方千米,2016 年年末常住人口约 1190.84 万人。深圳市设立于 1979 年,1980 年全国人大常委会批准在深圳市设置经济特区,是国家副省级计划单列市。深圳经济总量相当于中国一个中等省份,位居全国大中城市第四位,是中国大陆经济效益最好的城市之一,在中国高新技术产业、金融服务、外贸出口、海洋运输、创意文化等多方面占据重要地位。深圳发展定位为建设"国家综合配套改革试验区""全国经济中心城市""国家创新型城市""中国特色社会主义示范市""国际化城市"等。经过 30 多年的发展,深圳从一个无名小镇快速崛起成为一座功能完备、设施先进、环境优美、充满活力的现代化大都市,创造了世界城市化、工业化和现代化发展史上的奇迹。建设国际化城市是深圳面对后金融危机时期国际、国内形势的新发展,迎接各类挑战的战略选择。

### (一)世界名城建设的良好基础

一是独特的区位优势。深圳地处中国三大城市群之一的珠三角城市群,毗邻香港使其获得诸多有益借鉴。深圳有良好的远洋海港,是泛珠三角经济区最好的出海通道,是这个地区参与全球经济合作与竞争的最好平台。2016年,深圳港口集装箱吞吐量在我国沿海和内河港口中排名位列第二,同时拥有多条高速公路和铁路联系广阔的内地市场,交通枢纽地位正在确立。粤港澳大湾区建设写进党的十九大报告,成为深圳当前发展的重大历史性机遇,世界第四大湾区经济的打造将使深圳开启另一次发展大跨越。

二是实力雄厚的现代经济。深圳整体经济实力强劲。2016 年按修订后的数据,深圳市 GDP 达到约 20078.58 亿元,首次突破 2 万亿元大关,取代广州位列全国城市第 3 名;一般公共预算收入达约 7901 亿元,其中地方级收入约 3136 亿元,首次突破 3000 亿元大关,四年翻了一番多,位列内地大中城市第 3 名。① 产业结构不断优化。新兴产业、现代服务业成为经济增长双引擎。深圳市形成了以生物、互联网、新能源等七大战略性新兴产业和海洋、航空航天等五大未来产业构成的新兴产业体系。2016 年，全市新兴产业增加值约 7848 亿元，占 GDP 比重达到 40.3%，对 GDP 增长贡献率提高至 53% 左右，深圳已经成为国内战略性新兴产业规模最大、集聚性最强的城市；三次产业结构为 0：39.5：60.5，服务业在 GDP 中的占比超过 6 成，服务业中现代服务业占比已经超过 70%。② 跨境金融、要素市场、财富管理等创新金融领域快速发展，文化与科技、旅游、商贸高度融合，高端化特征初步显现，高技术含量、高附加值的服务业加快发展。

三是充满活力的包容性文化。作为移民城市，深圳市人口流动性大、社会开放、文化多元。深圳市融会了全国各地、东方西方风俗习惯、民俗文化，五方杂处、兼容并包，多元的价值追求得到充分尊重，使得深圳城市文化具有强大包容性，也形成了深圳人开放自由、独立进取的人格特质，这是世界名城建设的重要人文环境。

### (二)世界名城建设的主要做法

首先，强化推动改革创新。创新立市是深圳市作为世界名城的最主要特征之一。深圳市以政府为引导打造良好创新环境，以企业为主体高度市场化运作，以完善的创新生态链为支撑，构建了一个综合的创新生态体系。一是不断完善自主创新政策法规。2008 年是深圳转型升级的关键期，市委、市政府推出《关于加快建设国家创新型城市的若干意见》，出台了全国首部国家创新型城市总体规划，先后出台自主创新"33 条"等系列政策。市人大《深圳经济特区科技创新促进条例》将自主创新纳入法制化轨道，颁布、修订实施了一系列知识产权保护的规定、条例等，设立全国第一个知识产权法庭，营造创新法制环境。二是不断加大科技研发投入。2013 年起，深圳市通过实施银政企合作、科技保险费资助等撬动银行业、保险业资源，引导天使投资、完善科技金融服务体系，以充分利用财政资金引导、放大和激励作用，创造了良好的投

---

① 《深圳 GDP 破 2 万亿，首超广州成第三城》，第 1 财经网，2017 年 12 月 5 日，http://www. yic-ai. comnews5380550. html。

② 《2016 年深圳市国民经济和社会发展统计公报》，深圳政府在线，2017 年 4 月 28 日，http://www. sz. gov. cn/cnxxgkzfxxgjtjsjtjgb/201705/t20170502_6199402. htm。

融资环境。2016年深圳全社会研究与发展经费(R&D)投入超过800亿元，占GDP比重提高至4.1％,研发强度仅次于以色列。[①] 三是加强创新载体建设。实施"孔雀计划"等,吸引海内外引进高层次人才及团队;发挥教育部、中科院、广东省等产学研合作优势,组建高水平的产学研创新联盟和基地;落实深港创新圈三年行动计划,集聚香港优势创新资源;建设深圳联合产权交易中心;建成一批支持企业技改和研发活动的公共技术平台。[②] 2016年,深圳市各类各级重点实验室、研究中心等创新载体累计达1493家,其中国家级94家,[③]其创新载体体系覆盖了国民经济社会发展的主要领域。四是创新根植市场。深圳市充分发挥市场在创新资源配置中的决定性作用,充分发挥企业的创新功能。深圳创新的显著特征是4个90％,即90％的研发人员、90％的研发机构、90％的研发投入,以及90％的专利均来自企业。高度市场化保证发明创新能够以最低成本、最快速度产业化,形成创新与市场的良性循环。华为、腾讯及一大批"瞪羚型""核弹型""独角兽型"企业或成为业界翘楚,或跻身国际前列,发挥了重要的市场引领作用。

其次,深入推进对外开放。作为改革开放的窗口,30多年来,世界各地的资金、技术、项目集聚深圳并辐射内地巨大市场。其对外贸易领先全国,出口规模连续24年居全国内地城市首位,出口目的地遍布全球226个国家和地区;世界500强在深圳的投资不断创新高,至2017年年初,在深圳投资的世界500强企业总数累计达到275家,投资不断向高端领域迈进;对外投资总量巨大,截至2016年年底,深圳对外直接投资累计净额(存量)852.6亿美元,位列内地城市第一。

改革是推进对外开放的直接动力。以前海为例,深港两地在产业集聚、金融合作、贸易合作等领域均实现重大突破。前海承担了金融业对外开放试验示范窗口的作用,跨境人民币贷款2016年年底备案金额超过1100亿元、累计提款约364.57亿元,规模领先全国。[④] 前海蛇口自贸片区为对接国际贸易

① 陈泽秀:《深圳创新密码:研发投入强度仅次于以色列》,中国干部学习网,2018年1月4日,http://study.ccln.gov.cn/fenke/jingjixue/jjjpwz/jjqyjj/398961.shtml。

② 杨世国、程全兵:《深圳:"创新之城"是如何炼成的》,《人民日报海外版》2015年4月15日,第7版。

③ 喻剑:《深圳持续发力源头创新》,《经济日报》2017年4月26日,第15版。

④ 张玮:《前海高端产业成规模集聚》,《南方日报》2017年6月30日,第A03版。

投资新规则,把制度创新作为核心任务,截至 2017 年年中,累计推出制度创新成果 253 项。普华永道等第三方评估显示蛇口片区在扩大投资开放、金融制度改革、法治环境改善等领域领先全国,部分领域已接近国际自由贸易水平。近年深圳进一步构建对外开放新格局。2017 年深港正式签署《关于港深推进落马洲河套地区共同发展的合作备忘录》,共建香港最大的科技创新园区港深创新及科技园,形成"西有前海,东有河套"的局面;紧抓国家开放发展大战略,将深圳打造成"一带一路"枢纽,本土龙头企业组成集群沿"一带一路"加快走出去,成为全球瞩目的"深圳力量",仅对外承包工程即占全国"一带一路"工程承包总量的近 10%。

第三,打造宜居宜业城市环境。深圳市近年在国际化人居环境、创业环境方面不断加大改革发展力度,环境质量持续改善。深圳牢固树立绿色发展理念,加快推进生态文明建设。政策推进环保的力度前所未有,创新性地在市政府层面建立环境形势分析会制度,出台大气质量提升、水环境治理等系列文件,有力促进了全市各项污染治理工作。环保考核倒逼发展方式转变。在全国率先开展生态文明建设考核工作,考核结果与政绩评价等工作挂钩。加快经济发展方式转变。加大产业转型升级力度,大力发展新经济,大力发展现代服务业,布局前瞻性未来产业等。2016 年,年灰霾天数已控制在 27 天以内,连续 4 年在全国 GDP 排名前 20 位城市中空气质量排名第一,全市 14条主要河流中 13 条平均综合污染指数大幅下降,全市森林覆盖率、人均公园绿地面积、建成区绿化覆盖率等指标居全国大中城市前列。[①]

各类治理工作逐步走向成熟。如在垃圾分类方面,2013 年率先成立正处级事业单位专门负责组织推进、监督考核全市垃圾分类减量工作;2017 年,实施《深圳市生活垃圾强制分类工作方案》,生活垃圾分类从以往的鼓励为主转变为全面强制。深圳市已经初步建立起了七大类别的垃圾分流分类体系。在交通治理方面,深圳市机动车总量多达 320 万辆,深圳市通过首创的潮汐车道,以及拉链通行、多乘员车道等措施,精细组织盘活交通存量、提升通行效率;通过数据情报精准疏导交通,通过智能化措施提高服务效率,提升市民满意度。交通部等权威机构共同发布的研究结果显示,作为一线城市的深圳拥

---

① 窦延文:《深圳环境质量持续改善》,《深圳特区报》2017 年 3 月 8 日,第 A01 版。

堵程度排在全国第 25 位。

打造国际化社区。深圳市重点打造城中村商业型、高档居住型、产业园型等 8 种国际化社区类型。其中打造城中村水围社区为集休闲、购物、居住为一体的水围国际青年社区,有机融合了岭南文化与国际风情,为城中村改造探索了一条切实可行新路径;打造东海社区为高档居住型国际化社区,增设特色对外服务窗口,聘用双语社工,各类标牌、信息发布均采用双语制。同时引导社会资本多元主体参与社区治理和服务构建国际化氛围;打造沿山社区为产业园区国际化社区,通过多种渠道夯实社区治理法治化,增强国际化基础设施和服务能力建设,依托社会组织提供专业的多元服务。

## 四、成都世界名城建设情况分析

成都市地处四川盆地西部,青藏高原东缘,全市土地面积约 14335 平方千米,市区面积约 4241.81 平方千米,2016 年年末全市常住人口约 1591.8 万人,全市城镇化率达 70.6%。成都是一座有着 2300 多年悠久历史的古城,是中国十大古都之一,是国务院首批公布的 24 个历史文化名城市之一。截至2017 年 5 月,有 16 个国家获批在成都设立领事机构,列全国第 3 位,有来自160 个国家和地区的近两万名外籍人士在成都长期居住,被誉为中西部最受外籍人士欢迎的城市。"十二五"以来,成都市站在"新常态、万亿级"的新起点大力推进城市国际化,将城市国际化作为应对经济全球化时代城市竞争的战略举措。近年来,成都城市国际化水平提升迅速,已经成为国内国际化建设备受瞩目的城市之一。

### (一)强化规划引领各项工作

在城市总体发展规划方面,2016 年 3 月,成都启动了新一轮城市总体规划(总规)修编工作,成渝城市群发展规划获国务院批准,正式确定成都为国家中心城市,赋予成渝相向发展,打造国家区域经济"第四极"的历史使命。其城市布局由原来的"两山夹一城"转变为"一山连两翼",成都迈向"双城时代"。在国际化发展规划方面,成都市规划发展步骤清晰、目标明确,重点任务环环紧扣。2012 年出台《国际化城市建设行动纲要(2012~2016 年)》,成都首次有了具体的城市国际化行动指南,纲要提出三个阶段 22 项建设目标,从建设"通达全球国际性交通通信枢纽"等五个方面提出了 26 项国际化城市建设行动任务。此后,"十三五"规划建议、《关于系统推进全面创新改革加快建设具有国际影响力的区域创新创业中心的决定》,确定成都建设现代化国际化大都市分"三步走",即从"区域中心城市"迈步"国际性区域中心城市",再成为"世界城市"。2016 年的"十三五"规划纲要则明确五年的时间,将成都从"区域中心城市"提升为"国际性区域中心城市"。为确保完成目标,成都从经济、科技等方面确定了"六大支撑目标"。2016 年,成都制订出台《国际化建设 2025 规划纲要》,提出建设具有通达全球能力的内陆开放门户城市、具有较强国际竞争力和影响力的亚洲内陆综合性经济中心等五大行动计划,进一步系统性推进城市化建设。2017 年,成都市推出《国际化城市建设"十三五"规划》,进一步明确五大行动计划具体目标分解、对策及保障措施等内容。

为落实上述规划、政策相关内容,成都将各项工作任务纳入政府年度工作计划和全市年度工作目标考核之中。自 2012 年以来,每年发布"国际化水平"统计监测报告,根据经济实力、国际影响力、开放合作环境、城市品质等四大领域 18 项指标体系,总结评估上年城市国际化建设的成效、经验和不足,提出下一年度城市国际化工作推进的重点和方向。[①]

### (二)名城建设突显本土特色优势

成都是一座有 3000 年左右建城史的历史文化名城,拥有 2 项世界遗产、2 项世界预备遗产,具有优良的自然与人文资源。成都充分发挥本土资源优势,注重打好熊猫、川菜美食、世界自然文化遗产等本土特色文化和资源牌。2010 年推出全球海选熊猫守护使,2014 年起每年举办大熊猫生态旅游节,成都国际旅游美食节至今已举办 14 届,一系列活动实现了国际化、现代化、民族化、本土化的有机融合,有效提升了城市吸引力、辨识度。2010 年,联合国教科文组织授予成都"世界美食之都"称号。成都市坚持优化旅游环境,国际化氛围良好,各级各类景区遍布全境,2017 年上半年累计接待游客约 9383 万人次,实现旅游总收入约 1295 亿元,同比增长分别达 5.20%、19.91%。[②] 2017

---

① 吴红艳:《成都提升城市国际化水平的举措经验及对宁波的启示》,《宁波经济》2016 年第 10 期,第 18 页。

② 《今年上半年成都市累计接待游客 9000 余万人次》,成都市人民政府门户网站,2017 年 8 月 2 日,http://www.chengdu.gov.cn/chengduhome2017-08/02/content_2c2eea3951a84f0ab7ac3bed0cd48-a96.shtml.

年,联合国世界旅游组织全体大会在成都举行,这是继在北京举办后第二次来到中国。为把成都真正建设成世界旅游目的地城市,"十三五"期间,成都将以全域旅游化、全产业链旅游化和全生产要素旅游化为理念,通过全域统筹、绿色循环低碳发展,确立成都生态国际品牌,将旅游业打造为拉动经济社会化、助推城乡一体化、促进生态景观化的战略性支柱产业和惠及全民的幸福导向产业。

### (三)打造国际品质宜业宜居城市

成都着眼"国际化",城市公共服务、社会服务与国际接轨,打造国际化宜人宜居城市。①推动医疗国际化。成都市加强三级以上医院外语培训,强化外语服务工作;与蒙彼利埃地区大学医疗中心共建"法国蒙彼利埃—中国成都医疗研究中心",与新加坡康威医疗集团建设"妇女儿童医疗保健机构";制订《成都市医疗机构国际化服务基本标准(试行)》,修订完成《境外人员成都就医指南》等。②加强教育国际化。出台《教育国际化专项规划(2013~2020年)》,实施"留学成都"等八大行动计划和五项工程,一批国际化窗口学校可以提供完全与国际接轨的基础教育;出台《成都市国际友好城市留学生政府奖学金项目管理暂行办法》,全球55个城市的外国留学生来成都可享受相应政策。③完善境外人员社会服务体系。设立境外人员服务站,对境外人员实施网格化管理,并编制发放《在蓉境外人员办事指南》等资料。④实行出入境便利化。实施"72小时过境免签"政策,成为中国第四个、内陆第一个72小时过境免签城市,对方国家涉及美、英等45个国家。实施"境外旅客购物离境退税"政策,着力推动商贸、餐饮等重点行业窗口及各类公共设施双语标识的全域覆盖。

### (四)不断扩大国际开放交流影响

成都国际交流基础先行。近年成都重点推进机场、铁路等对外综合运输大通道的建设,加快向国际口岸城市和区域贸易物流中心转型。双流机场是中西部地区拥有欧洲和中东航线最多的机场,天府国际机场的建成也使成都成为第三个拥有双机场的城市。近年,成都相继开通了前往大洋洲、欧洲、美洲、非洲等多条国际直飞航线,实现了与五大洲的直航互通,不断提升全球通达性,目前拥有104条国际及地区航线。未来五年,成都将按照国家级国际航空枢纽的战略定位,着力实施"深耕欧非、加密美澳、覆盖亚洲"的国际航线行动计划,力争到 2022 年国际(地区)航线达到 120 条。铁路方面,成都建有亚洲最大的铁路集装箱中心站,相继开通了蓉欧快铁和中亚班列,成为"丝绸之路经济带"的"双黄金通道"。截至 2017 年 12 月初,成都国际铁路港国际班列已开行 890 列,其中中亚班列 113 列,蓉欧快铁 777 列,位列全国中欧班列首位,开行数量占到全国的近 1/3。① 在具体产业方面,会展业是成都推进对外交流、扩大国际影响的重要领域。2017 年,成都出台《会展业发展"十三五"规划》,提出到 2020 年会展业总收入达到 1040 亿元,形成新的千亿产业。2017 年,成都会展业在全国会展城市中表现突出,成为北京之外承接联合国世界旅游组织全体大会的第二座中国城市,促成了 ICAS 国际航展委员会中国总部落户成都,承接了 2017 腾讯全球合作伙伴大会、2017 成都全球创新创业交易会等一批有影响力国际会议;② 全面提升了成都家具展、成都车展等自办品牌展会的国际化水平。2017 年,成都登上"中国最具竞争力会展城市"排行榜,在上海、北京、广州之后位列第四,继续领跑中西部。

## 五、世界名城建设路径及关键经验分析

通过对上述四个城市世界名城建设历程研究发现,政府在其中均发挥了非常重要的推动甚至主导作用,结合各个国家政治经济体制存在的差异分析,首尔、新加坡更加突出了市场地位,而深圳、成都则政府作用更加明显。其具体路径及关键经验可总结如下。

### (一)世界名城建设的具体路径

首尔——政府控制下的由粗放到精细发展层层推进的现代化国际都市。具体可以概括为:20 世纪 60 年代"政府主导性增长战略"下快速、高度集中的城市化和不均衡的城市发展模式→20 世纪 70—80 年代政府通过规划、行政、经济政策致力于城市规模限制与疏解→20 世纪 80 年代末至 90 年代利用奥运会、世博会大幅度改善市政建设,大力建设首尔都市圈,完善相应功能,制

---

① 《成都成出口欧洲前沿主阵地,中欧班列开行数量占全国近 1/3》,澎湃新闻网,2017 年 12 月 11 日,http://www.thepaper.cn/newsDetail_forward_1900355。

② 《2017 年成都会展业十大新闻揭晓》,中国经济网,2017 年 12 月 20 日,http://expo.ce.cn/gd/201712/20/t20171220_27327849.shtml。

造业高端化,服务业强势兴起→进入 21 世纪以来,经济国际化深入发展,文化影响力提升,以"城市设计"为代表的城市规划、建设、治理使首尔全面成长为世界大都市。

新加坡——开放思维、先进理念、地缘优势支撑下软硬件的全方位升级的花园城市。具体可概括为:规避岛国小国资源要素的劣势,以开放思维立国,做足城市长远规划→优化城市软硬件环境,鼓励外资进入、鼓励移民引入→抓紧全球经济发展脉搏,不断向产业链高端迈进→与经济建设同步,城市管理、社会治理理念不断更新,硬件设施不断完善→长袖善舞,充分利用地缘优势,争取国家利益最大化。

深圳——改革驱动、创新立市、开放成长、不断补强的新兴名城。具体可概括为:用好用足国家各项政策,全方位改革创新→发挥地缘优势,全方位升级城市软硬件环境,发挥好对外开放窗口作用→以经济建设为引领,新经济、新产业全面推进完成转型升级→城市规模极速扩张情况下,理念不断更新,能力不断强化,城市治理不断现代化→充分认识自身不足,发展过程中不断通过内部培育、外部引进,补足自身短板,争取经济社会全方位健康发展。

成都——立足区域性中心城市建设,明确任务步骤,推动打造内陆型世界名城。具体可概括为:充分发掘几千年历史文化积淀,打造城市本土特色优势→立足区域性中心城市建设,充分发挥本市在中西部地区战略地位,推动城市走向开放前沿→积极融入"一带一路"等,积蓄进一步发展动能→完善城市软硬件条件,构建宜居宜业环境,构建对外交通、交流枢纽→近、中、远期目标明确,推动打造世界名城。

### (二)世界名城市建设的关键经验

世界名城建设必须规划先行。科学的城市发展规划是首尔、新加坡成为世界名城的第一步。一是规划应脚踏实地充分发挥城市禀赋优势。立足城市基本定位,立足本国或本地区地理交通、资源禀赋是新加坡、首尔等城市规划成功的基础,这将极大促进城市品牌形象的树立。二是规划理念必须适度超前。充分借鉴已有世界名城的发展理念,结合当前经济社会发展总体趋势,以超前理念思维,高起点编制城市总体规划。三是具体规划必须具有极大前瞻性。世界名城的建设必然涉及未来几十年的发展,未来城市发展规模、人口集聚趋势、现代科技手段运用、主导性经济产业更替等是城市管理、社会治理必须考虑的问题,这些因素在规划过程中必须加以通盘考虑。四是规划必须尽可能具备系统性、精细性。城市空间布局、发展重心转换、交通网络设计、工作生活便利等方面的系统性、精细性有助于规划的科学性,避免城市运行中的效率损失。五是强化规划的公众参与意识。城市规划事关各行各业、千家万户切身利益,增强规划的科学性,增强公众参与规划意识,建立公众参与机制,使政府与公众在城市规划方面形成良性互动。

通过开放、创新的经济发展筑牢世界名城建设的物质基础。新加坡、首尔、深圳等城市的经济成功,一是得益于深入开放。特别是新加坡属于"浅碟"型经济,深度开放是其必然选择。而东北亚国家的共同特点是资源贫乏、国内市场狭小,因此韩国同样坚持了开放发展。坚持政府的积极推动作用,韩国政府在对外开放中扮演了非常重要的主导角色,通过国家这一"看得见的手"来对资金、资源做倾斜分配,加速国家现代化目标实现;坚持全领域、全产业链式开放,通过要素的流动、各领域的竞合、经验的借鉴,推动城市发展已经成为共识。二是得益于不断创新。创新是城市活力之源,首尔打造了卓越的创意设计文化,推动城市成为国际知名"设计之都",文创产业成为城市亮丽名片;转型与创新始终贯穿于深圳市 30 多年的发展历程,真正形成了"创新引领",成功实现经济转型。打造城市创新软环境,以政府为主导,对各类创新活动进行政策及立法支持,为企业及个人创新、创业提供制度化、便利化软环境;以创新推动城市向全球价值链高端迈进,在开放、创新的氛围下,上述城市或者孕育了富于全球影响力的企业、产业集群,或者成为大型跨国公司的投资目的地,这是世界名城建设的重要内容,也是成为世界名城的必要经济基础。当前我国众多城市正致力于推进城市国际化,经济发展的国际化无疑是最为重要和根本的切入点。

提升国际交往能力使城市发展融入全球城市网络。全球化把城市紧密联系在一起,城市之间关系由垂直等级关系转变为一个相互紧密联系的无边界网络,各城市为在这一网络体系中占据有利地位而展开激烈的竞争将成为未来 10—20 年间全球城市发展的主基调。世界名城的建设要寻求与国际潮流、国际惯例的对接,实现城市架构的国际化。一是提高国际交往便利度。国际航线、班列的广泛覆盖是重要内容,在这一方面首尔、新加坡已经成为国际交通枢纽,成都也依据国家规划成为国内第四个重点打造的国际性综合交通枢纽,这将大大提升成都在全球城市网络中的能级。二是着力打造国际口岸性城市。借助国际交通的便利性,加快各类保税区、物流中心的建设工作,积极融入全国通关一体化改革进程。三是加快建立国际性通信枢纽。加强信息基础设施建设,提升信息通道能力和信息集散能力,努力推进国家下一代互联网城市建设。四是着力提升城市国际交往软实力。世界名城应当具备必要的涉外软环境。应当积极推进完善语言标识系统,提高市民国际化素质,提高窗口行业外语服务水平,完善国际信息服务系统,建立有利于涉外环境建设的法律法规体系。

做大城市格局,开拓世界名城发展空间。做大城市格局、拓展城市发展空间是各类综合性世界名城的普遍做法。其中首尔的卫星城建设巧妙缓解了城市压力,深圳则进一步融入粤港澳大湾区建设。一是推动城市融入区域发展大格局。综合性世界名城一般均有区域性经济体系作为支持,如世界三大著名湾区经济。必须提升规划等级,打破行政区域界限,做到面向国际的开放、创新及宜居宜业,培育人流、物流、信息流、资金流相对自由流动的统一大市场,推动形成功能互补、竞合有序的区域功能定位,强化发展的协同集聚效应,提升域内城市的整体竞争力。二是拓展城市发展新空间。在中国经济社会快速发展的当下,一线及准一线城市人口不断扩张是基本趋势,城市发展新空间的拓展是解决交通拥堵、管理混乱的重要基础。一方面应实现各类资源的节约利用,实现城市紧凑发展,另一方面必须科学规划新城、新区或卫星城市,避免大而无当。三是强化轨道交通等基础设施建设。从国内外大城市的发展经验来看,轨道交通是扩大城市格局,改变市民传统居住、工作区域和习惯最重要的手段。只有当快速轨道交通成为现实的时候,城市大格局才会真正形成。这也是新加坡、首尔等城市发展的基本经验。

建设与国际惯例接轨的现代化城市治理体系。治理体系现代化是世界名城建设的内在要求。城市治理能力及体系的建设必须立足中国国情、省情、市情,寻求与国际惯例接轨,大力改革创新。一是打造城市治理法规体系。依法治理是世界名城建设基本原则,是依法治国的重要组成部分。从法规内容、奖惩规定及操作执行等各方面都应当做到精细化,以适应城市紧凑、集聚且规模不断扩大的发展趋势。二是吸收国际成熟模式经验推动社区治理。在坚持党的领导和社会主义制度的前提下,下放管理权限,科学减少管理环节,最大限度激发社区自治活力。三是积极创新社会组织培育和发展机制。相比新加坡等城市,我国城市社会组织少,尤其专业组织数量更少,应积极发展群众性、公益性、服务性、互助性的社会组织,以购买服务等方式转移部分政府职能给专业化社会组织,构建政府、社会等多方共治模式。

打造"宜居宜业"的世界名城软硬环境。国际化、市场化、法治化的公平、高效就业、营商环境是世界名城的必备条件,也是提升城市国际竞争力的关键环节。一是深入推动简政放权,深化商事制度改革。此类软环境建设已经成为成都、深圳、杭州等城市竞争新热点。深圳和成都近年在政府权力清单制度的建立与完善、企业注册登记等商事制度改革方面做了大量工作。建设公平竞争的市场营商环境,必须用好"看不见的手"和"看得见的手",理顺二者间的关系。二是加快与国际投资、贸易通行规则相衔接。新一轮贸易投资规则谈判已成为全球经济格局调整的一个重要趋势,与国际通行规则相衔接的营商环境是参与新一轮国际分工,融入全球城市网络的重要一步。首尔、新加坡等城市由于历史及地缘政治的关系,在这方面具有先天优势。由主动衔接、主动参与到顺势引领是中国城市发展的重要任务目标。三是打造城市生态环境的"绿色竞争力"。以宜居宜业为核心,塑造城市绿色发展观,完善城市生态法规制度,发展绿色经济、绿色人文,发展绿色新优势。推动实现城市地理自然生态与城市产业间的有效深度融合,打造城市绿色竞争力。四是优化城市公共服务供给。建立与国际经济、社会、文化发展接轨的公共服务制度、标准及服务体系,如在国际化教育、卫生等方面,大力提升包括设施、语言、交通、质量等方面的服务能力。

大事件提升世界名城影响力。大事件对于城市的发展来说具有非常高的附加价值,可以系统性地提升城市综合服务能级,提高城市文明度。全球性、国际性大事件的策划、发布与承办,已经成为所在城市是否为世界城市网络节点的重要标志,首尔历史上举办的汉城奥运会就是一个成功的例子。一是通过大事件创新城市空间结构体系。世界名城建设中应主动将大事件与城市整体发展规划、区域发展规划接轨,突破既有城市框架结构,打开新布局及增长空间。二是通过大事件提升城市文化品位。从目前国际性大事件举办经验来看,整体过程是城市本土传统文化与时尚元素、国际元素对话、融合的过程,能够大大促进多元文化环境的形成。同时,大事件通常有广大市民的直接参与,可以直接促进城市整体文明素质的提升。三是通过大事件带动城市转型升级。其中综合性赛会活动表现非常明显,这类活动规模和影响越来越大,产业关联度越来越高,催生大量经济、产业及消费需求,能够带动高层次现代服务业和新兴产业迅猛发展。四是借助大事件重新定位城市发展战略。大事件通常借助鲜明主题达到全球性传播效应,同样能够为城市发展提供新的战略目标与政策取向。借助大事件出台发展规划,并形成相应配套公共政策体系已是普遍做法。

打造世界名城包容性文化。文化是世界名城的"根"与"魂",决定了世界名城的个性与特色、品位与魅力,实际上一大批城市借助类似资源发展成为世界名城。巴黎、伦敦、罗马等世界名城之所以具有鲜明的城市特色和个性,就在于其独特的城市文化。一是充分运用先天文化禀赋。这将使世界名城建设事半功倍。先天禀赋对世界名城建设起着重要作用。首尔、成都拥有丰富的历史、文化资源,这些城市对传统文化的保护开发,以及尊重传统、结合当下的发展思路值得借鉴。二是后天打造包容性、国际性城市文化。当先天禀赋不足时,世界名城建设必须培育具有国际可识别性的特色与优势文化。要在大力建设城市主流文化的同时,着力培养开放的城市文化心态,对异质文化兼收并蓄、包容扬弃。坚持"政府主导、主场主体"的文化发展体制,同时建设"精英与大众"共同参与机制。深圳充分利用了珠三角区域优势,充分引导移民群体不同文化的碰撞和交融,吸收港澳灵活开放的元素,学习西方科学理性特色,打造独特的包容性城市文化。这一文化特质是构成深圳软环境的重要特征之一,是深圳"创新之城"的重要支撑。

综 合 篇

# 第三章　杭州建设世界名城的背景和基础研究

杭州,位于中国东南沿海、浙江省东北部,钱塘江下游、京杭大运河南端,距上海 180 余千米。截至 2017 年,杭州下辖上城、下城、西湖、拱墅、江干、萧山、余杭、富阳、临安十个行政区,还有桐庐、建德和淳安三个县(县级市),市城面积约 8002 平方千米,总面积约 1.6596 万平方千米,常住人口约为 918.8 万人。[①] 杭州是浙江省省会和经济、文化、科教中心,长江三角洲城市群中心城市之一,国家历史文化名城和重要的风景旅游城市,中国重要的电子商务中心之一,新一线城市。把杭州建设成为世界名城,是习近平总书记对杭州的殷切期望,是杭州城市发展的内在要求,也是广大杭州人民的共同心愿。

## 一、杭州建设世界名城的背景及意义

从全球化发展大浪潮、世界城市发展大格局、中国和浙江发展大背景三个角度来分析,杭州建设世界名城具有特殊的历史背景和重大的时代意义。

### (一)全球化发展大潮流翻涌变换,杭州应肩负起世界名城建设的历史使命

当今世界政治和经济正在发生深刻变革,从发展模式上看,世界经济的发展进入平台期,后金融危机时期复苏乏力;从力量对比上看,全球经济行为主体的力量对比发生重要变化,发展中国家逐步站上历史舞台;从政局形势上看,局部冲突和动荡频发,全球性问题加剧。世界经济正处于信息技术为核心的第五波长周期的下行阶段,经济增长极其不稳定,反全球化和贸易保护主义日渐抬头,金融市场动荡,地缘政治崛起。但同时,新一轮产业和技术变革蓄势待发,知识经济正成为全球产业变革的突破口。国际分工的重心从

---

① 数据来源:2015 年浙江省 1‰人口抽样调查主要数据公报。

生产领域向科创领域转移,多中心、多节点组成的全球创新网络日渐形成,并且世界科技中心从欧美向亚太地区拓展。美国退出跨太平洋伙伴关系(TPP),英国脱欧,全球化步入新的十字路口,对中国的发展带来了各种挑战,但也孕育新的机遇。在这样的历史时刻,全球都在关注中国如何抓住机遇以避免陷入修昔底德陷阱,如何实现新常态背景下的经济平稳增长,如何成功跨过中等收入陷阱,如何全面建成小康社会。无疑,全国上下正运用"中国智慧",制定"中国方案",开启中国特色社会主义的新时代、新征程。在这一背景下,杭州建设绿色生态、创新活力、和谐宜居、包容开放的国际化城市,无疑是为"中国方案"的落地寻求真实的样本、有力的证据。在中国和世界走向可持续发展的道路上,杭州正通过建设独特韵味、别样精彩的世界名城,肩负起先行者和探路人的崇高历史使命。正如市委第十二次党代会指出:"杭州已不仅是浙江的杭州、中国的杭州,也是亚洲的杭州、世界的杭州。放大后峰会效应,释放前亚运红利,率先高水平全面建成小康社会;朝着建设世界名城目标大步迈进,是我们这一代人的历史使命。"

### (二)国际化城市大格局物转星移,杭州应积极融入世界城市的网络体系

国际化城市指的是世界经济和区域经济一体化中,形成的具有全球性经济、政治、文化功能的中心城市。国际化城市发展具有自身的规律,如世界经济格局变化决定了全球国际化城市的兴衰,经济体大小决定了城市国际化道路的不同,产业结构高端与否决定了城市国际化的层次与水平,资源的质量和数量决定了一座城市国际化的目标和进程。人类历史的历次技术和产业革命推进,逐渐诞生了以伦敦、巴黎、柏林、纽约、东京、北京和上海等综合性全球城市及以其为中心的城市群。每一次世界经济大周期的产业和技术更迭,都会促发国际化城市的力量悬殊变换,发展跌宕起伏,格局物转星移。当前,随着信息技术的不断创新和广泛应用加速了经济全球化,促成了新国际分工的形成,更是出现了范围更大的、以大城市集聚发展为特色的跨国城市网络。同时,国家层次的信息网络正在彼此沟通,结成一个复杂而庞大的世界信息网络,城市体系由跨国城市体系迈向世界城市体系。在新的城市格局中,城市的竞争更趋向于城市群或城市体系的竞争,城市的功能更取决于在

世界城市体系的地位。杭州世界名城的建设必将遵循国际城市发展规律,以自身的特质和潜能发挥在长三角城市群中的重要功能,尤其与上海形成互动发展,提升长三角城市群在新一轮世界城市网络中的节点作用,实现全球资源配置的中心功能,代表中国立足国际竞争。

### (三)中国特色社会主义步入新时代,杭州应开启开放发展的新征程

中国共产党的十九大报告明确指出,中国特色社会主义进入新时代,使中国的发展站到了一个更高层级的历史方位上。从这个历史方位往前看,新时代的内涵,在国家层面是决胜全面建成小康社会,进而全面建设社会主义现代化国家;在人民层面是不断创造美好生活,逐步实现全体人民共同富裕;在中华民族层面是奋力实现中华民族伟大复兴;在中国和世界的关系层面是中国日益走近世界舞台中央,不断为人类发展做出更大贡献。谋划中国发展新征程,要基于新的历史方位,以新的历史方位实事求是地谋划全面建设社会主义现代化国家的新征程,十九大主要确定了分"两个阶段"的战略安排,从2020年到2035年基本实现社会主义现代化,要把着力点聚焦到解决人民日益增长的美好生活需要和不平衡不充分的发展之间的矛盾上来。从2035年到2050年,应动员和组织一切资源和力量,全力解决创新、协调、绿色、开放、共享方面存在的难题,全力解决经济、政治、文化、社会、生态等领域存在的难题。站在时代发展潮头的杭州,面对新时代、新征程,应抢抓这极为宝贵的历史机遇,扬长补短、顺势而为、乘势而上,不断厚植特色优势,奋力谱写发展新篇章,以世界名城建设为抓手,努力在实现"四个全面"发展及更高水平的现代化发展中贡献更多的杭州实践、杭州素材、杭州智慧。

### (四)浙江迈入工业化后期发展阶段,杭州应成为"六个浙江"建设的主力军

当前,浙江开始迈入工业化后期发展阶段,强化创新驱动与促进经济转型升级,推进发展更高层次的开放型经济。"一带一路"和长江经济带建设在浙江交汇,以贸易投资、海洋经济、中国制造、信息经济、创新驱动、金融发展等为主题的众多国家级改革试点叠加,为浙江深化改革、扩大开放、强化创新提供了难得的历史契机。2017年省第十四次党代会报告提出:"坚定不移沿着'八八战略'指引的路子走下去,统筹推进富强浙江、法治浙江、文化浙江、

平安浙江、美丽浙江、清廉浙江建设,推动各项事业发展和党的建设再上新台阶,高水平谱写实现'两个一百年'奋斗目标的浙江篇章"。在浙江新一轮开放发展战略中,省委明确了要以"一带一路"倡议统领新一轮改革开放,重点打造五大枢纽,即国际港航物流枢纽、国际贸易枢纽、国际产能合作枢纽、国际新金融服务枢纽及国际人文教科交流枢纽。浙江正着力进行"大湾区、大通道、大花园和大都市区"建设,打造以上海为核心的世界级城市群的重要组成部分。作为浙江省会的杭州,正聚集越来越多的全省资源要素,人口规模在全省中占比不断提升,因此,杭州加快建设世界名城无疑是推动浙江开启发展新篇章的核心内容。未来几年,杭州应持续推进历史文化名城、创新活力之城、东方品质之城和美丽中国样本的建设,在全省发展中继续发挥龙头领跑作用,成为"六个浙江"①建设主力军。

## 二、杭州建设世界名城的基础和优势

2008 年中共杭州市委、市政府就提出发展城市国际化战略。面对举办 2016 年 G20 杭州峰会和 2022 年亚运会等重大机遇,杭州城市国际化发展进入了重要"窗口期",2016 年 11 月出台《关于全面提升杭州城市国际化水平的若干意见》,2017 年 2 月市委第十二次党代会明确加快建设独特韵味别样精彩的世界名城奋斗目标。杭州建设世界名城的目标提出主要是基于城市国际化发展的良好基础和独特优势。

### (一)经济实力迈上新台阶,创新发展构筑新优势

改革开放以来,杭州经济发展速度较快;进入 21 世纪以来,杭州经济总量继续不断扩大稳步增长。在创新和改革两条主线推进下,杭州经济已构筑起新优势,城市有活力,人民富裕。杭州经济发展保持良好的态势,总量不断扩大,发展方式不断优化,发展速度继续保持中高速增长,财政实力雄厚,城市首位度和能级不断提升,使杭州在全国全省城市中居于领先水平,为杭州建设世界名城打下坚实的经济基础。

首先,经济保持中高速增长,迈入"万亿元 GDP"城市行列。2015 年杭州

---

① "六个浙江"指 2017 年浙江省委十四次党代会提出的"富强浙江、法治浙江、文化浙江、平安浙江、美丽浙江、清廉浙江"。

经济总量首次超过万亿元,成为中国第十个进入"万亿元 GDP 俱乐部"的城市,2016 年全市实现生产总值约 11050.49 亿元。[①] 从 2003 年至 2016 年杭州经济年均增速达到 11.12%,特别是在 2008 年以后,面对世界金融危机的巨大冲击,杭州经济增长经过短暂的调整后迅趋平稳并保持中高速增长,2015 年经济增速达到 10.2%,2016 年增速为 9.5%,分别高于全国平均水平3.3%、2.8%(见图 3-1),在国内城市中处于领先水平。伴随着杭州经济实力的总体跃升,城市地位在落实国家战略中也实现大跃升。杭州成功举办 G20峰会,成为 2017 年全国学生运动会举办城市,获得 2018 年世界短池游泳锦标赛和世界游泳大会、2022 年亚运会承办权,获得航空口岸 144 小时过境免签政策,城市知名度和影响力大幅提升。

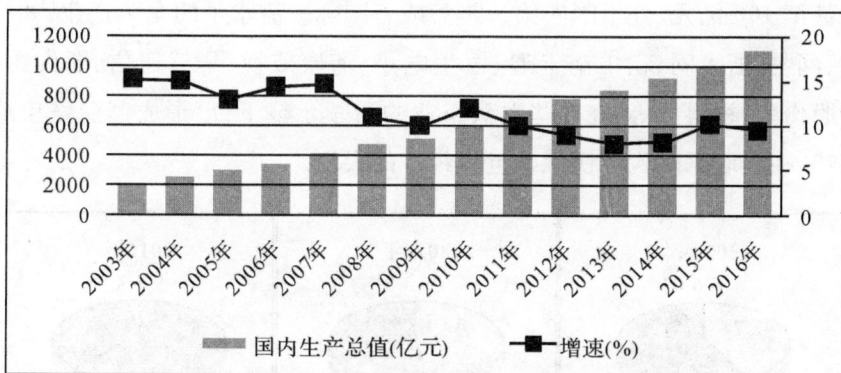

图 3-1 2003—2016 年杭州市国内生产总值及增速[②]

其次,经济结构不断优化,"互联网+"助推杭州产业国际化。改革开放40 年来,尤其是近十五年以来,在经济总量不断扩大的基础上,杭州经济结构也不断优化。从图 3-2 可知,2010 年杭州三次产业结构为 3.5∶47.8∶48.7,第三产业首次超过第二产业,由此,杭州逐渐从以工业经济为主导的"二、三、一"产业结构优化为以服务经济为主导的"三、二、一"产业结构,逐步构建起了现代产业体系。按世界银行标准来衡量,杭州这座城市从 2011 年开始跨入"高收入水平国家或区域"行列,至 2016 年杭州人均 GDP 已经增长到 18282美元。随着杭州城市经济快速发展,人们的消费需求逐渐多样化,消费结构

---

① 按名义 GDP 计算而得。
② 根据杭州统计局网上《2016 年杭州统计年鉴》、2016 年杭州经济社会统计公报等数据整理而来。

不断走向中高端,在消费需求驱动下杭州服务业这几年发展非常迅速。2010年以来,在电子商务、现代金融、文化创意、软件与信息服务业、现代旅游等产业带领下,第三产业发展迅速,规模持续扩大且占比不断提升。2016年,杭州三次产业结构进一步优化为2.8∶36.0∶61.2,杭州第三产业占比首次超过60%,对杭州生产总值的贡献率达80.0%,杭州正式进入服务经济形态。[①]2016年,杭州信息经济实现增加值约2688亿元,增长22.8%,占全市地区生产总值比重达24.3%,对杭州经济增长贡献率超过50%。信息经济十二大核心产业发展迅速,大部分核心产业都保持着两位数增长的良好发展态势,有的甚至高达45%,其中电子商务、软件与信息服务、数字内容和移动互联网四大核心产业均突破千亿规模[②]。在信息经济领域集聚了一批产值规模超过10亿元甚至100亿元、处于国内第一阵营或者国际一流水平的龙头企业,如阿里巴巴、网易、浙大网新、中南卡通、恒生电子、海康威视、华三通信、浙大中控、大华股份、宇视科技等,在这些龙头企业的引领示范下,已形成产业链集群发展态势,在互联网时代更快融入世界经济的大潮。

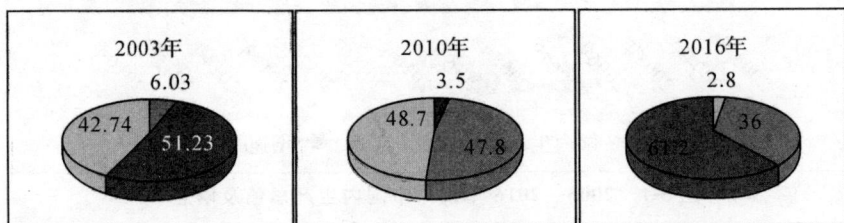

| 2003年 | 2010年 | 2016年 |
| 6.03 | 3.5 | 2.8 |
| 42.74  51.23 | 48.7  47.8 | 61.2  36 |

**图3-2 杭州市三次产业结构变化图**[③]

最后,特色支柱产业发展迅猛,平台和企业国际竞争力逐步提升。从"十二五"以来,杭州重点建设"一基地四中心",即高新技术产业基地、国际重要的旅游休闲中心、全国文化创意中心、全国电子商务中心和区域性金融服务中心。电子商务、文创、旅游、金融服务业发展迅速,已成为杭州的特色支柱产业,在全国乃至全球居于领先水平。电子商务产业全球领先,实现从"中国

---

① 服务经济形态是指在一个经济体内第三产业占比达到60%或者是第三产业从业人口占比达到60%,则该区域处于服务经济形态,这两个指标满足一个即可。

② 这些产业中由于企业有重叠,因此数据存在交叉重叠,未剔重。

③ 根据杭州统计局网上发布的《2016年杭州统计年鉴》、2016年杭州经济社会统计公报等数据整理而来。

电子商务之都"向"全球电子商务之都"跨越。全球最大的 B2B 平台阿里巴巴、全国最大的跨境出口零售平台速卖通、智能物流骨干网络菜鸟等电商龙头企业云集杭州,全国 1/3 的综合性电子商务平台和专业网站落户杭州,全国85％的网络零售额、70％的跨境电商贸易额、60％的 B2B 交易额在杭州的电子商务平台上完成,杭州这个"全球电子商务之都"的崛起受到世界的瞩目。文化创意产业居全国前列,原创动画片年产量继续居全国各城市第一,"中国国际动漫节"品牌已打响,成为中国动漫产业一个重要的风向标,且在 2012 年成功加入联合国教科文组织全球创意城市网络,成为"工艺和民间艺术之都"。互联网金融在杭州发展迅速,2016 年实现增加值约 230.4 亿元,支付宝、蚂蚁金融、P2P 等新金融形态不断出现,使杭州从传统金融业态向传统与新兴金融业态共存发展。旅游产业从"西湖时代"走向"全域旅游",国际重要旅游休闲中心品牌打响。2017 年入选联合国世界旅游组织"全球 15 个旅游最佳实践样本城市"。创新创业要素集聚需要平台、载体,杭州已形成各具特色的创新创业空间体系,形成了以五大国家级经济技术开发区、两大国家级高新技术开发区、两大省级产业集聚区为基础的创新创业大平台,其中杭州高新技术开发区(滨江)于 2016 年进入国家世界一流高科技园区创建序列,发展水平处于全国第一梯队。[①] 大江东产业集聚区、城西科创产业集聚区是当前杭州重要经济增长地,也是杭州创新创业的重要平台。同时在这些主平台中,杭州也形成了大量以特色小镇、众创空间等为代表的创新创业微平台。借助各类大小平台载体,杭州既培育了阿里巴巴这样世界级的企业,也培育了千千万万活跃的市场主体,2016 年年底市场主体已发展到约 86.17 万户。企业竞争力也不断上升,至 2017 年 9 月末境内外上市企业达到 158 家,数量居全国城市第四位,省会城市第一;新三板挂牌企业达到 389 家;入选中国民营 500 强企业数量连续 14 年居全国城市首位。这些上市公司率先走出国门,在境外设立分支机构、研发中心和生产基地等,代表杭州经济参与国际竞争。

**(二)城市综合交通建设加大投入,国际交流设施条件明显提升**

杭州紧紧抓住"后峰会、前亚运"窗口期,不断提升城市建设的国际标准。在交通领域,过去五年投入综合交通资金总量达 2000 多亿元,公路网络日趋

---

① 国家火炬中心:2017 年发布的全国高新区综合实力排行榜中,杭州高新区(滨江)位列第三。

完善,通达之城的综合交通枢纽体系基本成型。截至 2017 年,杭州已实现了各区、县(市)高速公路全覆盖。从杭州主城出发,无论哪个地点,都可找到最近的快速路,一路高架直通高速公路。钱江通道及连接线、杭长高速杭州段、杭新景高速公路延伸(之江大桥)、机场公路等项目相继建成,形成了由"一绕九射一连"11 条骨架组成的高速公路网,高速公路里程达到 635 千米。杭州市域范围二级以上普通国省道公路比例达到 96.5%,等级公路通村率达到 100%,行政村通班车率达到 100%。交通国际化水平有提升,2013 年萧山国际机场二期扩建工程完工后,可满足年旅客吞吐量 3300 万人次、货邮吞吐量 80 万吨、航班起降量 26 万架次的保障需求。萧山国际机场目前共入驻 61 家航空公司,已开通至全国、东南亚、日韩及阿姆斯特丹等国内外重要城市共 155 个航点,其中国际航点达 41 个。同时,144 小时过境免签政策全面实施,杭州的国际友城增至 29 个。会展设施方面,近年来加快建设国际会展和体育赛事的基础场馆,在钱江世界城已经建成大规模的杭州国际博览中心并服务于 G20 峰会,白马湖国际会展中心、浙江世贸中心及杭州国际会展中心也承接了一次次国际展会,杭州已入选全球百强国际会议目的地城市。在奥体板块,已建成 8 万人规模的主体育场馆,加之黄龙体育中心及亚运村的选址开建,杭州的国际赛事承办能力不断提升,在世界名城建设中发挥着基础先导和引领的作用。

图 3-3 杭州钱江世纪城国博中心　　　图 3-4 杭州奥体中心体育场

### (三)杭州古今文化独具韵味,城市人文精神支撑进步发展

杭州建设独特韵味、别样精彩的世界名城,首先在于文化领域的独特优势和气质。从东方文明的历史出发,到互联网创新的现实发展,杭州都呈现出各种文化特质。一是杭州文化具有独特韵味。在东方文明史上,杭州是一

个有着悠久历史和灿烂文化的名城。无论是"跨湖桥文化""良渚文化"等史前文明还是早期的"吴越文化""两浙文化""南宋文化"等都曾在杭州历史人文长河中写下了辉煌,达到各个时期文化的顶峰,也是最具诗性品格的东方文化形态,具有深厚的东方文化内涵和底蕴。如良渚文化,尽显杭州文化之精美。出土的玉器、城址、防洪设施等,都表明当时的杭州文化达到了中国史前文化高峰。二是杭州文化呈现多样性特征。杭州文化内涵丰富,形态各异,类型众多。具体而言,历史遗产类,有西湖、古运河等;人文传承类,有民间艺术、饮食文化、中医保健等;宗教文化类,号称东南佛国,宗教汇集;民风宗祠类,有族谱、家谱、家训等;创新发展类,如网络文化等。众多的文化形态和类型,展现了杭州文化的丰富多彩,也使杭州这座城市独具韵味,特别是作为江南文化的经典样式,将自然景观和人文风情,以及特有的美学气质和审美意识完美地融合在一起,产生一种永恒的心理召唤和审美感知。三是杭州城市的人文精神凸显。杭州重视城市文化,人文的理念根深蒂固。对文化遗址,始终坚持"保护第一、应保尽保"的原则。无论从良渚文化到严官巷南宋御街,从清河坊历史街区到拱宸桥桥西历史文化街区,从南宋皇城遗址到跨湖桥遗址,还是到星罗棋布于城市各处的博物馆,都努力处理好老城保护和新城建设的关系,延续城市"文化"脉络。在杭州这座城市,文人获土壤,文化获尊重,文脉获传承,"舍得小家成全大家""家事国事事事关心""邻里如一家""春风行动温暖万家""最多跑一次""人行道礼让行人""艰苦创业奋斗不息""诚实守信立身之本""善小而为""见义勇为杭铁头本色""胸怀宽而广,善结外来者""爱书惜书传承文明""政事公开听证于民""团结一心,守望相助"等。这些都是文化和精神的力量,虽然无形,却足以支撑一座城市的进步,也是支撑城市国际化发展的重要基础。

## (四)杭州软硬环境优势明显,城市国际吸引力不断提升

杭州的环境优势指软环境和硬环境两个方面。从硬环境来说自然是宜居宜业,因为自古以来,杭州的自然和生态环境优势十分突出。杭州是一个人杰地灵的好地方,自然山水环境不仅在国内首屈一指,在世界城市中也是堪称一流。2007年,时任上海市委书记的习总书记接见杭州市党政代表团时曾指出:"上海的高楼大厦,杭州是不能比的;但杭州一流、宜居的环境,上海也是很难达到的。'上有天堂,下有苏杭'。苏州是'城中园',杭州却是'园中

城'，整座城市都在园中，'三面云山一面城'，山水辉映，到处都是'两相宜'。'淡妆浓抹总相宜'，过去指的是西子湖，现在是整座城市。过去是'未能抛得杭州去，一半勾留是此湖'，现在不仅仅是西湖，而且是整座城市的环境。"硬环境除了独特的城市山水，还有良好的自然生态环境，杭州整个城市的森林覆盖率65％以上，没有哪一个副省级城市或者省会城市可以和杭州比。软环境包括四个方面：一是培育成熟的市场环境，杭州这些年在集中打造行政审批领域的"四张清单一张网""最多跑一次"政策，不断努力降低市场门槛，积极做到审批事项最少、审批效率最高、发展环境最优；二是培育讲信用的环境，杭州已率先建立了全国第一批信用城市，借助阿里芝麻信用等平台开发，把个人的信用、企业的信用记录在案，形成大数据，提升企业竞争和社会发展的环境优势；三是培育良好的法治环境，杭州是全国安全环境最好的城市之一，个人和企业都可以在这里放心安心的生活和发展；四是塑造良好的政策环境，杭州的政策优势是显而易见的，比如人才新政27条、科技创新30条、杭改10条、杭法10条等陆续出台，杭州关于创新创业有一系列的政策和法规。通过这些年的努力，杭州依托一流的环境吸引一流的人才，依靠一流的人才兴办一流的企业，成为劳动、知识、技术、管理、资本等要素集聚的"洼地"，成为各方人才投资创业的"天堂"，城市国际影响力和吸引力不断提高，海内外人才引进的成效凸显。

# 第四章 杭州建设世界名城的现况和短板

　　杭州自秦朝设县治以来已有 2200 多年的历史,曾是吴越国和南宋的都城,是中国八大古都之一。因风景秀丽,素有"人间天堂"的美誉。杭州得益于京杭运河和通商口岸的便利,以及自身丝绸和粮食产业的发达,历史上曾是重要的商业集散中心。隋唐时期的"运河时代",随着大运河的建成,杭州成为中国东南交通枢纽及重要的商业城市,杭州"世界名城"雏形已经基本形成。南宋时期的"都城时代",杭州拥有当时世界上最大的城市规模、最繁荣的商业和贸易、最先进的科学技术及最发达的文学艺术,杭州成为当之无愧的"世界名城"。清末民初的"西湖时代",海道运输替代不胜重载的运河漕运,太平天国战乱,城市工商业时兴时衰,与海外商贸联络被禁锢,杭州逐渐丧失了"世界名城"的地位。近现代的一系列改造,尤其是"城湖一体"的空间格局改造,使杭州的国际地位和联系得到一定的恢复,特别是美国总统尼克松访华到杭州,中美联合公报在杭州刘庄草签,提升了杭州的国际声誉。进入 21 世纪后,随着阿里巴巴声名鹊起,杭州的知名度不断提升,G20 杭州峰会的成功举办,推动杭州站在了新的历史起点上。市委市政府抓住机遇,出台《杭州市加快推进城市国际化行动纲要(2015—2017 年)》《中共杭州市委关于全面提升杭州城市国际化水平的若干意见》等政策意见,全力推进杭州城市国际化发展。

## 一、杭州城市国际化相对水平

　　杭州世界名城建设需要加快城市国际化发展的步伐,当前的城市国际化发展现况,可通过在国内和国际上重要城市的各种比较来说明其相对水平。理论界关于国际城市的比较研究形成了上百种不同的研究视角和测算方法,在此,选取全球各地比较通用的三种测算评估方法,描述杭州城市国际化发展的相对水平。

全球化与世界城市(GaWC)指数中的杭州排名。总部在英国拉夫堡大学的全球化与世界级城市研究小组与网络,根据现代服务业跨国公司在全球城市的分支情况、定位等数据,将世界级城市分为α、β、γ、High Sufficiency、Sufficiency 五级 12 类。2010 年杭州首次进入榜单(表 4-1),达到最后一档自足城市(Sufficiency)水平;2012 年杭州达到"高度满足条件的准世界城市(High Sufficiency)"水平,2016 年达到"三线强(γ+)"的世界城市水平,在入围的 361 个城市中,杭州居第 112 位,与国内南京和青岛处在同一级城市国际化水平。

表 4-1　部分年份入围 GaWC 世界城市榜单中国城市及排序

| 等　级 | 2008 年 | 2010 年 | 2012 | 2014 年 | 2016 年 |
|---|---|---|---|---|---|
| 超一线(α++) | 无 | | 无 | | 无 |
| 一线强(α+) | 香港、上海、北京 | 香港、上海 | 香港、上海、北京 | 香港、上海、北京 | 香港、北京、上海 |
| 一线(α) | 无 | 北京 | | | 无 |
| 一线弱(α-) | 台北 | 台北 | 台北 | 台北 | 台北 、广州 |
| 二线强(β+) | 无 | | 广州 | 广州 | 无 |
| 二线中(β) | | 广州 | | | 深圳 |
| 二线弱(β-) | 广州 | 深圳 | 深圳 | 深圳 | 成都、天津 |
| 三线强(γ+) | | | | | 南京、杭州、青岛 |
| 三线中(γ) | 深圳 | | | | 大连、重庆、厦门 |
| 三线弱(γ-) | | | 天津 | 天津 | 台中、武汉、苏州、长沙、西安、沈阳 |
| 高度自足城市(High Sufficiency) | | 天津 | 成都、青岛、杭州、南京、重庆 | 成都、青岛、杭州、南京、重庆 | 济南、高雄 |
| 自足城市(Sufficiency) | 成都、澳门、天津、南京、高雄、大连 | 高雄、南京、成都、杭州、青岛、大连、澳门 | 大连、高雄、厦门、武汉、西安、澳门 | 大连、高雄、厦门、武汉、西安、澳门 | 昆明、福州、澳门、太原、长春、合肥、宁波、郑州、南宁、哈尔滨、乌鲁木齐 |

全球城市指数 GCI 中的杭州排名 。国际管理咨询公司科尔尼、"芝加哥全球事务委员会"及《外交政策》杂志共同发布全球城市指数 GCI,也称为科尔尼指数,该指数主要通过商业活动、人文资本、信息交流、文化体验和政治参与五个维度 26 个分项指标来评估城市国际化水平。2016 年杭州在 2016 年的榜单排名 115 位(表 4-2)。另外,备受瞩目的科尔尼全球潜力城市指数 GCO 基于四个维度(居民幸福感、经济状况、创新、治理)的 13 个重点指标对城市未来的潜力进行了排名。2017 年 GCO 榜单,广州排名上升迅速(从 78 上升至 56),杭州市排名也有大幅提升(从 69 上升至 60)。

表 4-2　2016 年入围 GCI 全球城市榜单中国城市及排序

| 排　名 | 2016 年(125 个) | 排　名 | 2016 年(125 个) |
|---|---|---|---|
| 5 | 香港 | 71 | 广州 |
| 8 | | 73 | |
| 9 | 北京 | 83 | 深圳 |
| 12 | | 84 | |
| 14 | | 86 | 南京 |
| 15 | | 94 | 天津 |
| 18 | | 96 | 成都 |
| 20 | 上海 | 107 | 武汉 |
| 21 | | 108 | 大连 |
| 34 | | 109 | 苏州 |
| 38 | | 110 | 青岛 |
| 40 | | 113 | 重庆 |
| 43 | 台北 | 114 | 西安 |
| 52 | | 115 | 杭州 |
| 54 | | 117 | 哈尔滨 |
| 57 | | 121 | 郑州 |
| 59 | | 122 | 沈阳 |
| 60 | | 124 | 东莞 |
| 62 | | 125 | 泉州 |

全球城市竞争力报告 GUCP 中的杭州排名。中国社科院、联合国人居署及国际知名专家联合完成《全球城市竞争力报告 2017——丝绸之路城市网》。全球 505 个城市中,杭州排名第 139 名,在上榜的中国城市中居第 9 位(见表4-3)。

**表 4-3　2017 年全球竞争力报告 GUCP 中中国前 20 名城市排序**

| 城　　市 | 排　　名 | 城　　市 | 排　　名 |
|---|---|---|---|
| 香港 | 6 | 西安 | 161 |
| 上海 | 7 | 高雄 | 168 |
| 北京 | 8 | 大连 | 175 |
| 台北 | 25 | 苏州 | 184 |
| 深圳 | 66 | 新竹 | 186 |
| 广州 | 74 | 南京 | 187 |
| 澳门 | 81 | 厦门 | 198 |
| 天津 | 138 | 中山 | 202 |
| 杭州 | 139 | 武汉 | 215 |
| 东莞 | 164 | 宁波 | 217 |

## 二、杭州城市国际化水平现况评估和短板分析

随着全球化趋势日益加深,城市的国际化程度目前已成为衡量一个城市国际影响力和竞争力的重要标志,不少国家或地区均将城市的国际化或全球化作为其城市发展的目标和重点内容。后发城市推进自身国际化进程,需要制订自身的城市国际化指导纲要,形成一套衡量城市国际化的指标体系,有体系、有目标地推进城市国际化的建设,才能实现赶超发展,推进城市国际化。为此,2016—2017 年杭州市发改委委托浙江大学经济学院,制订《杭州城市国际化的评价指标体系和发展对策》,准确认识杭州城市国际化现状,有针对性地补齐短板,推动杭州建设世界名城。

### (一)杭州城市国际化水平现况评估①

该课题组设计的杭州城市国际化指标体系②从经济、宜居、文化、创新、国际影响等方面来衡量城市的国际化水平,包括了 4 个一级指标、9 个二级指标和 33 个三级指标。

表 4-4　杭州城市国际化指标体系

| 一级指标 | 权重(%) | 二级指标 | 权重(%) | 三级指标 | 权重(%) | 指标说明 |
|---|---|---|---|---|---|---|
| 经济开放 | 30 | 贸易国际化 | 10 | 货物贸易进出口总额占 GDP 比重 | 5 | 衡量货物贸易和服务贸易的国际化程度 |
| | | | | 服务贸易进出口总额占 GDP 比重 | 5 | |
| | | 资本国际化 | 10 | 外商直接投资占全社会固定资产投资总额比重 | 3 | 衡量资本的国际化程度 |
| | | | | 对外直接投资占全社会固定资产投资总额比重 | 3 | |
| | | | | 外国金融机构数量 | 4 | |
| | | 经济发展度 | 10 | 人均 GDP | 4 | 衡量城市的经济实力 |
| | | | | 三产增加值占 GDP 比重 | 3 | |
| | | | | 信息经济增加值占 GDP 比重 | 3 | |
| 城市宜居 | 25 | 基础设施国际化 | 10 | 国际学校数 | 2 | 衡量教育的国际化程度 |
| | | | | 国际医院数 | 2 | 衡量医疗的国际化程度 |
| | | | | 国际街区数量 | 2 | 衡量街区的国际化程度 |
| | | | | 互联网国际通信专用通道 | 2 | 衡量互联网基础设施的国际化程度 |
| | | | | 国际标识普及率 | 2 | 衡量国际标识的普及性 |
| | | 生活宜居度 | 15 | 人均公园绿地面积 | 3 | 衡量城市的环境宜居度 |
| | | | | 环境空气质量达标天数 | 3 | |
| | | | | 生活成本指数 | 3 | 衡量城市的生活成本 |
| | | | | 交通通达性 | 3 | 衡量城市的出行便利度 |
| | | | | 城市安全状况满意度 | 3 | 衡量城市的生活安全性 |

①　资料来源于 2017 年 12 月 1 日浙江大学杭州城市国际化评价指标体系发布会公开的会议资料。

②　浙大课题组比较了联合国伊斯坦布尔城市年会城市国际化指标体系、全球城市指数(GCI)、英国莱坊财富报告、深圳城市国际化指标体系等七个国内外指标体系。这些指标体系都有一定的科学性和较大的借鉴意义,但用于测度杭州的城市国际化都存在一些不足,主要可以归纳为四点,即持续性不足、综合性不足、权威性不足和依赖性过大。课题组设计的指标体系将很好地弥补以上的四个不足。主要指标体系数据客观,不依赖于人的主观判断,能克服依赖性;多个角度评估能保证综合性;该指标体系计划将与美国《外交政策》杂志一起合作,定期发布,保证权威性和持续性。

| 一级指标 | 权重（%） | 二级指标 | 权重（%） | 三级指标 | 权重（%） | 指标说明 |
|---|---|---|---|---|---|---|
| 文化与创新 | 20 | 文化覆盖度 | 8 | 人均博物馆数量 | 2 | 衡量城市的文化基础设施建设 |
| | | | | 受过高等教育人口占总人口比重 | 3 | 衡量城市对高端人才的集聚能力 |
| | | | | 世界文化遗产数 | 3 | 衡量城市历史文化底蕴 |
| | | 科技创新度 | 12 | 世界排名前500的大学 | 3 | 衡量城市的教育实力 |
| | | | | 国际主流学术期刊发表论文数 | 3 | 衡量城市的科研能力 |
| | | | | 国际专利申请量 | 3 | 衡量城市的国际创新能力 |
| | | | | 研究与试验发展经费支出占GDP比重 | 3 | 衡量城市的未来创新潜力 |
| 国际影响 | 25 | 国际影响度 | 16 | 国际友好城市数 | 3 | 衡量城市的国际交流能力 |
| | | | | 互联网检索数 | 3 | 衡量城市的互联网国际影响力 |
| | | | | 举办重要国际会议次数 | 3 | 衡量城市的国际会议举办能力 |
| | | | | 国际组织总部和地区代表处数（含大使馆、领事馆或办事处数） | 4 | 衡量城市的国际政治影响力 |
| | | | | 本土企业入选世界500强数 | 3 | 衡量城市的国际经济影响力 |
| | | 国际吸引力 | 9 | 世界500强海外企业入驻数 | 3 | 衡量城市对国际企业的吸引力 |
| | | | | 国际航班线路数 | 3 | 衡量城市的国际通达能力 |
| | | | | 国际旅客占常住人口比重 | 3 | 衡量城市的国际游客吸引力 |

　　为了比较杭州城市国际化的相对水平，对杭州和国内其他重要城市的城市国际化水平进行测算①，选取了2015年中国GDP规模最大的十个城市，分

---

　　①　主要使用统计综合评价方法来测算城市在某个指标下的分数，其具体测算过程包括：

　　第一，搜集数据。主要的数据来源包括各个城市的统计年鉴、统计公报、第六次人口普查数据、中国国际友好城市联合会网站、世界知识产权组织（WIPO）、Web of Knowledge等。针对部分城市的缺失数据，我们采用相近年份的数据来替代。对于一些间接指标，我们会根据获得的原始数据进行计算。

　　第二，标准化处理。为方便数据的比较，对数据进行无量纲标准化处理，正向指标的处理公式如下：$y_{ij} = \dfrac{x_{ij} - \min\limits_{1 \leqslant i \leqslant m} x_{ij}}{\max\limits_{1 \leqslant i \leqslant m} x_{ij} - \min\limits_{1 \leqslant i \leqslant m} x_{ij}} \times 100 (1 \leqslant i \leqslant m, 1 \leqslant j \leqslant n)$。

　　第三，指标赋权。采用专家打分法，给各个三级指标赋权，遵循均衡的原则，每个三级指标权重都在2%—5%之间，使各个三级指标的权重相差不至于太大。

　　第四，得分加总。每个三级指标的总分乘以40%，作为城市的基础得分；每个三级指标的总分乘以该城市无量纲标准化之后的数据，作为城市的额外得分；每个城市的基础得分加上额外得分，即为城市在该三级指标下的总分；再对城市的三级指标得分逐级相加，得到二级指标得分和一级指标得分；最后对得分进行排序，获得各级指标的排名以及总排名。

别是上海、北京、广州、深圳、天津、重庆、苏州、武汉、成都和杭州。总体来看，杭州的城市国际化得分为58.88分，位列第五，与北京（80.27）、上海（77.09）及深圳（66.40）差距较大，和广州（61.91）、苏州（55.92）得分接近，位于第三梯队。

"经济开放"这一指标主要衡量城市的经济发展水平和对外开放水平。杭州在"经济开放"这个一级指标下得分为17.97，排名第六，低于总排名。杭州在"贸易国际化"和"经济开放度"两个二级指标上亦排名第六，但在"资本国际化"上仅排名第八，需要补足短板。

"城市宜居"这一指标主要衡量城市为打造国际化生活品质而进行的软硬件建设情况。杭州在"城市宜居"这个二级指标下得分为15.16，排名第六，低于总排名。主要原因是杭州在"基础设施国际化"上排名靠后，仅位列第八。但杭州在"生活宜居度"上表现出色，排名第三，说明杭州打造一流生态宜居环境的成效显著。

"文化与创新"这一指标主要衡量城市的文化底蕴和在国际交流中的创新竞争力。杭州在"文化与创新"这个二级指标下得分为11.92分，排名第四，高于总排名。杭州在"文化覆盖度"和"科技创新度"上位居第二名和第五名，说明杭州在打造东方文化国际交流重要城市和具有全球影响力的"互联网＋"创新创业中心上具有良好的基础。

"国际影响"这一指标主要衡量城市在国际事务中的影响力。杭州在"国际交往"这个二级指标下得分为13.82，排名第四，高于总排名。杭州在"国际影响力"和"国际吸引力"上分别排名第五和第四，总体表现不错。但杭州在"国际组织总部和地区代表处数（含大使馆、领事馆或办事处数）"和"国际航班线路数"仍显不足，说明杭州在亚太地区重要国际门户枢纽上任重而道远。

通过对测算结果的分析，可以发现杭州在会展、旅游、文化等方面具有良好的基础，在城市硬件、软件和国际影响上还有不足。

表 4-5  杭州城市国际化相对水平评估①

| 指　标 | 上海 | 北京 | 广州 | 深圳 | 天津 | 重庆 | 苏州 | 武汉 | 成都 | 杭州 | 杭州排名 |
|---|---|---|---|---|---|---|---|---|---|---|---|
| 经济开放 | 23.16 | 21.87 | 21.00 | 26.32 | 17.51 | 12.69 | 18.32 | 14.15 | 14.42 | 17.97 | 6 |
| 城市宜居 | 20.46 | 16.20 | 14.94 | 14.66 | 13.36 | 15.73 | 16.57 | 14.09 | 15.49 | 15.16 | 6 |
| 文化与创新 | 12.68 | 18.80 | 10.13 | 12.10 | 9.43 | 8.71 | 9.89 | 11.70 | 9.55 | 11.92 | 4 |
| 国际影响 | 20.80 | 23.39 | 15.84 | 13.32 | 10.76 | 11.05 | 11.13 | 12.01 | 12.08 | 13.82 | 4 |
| 总分 | 77.09 | 80.27 | 61.91 | 66.40 | 51.06 | 48.17 | 55.92 | 51.96 | 51.53 | 58.88 | 5 |
| 排名 | 2 | 1 | 4 | 3 | 9 | 10 | 6 | 7 | 8 | 5 | |

## (二)杭州建设世界名城的短板分析

杭州建设世界名城具备了时代的机遇和自身的基础,但同时从国际化水平评估结果及各层次调研来看,杭州的世界名城建设也是挑战重重、短板明显、任重道远。国际化的短板主要体现在四个方面。

一是经济国际方面,从服务业在地区生产总值中的比重看,2016年杭州为61.2%,而世界城市中无论是超一线的纽约、伦敦、东京,还是二线的西雅图、大阪等该比重都已经超过75%,全球国际化程度高的城市该指标都在70%以上。另外,杭州的境外跨国公司数量不足,目前真正意义上的境外跨国公司地区总部只有2—3家,而上海境外跨国公司地区总部数量超过500家,深圳也超过200家,杭州与它们的差距实在太大。杭州企业"走出去"的步伐、资本国际化的水平与上海、深圳等地相比也是差距显现,杭州本土企业入选世界500强数量也只有2—3家。

二是城市宜居方面,主要是交通状况和城市房价收入比两项指标落户明显,城市框架还没有真正拉大,城市的职住平衡问题凸显,同时交通建设无法满足快速增长的经济和人口需要,交通拥堵成为杭州市民眼中最大的城市短板。G20峰会后,杭州新一轮房价上涨,已经明显提升城市创业成本,影响到城市竞争力水平。同时,城乡和区域发展还不够平衡,城市治理能力有待提高。

三是文化发展方面,最突出的短板是国际化教育水平不够,在杭39所高校数量不算少,但是"985""211"及"双一流"大学机构凤毛麟角,尤其理工类

---

①  基于2016年各地统计数据进行评估。

高端人才依靠大量从外地引进。教育的国际化水平不足,一方面,相较苏州、青岛、南京等地,杭州国际合作办学的大学机构数量少,越来越多的孩子选择出国留学;另一方面,符合高层次人才需求的国际学校数量和质量不足,迫使很多在杭外籍人员将家眷留在上海,在上海就医就学。

四是国际影响方面,最典型的不足是在杭领事馆数量为零,举办重要国际会议次数、国际组织总部和地区代表处数量、国际航班线路数都不够充足,人口中外籍人员比例也较低。交通国际枢纽的功能作用还十分有限,成都2015年末国际通航城市71个,国际通航线路85条,比杭州多53条;2013年蓉欧铁路开通,现已双向对开,而杭州还未将国际班列提上日程。

# 第五章　杭州建设世界名城的目标和战略

近年来,杭州加快了推进城市国际化的进程,杭州的"十三五"发展规划描绘了全市人民提升城市国际化水平的共同愿景,市委十一届十一次全会明确了城市国际化的目标、路径和任务,市委第十二次党代会更是明确提出了未来五年"加快建设独特韵味别样精彩世界名城"的奋斗目标和具体战略。

## 一、杭州建设世界名城的主要目标

G20 峰会召开后,杭州的全球知名度得到了"裂变式"提升,以此为契机,全面推进城市国际化、建设世界名城已成为杭州当前的大战略。市委市政府组织了多个课题组及专家团队,先后赴北京、上海、深圳等城市学习经验,从更深更广的视角研究杭州城市国际化的目标定位及战略路径。随着研究的不断深入,杭州建设世界名城的目标越来越清晰和具体化。

### (一)世界名城建设的中长期目标

2016 年 7 月,中共杭州市委十一届十一次全体(扩大)会议审议通过《中共杭州市委关于全面提升杭州城市国际化水平的若干意见》(以下简称《意见》),研究部署城市国际化工作,加快推进世界名城建设,提出到 2020 年,将杭州打造成第四大国际中心(城市),成为继成都、青岛之后,第三个出台专门文件明确提出国际化目标的副省级城市。该《意见》提出了杭州城市国际化必须"发挥八大优势、补齐八大短板",明确了杭州城市国际化的"四个个性特色+四个基础支撑",描绘了三个阶段的世界名城建设目标和路线图(如图 5-1)。

——充分发挥信息经济先发优势,重点补齐创新创业资源整合不充分、科技研发有效投入不足、科技成果转化成效不明显、国际经济合作参与不深等短板,着力在集聚高端要素、培育前沿产业、发展高端产业、扩大经济开放度上实现新突破,提升创新活力之城的综合实力和全球影响力。

——发挥杭州本土会展品牌优势,重点补齐国际机构和组织入驻率不高、承办国际会议层次不高、会展服务功能不完善、国际体育赛事少、运营能力不强等短板,实现承办国际会议展览和体育赛事的重大突破,成为具有世界水准的国际会议举办城市、会展之都、赛事之城。

——发挥杭州历史人文优势,重点补齐地域文化特色挖掘推广不够、重大国际文化交流与合作开展较少等短板,讲好"杭州故事",传播杭州"好声音",努力实现国际文化交流和城市文化软实力提升的新突破。

——充分发挥杭州旅游的品牌优势和在城市国际化中的排头兵作用,重点补齐旅游产品开发不够、旅游服务体系不健全、旅游区域发展不平衡、高端消费外流等短板,努力实现高端旅游和商贸消费新突破,成为国际旅游目的地、购物消费新天堂。

——充分发挥杭州生态环境的战略资源优势,重点补齐城市整体风貌不突出、大气和水环境质量不高、体制机制不健全等短板,努力在优化城市功能布局、提升环境质量、彰显城市特色风貌上实现新突破。

——充分发挥杭州区位条件和综合交通枢纽优势,重点补齐国际地位不突出、国际通达水平不高、信息基础设施不强等短板,加快推进基础设施现代化,在强化综合枢纽功能、完善对外对内交通和信息网络设施上实现新突破。

——充分发挥杭州政务公开透明、信用基础较好、智慧应用领先等优势,重点补齐现代城市治理相对滞后、国际公共服务设施不足等短板,努力在提升政务环境、法治环境、服务环境、社会环境上实现新突破。

——发挥杭州城市国际化与城乡一体化互动融合的优势,重点补齐杭州在区域发展中城市能级不高、城乡发展差距依然较大等短板,进一步增强集聚和辐射功能,在城市群和都市圈协同发展、城乡一体化统筹发展上实现新突破。

如图5-1,杭州提出了加快城市国际化、建设世界名城的三个阶段目标:一是到2020年,城市创新创业能力和产业国际竞争力明显增强,城市功能和人居环境更加完善,公共服务水平和社会文明程度显著提高,国际往来和人文交流更加深入,成为具有较高全球知名度的国际城市。二是到2030年,城市国际化向纵深推进,城市核心竞争力走在全国城市第一方队前列,初步成为特色彰显、具有较大影响力的世界名城。三是到21世纪中叶,杭州城市的国际性特征进一步完备,经济、文化、社会和生态等领域的自身特色和个性特质充分彰显,成为具有独特东方魅力和全球重大影响力的世界名城。

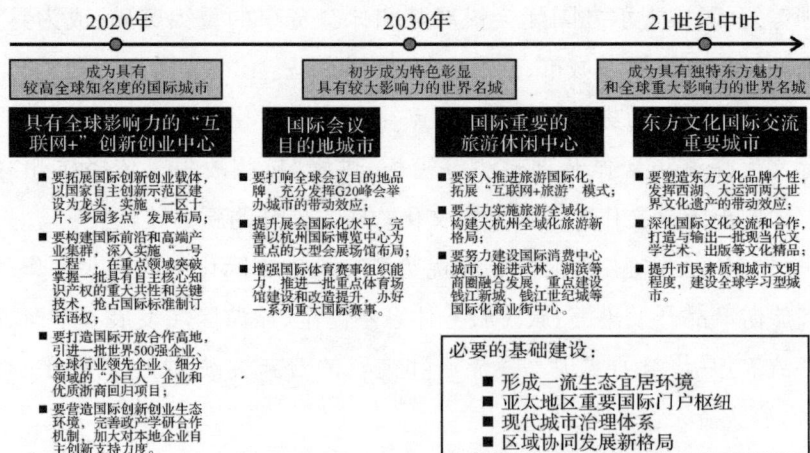

**图 5-1 杭州全面提升城市国际化路线图、时间表**

## (二)世界名城建设的近期目标

本着"统筹谋划、有序推进;遵循规律、彰显特色;扬长补短、软硬结合;政府引导、社会参与;以人为本、共建共享"五大原则,杭州市委市政府科学设计了杭州城市国际化中长期目标和近期目标。2017 年 2 月杭州市第十二次党代会明确提出:不断厚植创新活力之城、历史文化名城、生态文明之都和东方品质之城,为加快城市国际化、建设独特韵味别样精彩世界名城而不懈奋斗。会议明确了未来五年(2017—2022 年)的主要建设目标:全面完成"十三五"规划任务,确保亚运会筹备工作基本就绪,率先高水平全面建成小康社会,努力成为具有较高全球知名度的国际城市。具体做到"五个显著提升":

国际化水平显著提升。"后峰会、前亚运"效应充分释放,"四大个性特色""四大基础支撑"不断强化,跻身国家中心城市行列,在杭州都市区建设中的尖兵龙头作用更好发挥,在长三角世界级城市群中的集聚辐射作用更加凸显,在"一带一路"倡议中的贡献度更加突出,在全球的知名度美誉度和竞争力影响力持续提升。

综合实力显著提升。经济增长中高速、质效中高端态势不断巩固,主要指标增幅高于全国全省水平,以创新为引领和支撑的经济体系和发展方式基本形成。社会主义核心价值观更加深入人心,市民文明素质显著提高,文化软实力持续增强。城乡一体化纵深推进,发展的协调性、均衡性和可持续性明显增强。

治理现代化水平显著提升。重点领域关键环节改革取得重大成果,"法治杭州""平安杭州""智慧杭州""信用杭州"建设全面推进,党委领导、政府主导、社会协同、公众参与、法治保障的社会治理体制更加完善,共治共管、共建共享的城市治理格局基本形成,力争成为城市治理体系和治理能力现代化先行区。

人民生活品质显著提升。城乡居民收入差距进一步缩小,低收入群众收入持续较快增长。主要污染物排放总量大幅减少,生态环境质量指数稳居全国大中城市前列,建成国家生态文明先行示范区。公共服务体系更加健全,基本公共服务均等化水平稳步提高,人民群众获得感和幸福感不断增强。

党建科学化水平显著提升。从严治党的主体责任全面落实,党的政治、思想、组织和群众路线深入贯彻,党内政治生活严肃规范,政治文化健康向上,政治生态山清水秀,基层党建全面进步全面过硬,勇立潮头铁军排头兵队伍建设取得成效,全面从严治党的系统性、创造性、实效性不断增强。

### (三)建设世界名城的 2020 年具体目标

杭州市委十一届十一次全体会议除了提出城市国际化中长期发展的三个阶段目标,还提出到 2020 年杭州城市国际化的八大具体目标,包括全市集聚国内外顶尖人才 20 名左右、国家级领军人才 500 名左右、海外高层次人才 2 万名左右;规上高新技术产业增加值占工业增加值比重达到 50% 以上;全社会研发经费支出占全市生产总值比重达到 3.5%,万人有效发明专利拥有量达到 38 项;杭州进入由国际大会及会议协会发布的全球会议目的地城市前 80 强行列;接待境外游客人数达到 435 万人次;全市旅游休闲产业增加值年均增长 10% 以上;文化创意产业增加值年均增长 12% 以上;杭州空港国际及地区通航点达到 40 个左右;等等。为了便于政府考核和推进城市国际化,市发改(国推办)和浙大课题组在《杭州城市国际化指标体系》的基础上,对《中共杭州市委关于全面提升杭州城市国际化水平的若干意见》中提出的"四大个性特色"和"四大基础支撑"八大领域进行了量化分解,同时广泛征求各政府部门意见,明确 2020 年目标,落实负责单位,制订了《杭州城市国际化 2020 年目标及负责分工》(见表 5-1)。2017 年 11 月经市政府决议送交市人大立法

表5-1 杭州城市国际化2020年具体目标①

| 一级指标 | 二级指标 | 三级指标 | 最新值 | 2020年目标 | 单位 | 负责单位 | 八大领域 |
|---|---|---|---|---|---|---|---|
| 经济开放 | 贸易国际化 | 货物贸易进出口总额占GDP比重 | 40.87 | 46 | % | 市经信委 | 形成区域协同发展新格局 |
| | | 服务贸易进出口总额占GDP比重 | 12.7 | 16.7 | % | 市经信委 | 形成区域协同发展新格局 |
| | | 实际利用外资数占全社会固定资产投资总额比重 | 8.20 | 8.60 | % | 市经信委 | 形成区域协同发展新格局 |
| | 资本国际化 | 境外合同投资数占全社会固定资产投资总额比重 | 5.93 | 7.00 | % | 市经信委 | 形成区域协同发展新格局 |
| | | 外国金融机构数量 | 35 | 45 | 家 | 市城管委 | 打造具有全球影响力的"互联网+"创新创业中心 |
| | 经济发展度 | 人均GDP | 12.14 | 15.00 | 万元/人 | 市经信委 | 形成区域协同发展新格局 |
| | | 第三产业增加值占GDP比重 | 61.2 | 65 | % | 市发改委 | 形成区域协同发展新格局 |
| | | 国际旅游收入 | 31.49 | 40 | 亿美元 | 市旅委 | 打造国际重要的旅游休闲中心 |
| 城市宜居 | 基础设施国际化 | 国际学校数 | 5 | 8 | 所 | 市城管委 | 形成现代城市治理体系 |
| | | 国际医院数 | 1 | 3 | 所 | 市城管委 | 形成现代城市治理体系 |
| | | 国际社区数 | 2 | 10 | 个 | 市城管委 | 形成现代城市治理体系 |
| | | 国际街区数 | 0 | 10 | 个 | 市城管委 | 形成现代城市治理体系 |
| | | 互联网国际通信专用通道 | — | 160 | G | 市经信委 | 形成亚太地区重要国际门户枢纽 |

① 资料来源:2017年12月1日浙江大学杭州市城市国际化评价指标体系发布会公开的会议资料。

续表

| 一级指标 | 二级指标 | 三级指标 | 最新值 | 2020年目标 | 单位 | 负责单位 | 八大领域 |
|---|---|---|---|---|---|---|---|
|  |  | 人均公园绿地面积 | 14.6 | 15.0 | 平方米/人 | 市建委 | 形成一流生态宜居环境 |
|  |  | 环境空气质量优良天数 | 260 | 280 | 天 | 市建委 | 形成一流生态宜居环境 |
|  | 生活宜居度 | 生活成本指数 | 48.89 | 52.00 | — | 市建委 | 形成一流生态宜居环境 |
|  |  | 城市公共交通出行分担率（不含步行） | 38.3 | 45.0 | % | 市发改委 | 形成一流生态宜居环境 |
|  |  | 人均体育场馆面积 | 1.65 | 2.0 | 平方米/人 | 市西博办 | 形成一流生态宜居环境 |
|  |  | 城市安全状况满意度 | 65.98 | 70.00 | % | 市城管委 | 形成一流生态宜居环境 |
|  | 文化覆盖度 | 博物馆数量 | 85 | 89 | 家 | 市委宣传部 | 打造东方文化国际交流重要城市 |
| 文化与创新 |  | 受过高等教育（大学文化程度）人口占总人口比重 | 22.15 | 26.00 | % | 市城管委 | 打造东方文化国际交流重要城市 |
|  | 科技创新度 | 世界文化遗产数 | 2 | 3 | 处 | 市委宣传部 | 打造东方文化国际交流重要城市 |
|  |  | 世界排名前500的大学 | 1 | 2 | 所 | 市城管委 | 打造具有全球影响力的"互联网+"创新创业中心 |
|  | 创新创业度 | 国际主流学术期刊发表论文数 | 25015 | 26000 | 篇 | 市城管委 | 打造具有全球影响力的"互联网+"创新创业中心 |
|  |  | 国际专利申请量 | 426 | 525 | 件 | 市经信委 | 打造具有全球影响力的"互联网+"创新创业中心 |
|  |  | 研究与试验发展经费支出占GDP比重 | 3.1 | 3.5 | % | 市经信委 | 打造具有全球影响力的"互联网+"创新创业中心 |

续 表

| 一级指标 | 二级指标 | 三级指标 | 最新值 | 2020年目标 | 单位 | 负责单位 | 八大领域 |
|---|---|---|---|---|---|---|---|
| 国际影响 | 国际影响度 | 国际友好城市数 | 29 | 35 | 个 | 市委宣传部 | 打造东方文化国际交流重要城市 |
| | | 互联网检索条数 | 406 | 500 | 百万条 | 市委宣传部 | 打造国际重要的旅游休闲中心 |
| | | 举办重要国际会议次数 | 27 | 35 | 次 | 市西博办 | 打造国际会议目的地城市 |
| | | 国际组织总部和地区代表处总数（含大使馆、领事馆或办事处数） | 1 | 2 | 个 | 市西博办 | 打造东方文化国际交流重要城市 |
| | | 举办国际A级赛事次数 | 1 | 2 | 次 | 市西博办 | 打造东方文化国际交流重要城市 |
| | | 本土企业入选世界500强数 | 2 | 5 | 家 | 市经信委 | 打造具有全球影响力的"互联网＋"创新创业中心 |
| | | 世界500强海外企业入驻数 | 31 | 35 | 家 | 市经信委 | 打造具有全球影响力的"互联网＋"创新创业中心 |
| | 国际吸引力 | 国际和地区通航点 | 37 | 48 | 个 | 市发改委 | 形成亚太地区重要国际门户枢纽 |
| | | 境外游客来杭人数 | 363 | 435 | 万人次 | 市旅委 | 打造国际重要的旅游休闲中心 |
| | | 外籍人口数 | 2.00 | 2.72 | 万人 | 市委宣传部 | 打造东方文化国际交流重要城市 |

的《杭州市城市国际化促进条例》①，从体制机制、统筹实施、领导机构等方面明确了杭州城市国际化建议。

### 三、杭州建设世界名城的主要战略

杭州的城市国际化战略包含内容十分宽广，比如优化区域开放布局，创新对外投资方式，促进国际产能合作，创建面向全球的贸易、投融资、生产、服务和文化交流网络等。市委十一届十一次全体（扩大）会议出台的《中共杭州市委关于全面提升杭州城市国际化水平的若干意见》明确了世界名城建设的目标和战略重点就在于夯实"四个基础支撑"，实现"四大个性特色"，提升城市国际化水平。具体而言，包括以下几个部分。

**（一）个性特色一：着力打造具有全球影响力的"互联网＋"创新创业中心**

拓展国际创新创业载体。以杭州国家自主创新示范区建设为龙头，实施"一区十片、多园多点"发展布局，加快创新创业平台建设。发挥国家高新区引领作用，把杭州高新区（滨江）建设成为世界一流高科技园区、临江高新区建设成为一流制造中心。高水平规划建设杭州城西科创大走廊、城东智造大走廊。加快建设一批具有国际影响力的科创特色小镇、离岸创新创业基地、开放式创业街区和高端众创空间，形成聚合高端要素的国际化创新创业空间体系。提升云栖大会等一批国际创新资源交流平台知名度，大力吸引国际研发机构、知名孵化平台和顶级创新创业导师团队落户。到2020年，全市集聚国内外顶尖人才20名左右、国家级领军人才500名左右、海外高层次人才2万名左右。

构建国际前沿和高端产业集群。落实"互联网＋"战略，深入实施信息经济与智慧应用互动融合发展的"一号工程"，在重点领域突破掌握一批具有自主核心知识产权的重大共性和关键技术，抢占国际标准制订话语权，形成万亿级信息产业集群，打造全球领先的信息经济科创中心。实施《中国制造2025杭州行动纲要》，大力发展新一代信息技术、高端装备制造、汽车与新能源汽车、节能环保与新材料、生物医药和高性能医疗器械、时尚等六大重点产

---

① 条例内容详见本书附录2。

业,跟踪发展人工智能、量子通信、增材制造、新型显示、虚拟现实等前沿产业,抢占全球产业制高点。实施领军企业和跨国企业培育战略,在重点优势领域培育一批国际知名创新型领军企业,打造一批具有国际竞争力的本土跨国企业。到 2020 年,规上高新技术产业增加值占工业增加值比重达到 50%以上。

打造国际开放合作高地。加快营造高标准的国际化营商环境,加强国际化专业招商队伍建设,着力引进一批世界 500 强企业、全球行业领先企业、国际创新型企业、细分领域"小巨人"企业和优质浙商回归项目。巩固和深化杭州跨境电商综试区先行先试优势,重点突破跨境电商贸易瓶颈,推广新商业模式,建设全球最优跨境电商生态圈,打造国际网络贸易中心。推进服务贸易创新发展试点,扩大优质服务产品输出,建设高能级服务贸易产业园区。推进国家综合保税区建设,打造"网上丝绸之路"重要战略枢纽城市,支持企业用好国际国内资源、技术和市场,建设一批境外产业合作园区,实施一批参与"一带一路"建设重大项目。

营造国际创新创业生态环境。深入实施"创新创业新天堂"行动计划,完善政产学研合作机制,支持行业龙头企业联合组建产业研究院,组织实施一批重大科技示范应用项目,加大对本地企业自主创新支持力度。深化国家自主知识产权示范城市建设,打造具有全球影响力的科技交易市场,推动科技成果有效转化。推进钱塘江金融港湾建设,打造财富管理中心和新金融中心,构建创新创业金融服务体系。做好全国小微企业创业创新基地城市示范工作,实施新一轮科技型初创企业培育工程。到 2020 年,全社会研发经费支出占全市生产总值比重达到 3.5%,万人有效发明专利拥有量达到 38 项,国际专利申请量明显提升。

### (二)个性特色二:着力打造国际会议目的地城市

打响全球会议目的地品牌。充分发挥杭州成为 G20 峰会举办城市的带动效应,加强与国际机构和国家部委的合作交流,着力引进一批有世界影响的国际会议、高端论坛项目。充分发挥在杭高校和科研机构的作用,争取更多的国际学术会议在杭举办。争取联合国相关机构和有关国际组织入驻杭州或设立办事处等机构。建设或改造提升大型会议场馆和国际型酒店群等配套设施,培育引进专业会议组织者、目的地管理公司等专业机构,提升举办国际会议承载服务能力。到 2020 年,杭州进入由国际大会及会议协会(IC-CA)发布的全球会议目的地城市前 80 强行列。

提升展会国际化水平。完善以杭州国际博览中心为重点的大型会展场馆布局,创新经营理念和运营机制,提升会展服务水平和配套能力,打造会展创新创业基地。继续推进西湖国际博览会转型升级,提升世界休闲博览会、中国国际动漫节等展会国际化水平,挖掘历史人文、旅游休闲、电子商务等杭州特色会展元素,培育具有国际影响力和号召力的本土会展品牌。建立国际会展引进和申办联动机制,引进一批国际知名会展项目。理顺会展业管理体制,完善工作推进机制和管理机构,培育市场主体,壮大会展业市场。

增强国际体育赛事组织能力。按照国际一流水准,推进一批重点体育场馆建设和改造提升,办好 2018 年世界短池游泳锦标赛、2022 年亚运会等重大赛事。提升本土赛事品牌的国际知名度,培育发展本土职业体育俱乐部。大力发展群众体育,持续提升杭州游泳等项目的国际领先地位。加强与国际性体育赛事组织的联系与合作,创新体育赛事开发推广方式,大力培育引进体育赛事运营企业和项目,形成市场化、多元化、专业化办赛模式。到 2022 年前,累计承办各类国际 A 类体育赛事 10 项。

**(三)个性特色三:着力打造国际重要的旅游休闲中心**

深入推进旅游国际化。制订实施新一轮旅游国际化行动计划,全面推进旅游产品、营销、功能、服务、管理、环境国际化。拓展"互联网＋旅游"模式,加快发展智慧旅游、共享旅游等新业态。依托西湖、西溪湿地、千岛湖、天目山等自然山水资源,挖掘古都古城、大运河等丰厚的历史文化资源,推动旅游与休闲、餐饮、会展、文化、健康等特色潜力产业深度融合,积极引进大型品牌主题公园,打造一批世界级旅游产品和品牌,加快形成适应国内外不同层次游客需求的旅游产品体系。建立以国际权威媒体和新媒体为推广重点、以跨国旅行商和在线旅行商为营销切入点的国际旅游营销体系,开展全球性精准化营销主题推广系列活动。加快建设与国际接轨的游客服务体系、导游服务队伍和旅游环境,提升旅游国际可进入性。到 2020 年接待境外游客人数达到 435 万人次。

大力实施旅游全域化。以创建国家全域旅游示范区为契机,完善美丽乡村建设和城乡统筹协作机制,持续推进"旅游西进",打响一批旅游特色小镇品牌,大力发展乡村旅游,把"三江两岸"打造成为"最美绿色风景廊道",着力构建大杭州全域化旅游新格局。深度挖掘市域西部县(市)山水林田湖和文化等资源,重点培育农事体验、民宿乡居、绿道骑游、户外拓展、休闲养生等特色旅游业态,加快区县(市)旅游新业态培育和旅游公共服务体系完善。到2020年,全市旅游休闲产业增加值年均增长10%以上。

努力建设国际消费中心城市。优化商贸业布局,提高延安路商业街国际知名度,深入推进武林、湖滨、吴山、黄龙等商圈融合发展,重点建设钱江新城、钱江世纪城等国际化商业中心。实施名品进名店、名店进名街战略,运用大数据改造提升传统商贸业态,营造既有国际品牌集聚,又有浓郁杭州特色的高品质购物体验环境。强化商旅互动,用好杭州航空口岸144小时过境免签政策,完善中转服务体系,争取境外旅客购物离境退税试点,加快进境免税店落地和大型免税购物中心、区域性进口商品展示交易中心建设。健全与国际接轨的消费领域标准体系,加强跨境消费者权益保护,建立国家电子商务投诉维权中心和国家流通领域网络商品质量监测中心,设立国际商事仲裁机构。

### (四)个性特色四:着力打造东方文化国际交流重要城市

塑造东方文化品牌个性。发挥西湖文化景观、大运河两大世界文化遗产的带动效应,推进跨湖桥、良渚、南宋皇城、钱塘江古海塘、西溪湿地等文化遗址保护与开发,传承弘扬金石篆刻、浙派古琴、传统蚕桑丝织技艺等世界非物质文化遗产和优秀传统文化,形成世界级文化遗产群。实施"城市记忆工程",建设城市历史演进3D展示馆。挖掘吴越、南宋等地域历史文化,打造东方儒学与世界佛教文化交流中心。实施"文化+"行动,充分展示丝绸、茶叶、中医药、杭帮菜、金石书画、围棋等特色文化和产业。培育时尚文化,发展时尚产业。到2020年,文化创意产业增加值年均增长12%以上。

深化国际文化交流与合作。建立健全对外文化交流合作机制,创新对外传播、文化交流、文化贸易方式,加强经常性对外交流。深化发展友好城市和友好交流城市,更好地挖掘友城资源,增强合作的深度和广度。鼓励社会力量参与对外文化交流事业,支持艺术团体创作富有杭州特色和国际元素的作品。加强政策支持、信息服务和平台建设,打造和输出一批现当代文学艺术、出版、影视、戏曲、动漫游戏、数字内容、创意设计等文化精品。支持重点文化企业参与国际展会,开拓海外文化市场。加快建设具有国际水平的音乐厅、美术馆、书画院,培育引进国际一流演艺经纪公司,策划举办一批具有国际影响的音乐节、舞蹈节、电视节、旅游节等重大文化活动。加强与联合国教科文组织、国际知名智库等机构对接,建设具有重要影响力的非政府国际文化交流平台。

提升市民素质和城市文明程度。深入实施"满城书香"工程,建设全球学习型城市。建设国际化公共文化空间与设施,积极引进国际文化人才、技术和经营管理经验。加强"国际理解教育",拓展国际视野,提升杭州政府、企业和市民的国际意识,增强同国际社会交往的能力。深入实施"市民文明素质提升工程",进一步弘扬"精致和谐、大气开放"的城市人文精神,培育开放包容、多元共融的城市文化,打响"最美现象"品牌,深入开展文明出行、文明行为、文明服务、文明社区等系列文明行动,提升社会文明程度。

### (五)基础支撑一:加快形成一流生态宜居环境

优化城市空间布局。严格落实新修订的杭州城市总体规划,科学修编新一轮城市总体规划。坚持"多规合一",划定城市开发边界和永久性基本农田,牢牢守住资源消耗上限、环境质量底线、耕地和生态保护红线,加强对山系、水系、绿系的保护和合理利用,努力形成集约紧凑、疏密有致的空间格局。以六条生态带为依托,建设一批郊野公园,实现城市内外绿地连接贯通。加强人口和城市功能调控,完善倒逼和激励机制,严格控制增量,有序疏解存量,引导核心区人口和功能向外疏散。加快钱江新城二期、钱江世纪城、大江东新城等重点区域开发建设,继续推进"三改一拆",区县(市)实现基本无违建,推进棚户区改造,加快实施主城区城中村改造五年攻坚行动。加快地下综合管廊建设,推进城市地下空间综合开发和城市立体发展。

塑造城市特色风貌。认真落实中央城市工作会议提出的"一尊重五统筹"要求,树立高水平规划、高标准建设、高效能管理、高品位生活的理念,从整体平面和立体空间统筹协调城市景观风貌,更好体现地域特征、江南特色和时代风貌。着力彰显西湖、钱塘江、大运河、西溪湿地、湘湖等景观风貌区,打造更具东方韵味的山水园林城市。弘扬城市美学、建筑美学、色彩美学、生活美学,制订城市设计政策和标准,落实相关措施,强化建筑立面管理规范,优化城市建筑形态。加强对历史文化遗产保护和利用。提升街道、公园、广场等城市公共空间品质,精心设计城市家具,美化城市景观。

提升生态环境质量。持续推进治污水、防洪水、排涝水、保供水、抓节水"五水共治",推进海绵城市建设,到 2020 年前全面消除黑臭河和地表水劣Ⅴ类断面;强化饮用水源安全保障,扎实推进千岛湖配供水工程。严格控制煤炭消费总量,统筹推进燃煤烟气、工业废气、车船尾气、餐饮排气、扬尘灰气"五气共治",实现 PM2.5 浓度持续下降、空气质量优良天数比率大幅提升的目标。加快装配式建筑发展,推进建筑工业化,减少建筑垃圾和扬尘污染。统筹推进生活固废、建筑固废、污泥固废、有害固废、再生固废"五废共治",合理布局并加快固废收集、运输、处置和利用设施建设,深化落实生活垃圾"三化四分"。深化"两路两侧""四边三化"工作,实施小城镇综合整治行动,深入推进城乡环境综合整治。开展"城市增绿"行动,推广屋顶绿化和垂直绿化,加强对废弃矿山、湿地的环境治理和生态修复。深入实施工业、建筑、交通等重点节能工程,大力推广和应用新能源汽车,开展低碳社区、低碳园区等试点示范。

完善生态文明制度。推进建设用地和用能权、碳排放权、排污权、用水权等资源要素交易,实施能源和水资源消耗、建设用地使用等总量和强度双控管理。建立健全环境承载力预警体系,完善对重点生态功能区的生态补偿机制。完善环境信用评价制度,探索建立环境污染责任保险制度。探索建立生态文明绩效评价和责任追究制度,建立生态环境损害责任终身追究制。

### (六)基础支撑二:加快形成亚太地区重要国际门户枢纽

提升交通枢纽国际化水平。推动萧山国际机场扩容提升和功能配套,开辟更多欧洲、美洲、大洋洲等重点城市国际航线,增加亚非主要城市航班,到 2020 年杭州空港国际及地区通航点达到 40 个左右。拓展航空配套服务市场,支持开通国际货运航线,大力发展临空经济,积极争创国家级临空经济示范区。加快建设完善机场至中心城区和杭州都市圈城市的快速通道,有序建设通用机场。加强与"一带一路"节点城市的铁路骨干支线网衔接,积极对接中欧国际货运班列。加强市域重点航道改造提升,深化与宁波舟山港、上海港等战略合作,鼓励企业参与海上丝绸之路建设。加强多式联运高效衔接和设施互联互通,打造区域性国际物流中心。

完善城乡综合交通网络。规划实施杭州"一轴两翼五站"铁路枢纽布局,建设杭州城西综合交通枢纽,优化杭州站、杭州东站、杭州西站、杭州南站、江东站等枢纽站功能配置,加快建设杭黄、商合杭、杭绍台、杭温等高速铁路和杭州都市区城际铁路网,推进杭武高铁规划研究,形成以杭州为中心的省域一小时交通圈。优化城市环线系统,建设完善城市快速路网,加强杭州主城与副城、新区、组团、县城间的路网联系。加快城市轨道交通建设,到2020年形成250千米以上城市轨道交通网络,规划建设现代有轨电车线路。健全大公交体系,完善绿道网和慢行系统,推进各种公共交通工具"零距离换乘",城区机动化出行公交分担率达60%以上,城乡间交通更加便捷顺畅。加快停车设施建设,科学布设人行立体过街设施,优化街坊路和住宅区内道路系统。加快智慧交通建设,完善交通综合信息平台,强化路面严管严治,提升交通治理科学化、智慧化、人性化程度。

加快信息网络和数据开放平台建设。加快国家下一代互联网示范城市建设,推动互联网IPv6规模化应用。建设国家级互联网骨干直联点,增设互联网国际出口专用通道,进一步提升国际和本地网络交换能力。全面推进"三网融合",推进车联网试点,打造5G应用先行区,构建宽带、泛在、融合、便捷的市域无线网络,到2020年全市互联网普及率达到90%。健全网络与信息安全保障体系,确保重要应用系统及超大型网络平台的安全。围绕国家云计算服务创新发展试点示范城市建设,建成国际一流的云平台和大数据交易平台,打造"云上杭州"。以打造跨境电商大数据交换中心为突破口,建设国际贸易、金融、物流等大数据汇集、交易、挖掘、应用的重要枢纽城市。

### (七)基础支撑三:加快形成现代城市治理体系

优化政务法治环境。深化"四张清单一张网"改革,厘清政府权力范围并明确职责。加快推进"互联网＋政务服务",深化政务公开,完善"服务清单",加强绩效管理,提高政府运行透明度和办事效率。设立政府大数据管理机构,推进政务数据资源跨层级、跨部门地归集、共享、开放和应用。建立涉外事务管理负面清单制度,下放外商投资企业注册登记权限,降低港澳地区市场主体准入门槛,进一步完善出入境管理与服务。以创建社会信用体系建设示范城市为契机,深化"信用杭州"建设。加强法治杭州建设,坚持科学立法、依法行政、严格执法、公正司法、全民守法,努力营造规范有序、公平竞争的市场环境和社会环境。

提升公共服务国际化水平。推进外籍人员子女学校规划建设,到2020年全市外籍人员子女学校达到8所;大力发展国际教育,引进国外知名教育机构来杭参与办学,中外合作办学机构与项目达到100个。支持民办西湖大学等国际一流研究型高校建设。大力发展外国留学生教育,扩大在杭留学生的来源国别、留学类别和规模。深化图书馆国际交流,增强公共图书馆国际服务功能。推进医疗卫生领域国际化合作,积极引进国际性医疗机构,推进国际化医院试点,建立与国际接轨的远程会诊系统,完善国际医疗服务结算体系。建立完善多语种服务平台,建设统一的外籍人员服务定点窗口,设立面向境外游客的旅游咨询中心,组建长效性外语志愿服务队伍,积极引进使馆签证、评估和认证等国际中介服务组织及其分支机构,健全外文咨询、信息提供、生活设施和公共服务体系。实施国际化标识改造工程,规范城市公示语标志,建设具有杭州特色的国际化街区和社区。

加强城市智慧治理。充分利用大数据、云计算、物联网、人工智能等信息化技术,完善城市智慧管理服务,提升城市运行效率。建设智慧政务应用服务体系,全面实现网上办公和互动交流。推进"数字杭州"建设,完善相关标准体系和数据平台,加快在城市建设管理、交通、环保、气象、管网、防灾减灾等领域的智慧应用。加强智能电网建设,构建能源互联网城市样本。加强医疗、教育、养老、就业、社保等领域智慧应用和示范推广,努力建成覆盖城乡、全民共享的智慧民生服务体系。深化平安杭州建设,加强城市安全预警与应急管理体系建设,增强重大气象灾害、突发公共安全事件等防御和应急处置能力。

### (八)基础支撑四:加快形成区域协同发展新格局

主动接轨国家区域发展战略。积极响应国家"一带一路"倡议,主动融入长江经济带和长三角城市群发展规划,加强重大战略平台和重点专题领域合作,巩固和强化长三角区域规划明确的杭州"一基地四中心"特色功能,加强与上海、长三角区域和国内外城市的合作交流,进一步增强集聚和辐射带动能力,提升杭州在长三角世界级城市群中的能级,提高杭州在全国的城市地位。

加快杭州都市区和都市圈建设。充分发挥杭州中心城市龙头作用,加快杭州都市区通勤一体化和公共服务互联互通建设,使杭州都市区成为全省参与国际国内竞争的尖兵和龙头。完善杭州都市圈合作模式,深化加快基础设施互联互通,推进城际轨道、高速公路、高等级航道和综合交通枢纽建设,努力在空间布局优化、产业协同发展、生态环境共保、公共服务共享等方面取得实质性成果,努力打造杭州都市圈全国经济转型升级和改革创新先行区。

深入推进城乡一体化。强化市域空间统筹,坚持以城市国际化带动城乡一体化,构建多层次、多中心、网络型城市体系。加快萧山、余杭、富阳与主城区深度融合,推进市区一体化发展,研究推进城市行政区划调整。深化区县(市)协作,深入实施产业、科技、人才、旅游、交通等"西进"行动,促进市区与县(市)、城市与乡村协同发展,加快建设品质城乡。

在城市国际化系列会议、政策陆续出台后,2017 年杭州市十二次党代会明确"独特韵味、别样精彩的世界名城"建设,必须充分发挥"三城一中心一都市"的优势,必须坚定不移推进全面从严治党,为加快建设世界名城提供根本保证。报告再一次论证了世界名城建设战略的内涵及其内在逻辑关系,包括:坚定不移实施创新驱动发展战略,巩固创新活力之城优势,创新是建设世界名城的不竭动力,必须以科技创新为核心推动全面创新,努力把杭州建设成为具有全球影响力的"互联网+"创新创业中心;坚定不移繁荣发展社会主义先进文化,展示历史文化名城魅力,文化是建设世界名城的"根"与"魂",必须树立文化自信自觉,坚持传承创新,加快建设东方文化国际交流重要城市;坚定不移拓展对外开放新优势,建设国际重要商贸中心,开放是建设世界名城的必由之路,以更加开放的姿态和更加广阔的胸怀赢得发展的主动、国际竞争的主动,努力把杭州建设成为融合线上线下、联通世界、服务全球的国际重要商贸中心;坚定不移推进美丽中国样本建设,打造生态文明之都,生态是建设世界名城的本底,必须顺应生态文明新时代,努力把杭州建设成为颜值高、气质好、国际范的生态文明之都;坚定不移推进共治共管共建共享,深化东方品质之城建设,共享是建设世界名城的根本目的,必须统筹各项民生社会事业,着力推进城市治理体系和治理能力现代化,努力把杭州建设成为共治共管、共建共享的东方品质之城。

# 特色篇

# 第六章 杭州建设全球"互联网＋"创新创业中心的路径研究

从城市发展来看,产业发展是城市发展的根本,而创新又是引领发展的第一动力。在创新创业的道路上,杭州具有鲜明的先发优势,一直走在全国前列。因此,杭州市在研究部署城市国际化工作中,着力打造的"四大个性特色"的第一点,便是"着力打造具有全球影响力的'互联网＋'创新创业中心"。作为国内创新创业的一线城市,杭州的特色是围绕互联网来布局产业,既有新的互联网产业,也有传统产业的互联网改造。建设世界名城的过程中,杭州将坚定不移地实施创新驱动发展战略,持续推进以科技创新为核心的全面创新,不断厚植创新活力之城的特色与优势,加快打造具有全球影响力的"互联网＋"创新创业中心,为我国建设新时代的创新型国家做出应有贡献。

## 一、杭州建设全球"互联网＋"创新创业中心的主要背景和概况

近年来,全球掀起了以新一代信息技术为核心的科技创新和产业变革,这是助推产业转型升级和经济发展方式转变的重要动力。中国作为当今世界经济领域发展最为活跃的区域,顺应趋势制定实施了"互联网＋"行动计划,助推互联网与包括医疗、教育、物流、金融等在内的传统行业各个领域的融合发展,培育更多的新兴产业和新兴业态。而在市场经济中一直先知先觉的浙江,早就擎起了互联网经济的大旗,不仅培育了一批以阿里巴巴为代表的互联网大鳄,而且营造了以互联网大会为代表的激发"互联网＋"经济快速成长的氛围。2014 年 7 月,杭州明确将发展"信息经济和智慧经济、推进智慧应用"作为"一号工程",积极引导全市抢抓"互联网＋"机遇。

### (一)杭州建设全球"互联网＋"创新创业中心的主要背景

"互联网＋"创新创业是充分发挥互联网的作用,以促进创新创业为重

点,推动各类要素资源聚集、开放和共享,大力发展众创空间、开放式创新等,引导和推动全社会形成大众创业、万众创新的浓厚氛围,打造经济发展新引擎。杭州市作为我国互联网发展的领先城市,在高速宽带接入、网络综合承载能力及互联网关键资源分布方面具有一定优势,并且拥有一批像阿里巴巴、网易等优秀的国际性互联网企业,完全能够在"互联网+"上实现新的突破与发展。①

### 1.全球再次进入创新创业密集活跃时期

综观世界经济发展历史,大体经历过 3 次创新创业浪潮:第一次创新创业浪潮产生于资本主义工业革命;第二次是第二次世界大战后复苏的商业经济推动了大量的创新创业活动不断出现;20 世纪 80 年代以来的新经济革命风暴席卷全球,形成了在经济全球化扩张、信息技术高速发展背景下的第三次创新创业浪潮。2008 年国际金融危机以来,全球经历了前所未有的重构和重组过程,创新已由摆脱国际金融危机的一种政策选项,升格为新一轮全球经济格局重塑的战略选项。② 美国、德国和日本等主要发达国家纷纷推出各自的创新发展战略,焦点不约而同地锁定在新一代互联网、生物技术、新能源、高端制造业等战略新兴产业上,构成新一轮增长竞赛。经历 20 世纪 90 年代纳斯达克信息经济泡沫后,全球再次进入新的创新密集活跃时期,创新创业也正在改变国家竞争力量对比。借助互联网技术的不断颠覆和突破,全球科创中心正编织起全球创新网络,"众创空间、创客运动"等都推动创新创业要素在全球范围内实现共享和流动。"互联网+"创新创业不断超越国界,创新国际化正取代生产国际化,成为经济全球化的新形式、新动向。国际创新创业的新趋势为杭州建设全球"互联网+"创新创业中心提供了良好的机遇。

### 2."互联网+"创新创业已成为我国经济增长新引擎

随着中国特色社会主义进入新时代,我国经济已由高速增长阶段转型到高质量发展阶段,正处在转变发展方式、优化经济结构、转换增长动力的攻关

---

① 周旭霞:《着力打造具有全球影响力的"互联网+"创新创业中心》,《杭州日报》2016 年 7 月 26 日,第 A08 版。

② 张茉楠:《国际创新创业发展战略新趋势及启示》,《宏观经济管理》2016 年第 1 期,第 85 页。

期。在增速换挡的经济新常态下,传统数量型扩张的经济模式已难以支撑全球第二大的经济体量实现高速增长,特别是当今技术创新已进入移动互联网、大数据、云计算、物联网、人工智能的时代,经济发展进入以颠覆性技术创新为主导的新的历史阶段,创新创业的作用和意义远远超过任何一个时期。2015 年,在十二届全国人大三次会议的政府工作报告中,李克强总理首次提出了"互联网+"的概念,制定出"互联网+"的整体战略部署,加快移动互联网技术的发展,云计算、大数据、物联网使大数据理论等与现代制造业相结合,促进互联网行业的持续健康发展,在国际市场中让中国的互联网企业可以占据有利位置。2017 年 4 月 20 日,2017 中国"互联网+"数字经济峰会在杭州举办,腾讯研究院在峰会上发布了《中国"互联网+"数字经济指数(2017)》。数据显示,2016 年我国数字经济总体量占到了 GDP 总量的 30.61%,"互联网+"数字经济已经成为我国 GDP 增长的重要动力。腾讯公司董事局主席兼首席执行官马化腾表示,"互联网+"是手段,数字经济是结果,"互联网+"赋能实体经济将创造巨大的创新机会,而在云端用人工智能处理大数据将是我国企业未来发展的重点。[①] 我国经济发展的新格局为杭州建设全球"互联网+"创新创业中心奠定了厚实的基础。

### 3. 我国"互联网+"创新创业即将迎来第四次浪潮

我国互联网行业经过 20 多年的快速发展,在搜索引擎、社交网络、电子商务等领域成长了一批具有全球竞争力的平台型企业,有效推动了各类创新要素和创业资源的集聚发展。可以说,我国的互联网应用已走在世界前列,中国在很多方面引领着全球的互联网创新,中国的互联网创新创业如火如荼,阿里研究院高级专家崔瀚文表示,我国互联网时代创新创业经历了三次浪潮,即将到来的第四次浪潮,是智慧化的新阶段。[②] 在第四次浪潮中,一方面是技术的极致发展,移动互联网、物联网等众多新技术不断突破,数据驱动的强大算法透过产品界面将真正实现工业、农业、服务业的智能化;另一方面,在技术的支撑下,个人的价值将得到极大释放,增加人与人之间的交互,并通

---

① 人民网:《中国"互联网+"数字经济峰会杭州召开》,《信息技术与信息化》2017 年第 4 期,第 2 页。

② 徐艳红:《向全球讲好互联网时代的中国创新创业故事》,《人民政协报》,2016 年 09 月 13 日,http://www.qstheory.cn/zhuanqu/bkjx/2016-09/13/c_1119557207.htm。

过直播等技术支撑新产业的发展。劳动从工业经济时代步入到信息经济时代。总体上来讲,就是实现了真正的从分享行为到共享经济的跃升,平台经济、共享经济与微经济共同支撑起新经济的未来。① 当今创新创业的新浪潮为杭州建设全球"互联网十"创新创业中心提供了全新的起点。

### (二)杭州建设全球"互联网十"创新创业中心的主要概况

从无到有,从有到优,在全球互联网经济大潮中,作为沿海开放城市的杭州始终大胆改革、勇于探索,在不断完善国内创新创业生态系统的基础上,"走出去"的步伐也越来越坚定。今天的杭州已然身负"创业之城"的美誉,但杭州也给自己树立了新的目标:积极探索融入全球创业生态系统,成为一个真正国际化的创新活力之城——中国的硅谷,在打造全球"互联网十"创新创业中心的道路上迅跑。

#### 1.杭州"互联网十"创新创业的发展方向日益明确

至 20 世纪末,杭州经济形成了以传统劳动密集型轻工业为主的结构特征。1990 年,杭州高新区在西湖区的文教区内诞生,是首批国家级高新技术产业开发区之一,在这里开始孕育杭州创新创业的生机。21 世纪后,杭州"互联网十"创新创业的发展过程总体上可分为四个阶段。一是萌芽阶段(2000—2006 年)。随着全球信息技术及其新兴产业的快速发展,杭州市委、市政府在2000 年做出以"国家高新区(滨江)"为重点建设"天堂硅谷"的决定,重点培育IT 产业。二是起步阶段(2006—2012 年)。2006 年,杭州市委市政府在总结前期经验基础之上,做出"进一步打造'天堂硅谷',推进创新型城市建设"的重大决定,在全市吹响了创新的号角,实现高新产业由点到面的扩展,进一步明确了创新重点是做大做强"信息港""新药港"建设,并相应出台了《杭州市建设创新型城市规划纲要》《杭州市关于建设创新型人才队伍的若干意见》等文件,为发展建设创新型城市进行总体布局。从政府产业扶持资金投入上来看,在 2007 年至 2009 年三年中杭州科技发展专项资金投到信息和生物医药领域共计约 19.64 亿元,年平均增长率为 22.47%,从科技项目投向来看,电子信息投入占了七成,夯实了杭州信息经济的基础。三是发展阶段(2012—

---

① 徐艳红:《向全球讲好互联网时代的中国创新创业故事》,《人民政协报》,2016 年 09 月 13 日,http://www.qstheory.cn/zhuanqu/bkjx/2016-09/13/c_1119557207.htm。

2014年）。在创新型城市建设大力铺开后,市委、市政府又提出了十大产业发展方向,并于2012年8月杭州市委第十二届二次全会上提出了实施创新强市战略完善区域创新体系,发展创新型经济的重要决定,为发展创新型经济在科技创新领域做了进一步布局。四是提升阶段(2014年至今)。2014年7月,杭州市委十一届七次全体会议审议通过了《关于加快发展信息经济的若干意见》,成立市委书记和市长牵头的领导小组,定期召开例会,全力推进发展信息经济"一号工程"。全市上下以"智慧产业化和产业智慧化"为核心内容,以基础建设、产业发展和智慧应用"三位一体"发展为特色路径,以建设"六大中心"①三年行动计划和智慧应用三年行动计划为纲领,重点培育软件与信息服务、数字内容产业、移动互联网、云计算与大数据、电子商务、电子信息产品制造产业、集成电路、智慧物流和机器人等十二大新兴产业。同时,杭州出台大量人才新政和创新创业扶持政策,逐步成为全球"互联网+"创业创新的新高地,掀起大学生和留学生回国创新创业的高潮。

### 2. 杭州"互联网+"创新创业的战略布局逐步增多

中华人民共和国成立后的杭州经济因为无港口、无矿产资源,所以几乎没有大的国家战略布局,但是随着互联网经济的兴起,杭州近年来联动"两区"建设,加紧布局国家发展新战略。一是加快推进跨境电子商务综合试验区发展战略。2015年3月,经国务院批准,中国(杭州)跨境电子商务综合试验区正式设立。同年6月底,杭州市公布了"中国(杭州)跨境电子商务综合试验区实施方案",并亮出"制度创新清单",惠及跨境电商企业及普通消费者。目前杭州网络经营规模居全国首位。全国1/3以上的综合性电商网站设在杭州。杭州具有电子商务全产业链集聚发展的优势。在国家有关部委支持下,第一批32条创新举措已落地试验,综合试验区鼓励扶持外贸综合服务企业和第三方交易、支付、物流等综合服务平台,为跨境电商企业提供通关、退税、金融、物流、信用评价、数据分析等"一站式"综合服务。同时,杭州市在主体培育、平台建设、人才培养、园区建设等方面出台扶持奖励措施,打造跨境电子商务完整的产业链和生态链,建构"网上丝绸之路",助力"互联网+"创新创

---

① 建设"全国云计算和大数据产业中心""国际电子商务中心""全国物联网产业中心""全国智慧物流中心""全国互联网金融创新中心""全国数字内容产业中心"六大中心。

业中心建设。① 二是加快推进国家自主创新示范区发展战略。加快推进跨境电子商务综合试验区和自主创新示范区的"双区"运行,形成自贸政策和创新政策的叠加效应。杭州正着力创建国家自主创新示范区,编制《杭州国家自主创新示范区空间布局规划》,按照"一区十园,多园多点;主体引领、全域布局;功能组团,联动发展"的思路,开始着手统筹优化示范区的功能布局,放大战略效应,推进产城融合;制订《杭州国家自主创新示范区条例》,落实"6+4"自主创新示范区创新政策,同时结合自身特点,出台"1+X"政策体系,积极在跨境电子商务、科技金融结合、知识产权运用和保护、人才集聚、信息化与工业化融合、互联网创新创业等方面先行先试。同时,加大支持在杭企业"互联网+"创业创新的财政扶持力度,中央财政资金中每年安排不少于1亿元用于转移支付区、县(市)支持小微企业创业创新。杭州已初步形成中央和省级资金、市本级资金和区县资金合力支持创新创业的格局。

### 3.杭州"互联网+"创新创业的平台主体日渐丰富

多年来,杭州市委市政府重视发展空间的规划与布局,注重打造科技创新和产业发展的大平台,也注重针对大学生创业创新所需的新空间、小平台的构筑,在物理平台布局完善的基础上更是注重引进培育科技创新服务平台、重大活动展示平台,从而构建起多层级的"互联网+"创新创业载体。一是加快各类开发区、科技园区、工业功能区等创新创业重要基地的建设,完善基础设施和功能环境,提高创新的集聚和辐射功能,构筑"互联网+"创新创业大平台。"十三五"时期高水平谋划"两廊"建设,开始构建起城西科创大走廊和城东智造大走廊,进一步形成网络创新的空间格局。2015年,大江东的临江工业园升级为国家级高新技术开发区,与国家高新区(滨江)共同引领杭州的创新创业。二是大力培育各类众创空间、特色小镇、特色园区,构建"承载梦想"的微空间。云栖小镇、梦想小镇、山南基金小镇、物联网小镇、云谷小镇、智造小镇、人工智能小镇、艺尚小镇等一批集产业功能、文化功能、旅游功能、社区功能于一体的功能复合的"小而精"的新型空间,已成为集聚全球"互联网+"创新创业项目、人才、资本的一个重要平台。三是大力建设实验室、

---

① 观点和数据部分引自江南:《杭州跨境电商亮出制度创新清单》,《人民日报》2015年7月8日,第10版。

研究中心、研究院、孵化器、公共服务平台等各类科技服务平台。为提高企业的科技创新能力,鼓励企业成立并积极申报国家级、省级实验室、研究中心、研究院。如阿里巴巴集团决定投入1000亿元打造的达摩研究院、2017年"阿里巴巴＋省政府＋浙江大学"三方合作成立的之江实验室、多位国家院士发起成立的西湖高等研究院等,为杭州"互联网＋"创新创业提供高水平的技术支持。三是重点培育科技型小微企业,把推动小微企业创业创新与"互联网＋"行动结合,积极打造各类众创空间助推小微企业创业、培育、成长、升级。2015年,杭州成功入围国家首批15个小微企业创业创新基地城市示范,3年示范期内,中央财政资金给予总额9亿元的奖励资金。同时,杭州市区两级纷纷出台扶持政策,通过市场力量兴办一批创新与创业、线上与线下、孵化与投资结合的众创空间,为"互联网＋"创新创业提供了最便捷高效、最低成本的创业空间。在平台支撑下,杭州形成了以企业为主导的产业创新机制,企业和产品在多个市场领域占据全国第一,多项核心技术达到国际先进水平。数字视频监控、宽带接入设备等领域位居全国第一;集成电路设计产业、软件产业的整体水平居国内领先;电子商务全国领先,网站和平台数量、第三方支付占比等位居全国第一。培育和集聚了阿里巴巴等具有全球知名度的民营企业,诞生华三通信、海康威视、支付宝、中控、恒生电子等一批行业领军企业。以年轻人为主的"新四军"[1]为城市发展注入了源源不断的活力。同时,"互联网＋"带动了农村民宿、农村电子商务等新兴产业快速发展,也使杭州农村的创新创业氛围更浓。

**表 6-1　2014—2016 年杭州高新技术产业主体发展基本情况[2]**

| 国际重点扶持高新技术企业 | 3035 家 |
| --- | --- |
| 研发中心 | 1765 家 |
| 科技企业孵化器 | 105 家 |
| 浙江省领军型创新创业团队 | 10 家 |
| 有效发明专利拥有量 | 36579 件 |
| 中国驰名商标 | 157 家 |

---

[1]　杭州的创新创业"新四军"指以浙大为代表的"高校系"、阿里巴巴上市后离职创业的"阿里系"、以千人计划人才为代表的"海归系",以及以创二代、新生代为代表的"浙商系"。

[2]　数据来源:杭州市科委相关统计。

### 4.杭州"互联网＋"创新创业的核心要素不断集聚

在杭州的信息经济等新经济发展过程中,始终以"人才＋资本"为核心要素,借助良好的环境优势和政策先发优势,"互联网＋"创新创业高端要素较快增长。一方面,为更好地引才用才,市级层面先后出台了各种综合性人才政策,比如在硬件设施上,许多创业园区为创业者免费提供办公场所,铺设高速宽带等,而在软件配备上,留出一定的政府项目采购比例给本地高科技创业企业等。2005 年,杭州出台了《关于加强高层次人才引进工作的若干意见》;2007 年出台了《杭州市关于建设创新型人才队伍的若干意见》;2010 年启动了全球引才"521"计划,2015 年出台了"人才新政 27 条",对引进的高层次人才、创新创业人才和团队给予资助、户籍、住房、医疗、社保等各种优惠政策;2016 年,又出台了深化人才发展体制机制改革"若干意见 22 条",细化人才政策,同年新增"国千"人才 19 名、"省千"人才 54 名。同时,杭州抓住 G20峰会和亚运会契机,加快国际人才引进。其中,杭州国家高新区(滨江)从2010 年起先后启动了两轮"5050 计划",针对重点发展产业领域引进创新创业海外高层次留学人才,给予其在创业创新领域一系列扶持政策,政府为此投入近 10 亿元的政策补助资金,为该区带来 804 家海创企业。2016 年又开始启动第二轮"5050 计划",该计划从海外高层次人才扩展到海外本科生和国内博士生,使得人才引进的效果更佳。另一方面,通过体制机制改革集聚创新资本。杭州市较早地在"科技金融"领域进行了探索,尤其重视"风险投资"行业对科技产业创新的促进作用。如 2008 年杭州市财政出资 10 亿元人民币,设立了政策性创投引导基金。2015 年,该政策性创投引导基金和硅谷银行合作,设立人民币风险投资基金。目前杭州市拥有了覆盖种子期、初创期和成熟期等各环节的股权投资引导基金,如杭州市蒲公英天使引导基金和杭州市科技成果转化引导基金等。政府市场共同发力加快"资智"对接。市场力量是实现"资智"对接的主渠道,政府通过科技服务机构为技术、人才、资本有效对接提供另一途径,如杭州国家高新区(滨江)在 2014 年成立了区科技金融服务中心,这是一个为科技型中小企业提供一站式投融资的服务平台,自中心成立以来,累计开展各项金融服务活动 145 场,服务区内企业 4703 家,其中意向新三板挂牌企业 178 家,实际已挂牌企业 24 家,形成了常态化、多样化的技术、人才、资本对接服务。

### 5.杭州"互联网＋"创新创业的整体环境逐步提升

健康的生态环境是杭州"互联网＋"创新创业得以持续发展的根源。一是降低"互联网＋"创新创业的各种成本。近年来,通过"四张清单一张网"改革、"五证合一""最多跑一次"的商事制度和行政服务改革,杭州不断优化"营商环境"。通过出台和实施扶持实体经济的32条新政及促进实体经济更好更快发展的若干财税政策,切切实实降低杭州企业创新创业的成本。通过"云端之城"和"数字杭州"的建设、国内首个工业数据应用交易平台的设立及国家级互联网骨干直联点的获批,降低了在杭创新创业企业的信息技术投入成本。二是更新政府服务创新创业的理念。政府"店小二"式服务,更有利于企业的创新发展。在大数据时代,杭州积极成立数据资源管理局,通过市场化方式,为创新创业企业提供数据和"场景",比如由阿里云、新华三、海康威视和浙大中控等13家企业参与的"杭州城市数据大脑"项目,不仅有利于杭州"智慧城市"的建设,也有利于参与企业在技术应用领域和市场拓展方面取得更大的突破。[①] 三是完善"互联网＋"创新创业的法律保护环境。2015年,杭州市大力贯彻实施《国家知识产权战略纲要》和《2015年国家知识产权战略实施推进计划》,以国家知识产权示范城市建设工作为契机,积极完善政策体系,不断增强执法能力,推进机制体制建设,强化宣传培训,全面提升知识产权创造、运用、保护和管理能力。"互联网＋"时代强化知识产权网络保护。2015年,杭州市顺利通过国家知识产权局第一批示范城市复核验收,启动"'互联网＋'新产业、新业态"模式下的知识产权保护工作,相关部门充分发挥淘宝电商知识产权维权援助中心工作站的作用,探索线上线下相结合的保护工作新方法。2017年,杭州相继成立互联网法院和知识产权法庭,在国内率先探索良好的"互联网＋"创新创业法律环境。

## 二、杭州建设全球"互联网＋"创新创业中心的挑战和短板

21世纪以来,美国硅谷、以色列特拉维夫等区域的"互联网＋"创新创业热潮不断。西方发达国家都纷纷打造全球科创中心来吸引国际人才、资本和科技要素集聚,国内北京、上海、深圳、成都、苏州、武汉、西安、南京等城市的

---

① 韩芳:《杭州,在创新的路上迅跑》,《杭州日报》2017年8月1日,理论版。

创新创业势头迅猛,城市竞争力不断提升,国内外创新型城市的发展对杭州的"互联网＋"创新创业中心建设构成很大的挑战。当前在全球"互联网＋"创新创业要素的争夺战中,杭州急需突出优势、找准短板、扬长补短来提升创新活力之城的综合实力和全球影响力。

### (一)创新创业的资源整合力度不够,资源利用效率有待提升

杭州创新发展必须依靠特有的优势,全市上下高效地整合创新资源,才能够在全球激烈的创新发展中取得先机。杭州市政府已经谋篇布局,整合全球创新资源为杭州创新发展添砖加瓦。但是,"大杭州"范围内的存量创新资源整合力度明显不够,创新要素资源的配置还不甚合理有效。一是创新创业的政策资源整合效率不高。实践中,杭州的创新创业政策存在层级多、部门多的现象,政策之间的契合度不够高,甚至存在政策内容之间"相互矛盾"、"效果抵消"和"不匹配"等现象。政府一些政策出台后,创新创业的中小企业很难知晓,近年的课题调研中,诸多科技型小微企业并不清楚如何获得创新创业的政策支持,或者不甚理解政策内容。政策性资金在支持企业创新方面整合力度不够,同样存在"撒胡椒面"问题。二是区域之间创新创业资源盲目竞争。区域产业规划定位雷同导致对稀缺优质创新资源(优秀人才和创税企业)"哄抢",杭州的区域或大平台之间的"内耗"问题突出。同质化竞争一定程度上提高了引智成本(人才项目落地条件会"待价而沽"),有限的财政资源重复浪费。调研中明显发现,一些创新企业在多个行政区多个平台重复登记注册,享用资金扶持和场租税收减免政策。这些问题的根源在于中国现行的GDP考核制度和税收制度等体制机制问题。三是创新创业资源的共享机制不够完善。实验室和检测设备等高校科研机构的基础设施与创新企业之间的共享机制不完善,企业对此意见比较突出。当前,如果说创新创业资源在同一个行政区内可以逐步试行共享推广,但是跨行政区范围的合作共享几乎是难上加难。一方面,企业可望不可求,另一方面高校科研机构没有制度激励。究其原因,"市场机制"在创新资源共享方面,确实没有发挥出无限力量,如何引进"市场化"运作模式,最优化配置稀缺的创新资源,对杭州对全国而言都是任重而道远。

### (二)科技研发有效投入不足,原始创新能力有待提升

浙江是市场大省,商业特别发达,因此,以阿里巴巴电子商务平台为代表

的"互联网＋"商业的模式创新领先全国,1.0版的杭州电商模式开启了跨界创新。近年来,进入升级阶段的互联网经济特别突出科技投入带动的高科技创新,特别是智能硬件、人工智能开发带动的跨界创新。在北京、深圳等地已经涌现出这样一批进军高端前沿领域的创新型企业,比如无人机领域的大疆科技,新型显示领域的柔宇科技和奥比光中等。深圳凭借科技体制机制创新诞生了一批高端的民营科研机构,比如从事航空航天材料研究的光启研究院等,正拉动深圳从山寨模仿逐步向原始创新转型。相比之下,杭州的科技研发经费投入总量、投入强度和效率都有一定的差距,尤其是基础研究、原始创新领域缺乏一批支撑性的力量。表6-2显示,截至2016年,杭州的高新技术企业总数3035家,不及深圳的一半;杭州的国家级科研院所有24家,深圳有110家,差距四倍多;引进知名院校(所)18家,深圳58家,差距三倍多。尽管杭州有着较好的高教资源基础,但深圳从零起步,多年来不断引入知名院校,培育高端科研院所,逐步夯实科技创新基础,提升自主创新能力。创新的国际竞争日趋激烈,杭州在"互联网＋"创新创业过程中,既要充分发挥互联网产业先发优势,更要加大有效投入,提升自主创新能级。

表 6-2　2016 年杭州与深圳创新创业能力比较[①]

| 分　类 | 具体指标 | 杭　州 | 深　圳 |
|---|---|---|---|
| 创新投入强度 | 研发经费支出占 GDP 之比 | 3.06％ | 4.10％ |
| | 累计留学归国人员 | 1.2 万人 | 8.0 万人 |
| | 国家"千人计划" | 121 人 | 274 人 |
| | 风投、创投机构 | 1000 多家 | 近 5 万家 |
| 创新主体引育 | 各类市场主体 | 86.17 万户 | 265.00 万户 |
| | 高新技术企业 | 3035 家 | 8037 家 |
| | 国家级科研院所 | 24 家 | 110 家 |
| | 引进知名院校(所) | 18 家 | 58 家 |
| 创新产出 | PCT(专利合作协定)国际专利申请数 | 538 件 | 1.96 万件 |

---

① 数据来源:杭州、深圳统计年鉴和深圳科创委调研整理。

续 表

| 分 类 | 具体指标 | 杭 州 | 深 圳 |
|---|---|---|---|
| 创新效益 | 高新技术产品出口额占货物出口总额 | 12.80% | 51.10% |
| | 高新技术产业增加值 | 1372.9亿元 | 6560亿元 |
| | 高新技术产业增加值占规上工业比重 | 46% | 91% |

### (三)产学研合作机制不完善,科技成果转化效率有待提升

产学研资合作是"互联网+"创新创业的重要途径,相对而言,硅谷、以色列特拉维夫、深圳南山区等都已经建构起较完善的创新生态,政、产、学、研、资逐步融合发展,完善了运作机制,降低了创新创业的制度性交易成本。杭州在产学研合作机制建设及整合创新创业生态建设上还需进一步推进,特别是"科技+金融"领域,2016年杭州的风投、创投机构1000多家,而深圳拥有近5万家,直接导致杭州的科技转化效率无法与深圳比拟。目前,杭州市的知识产权主要来源于高校和科研院所。传统高校科研院所的知识产权成果应用制度阻碍了成果转化和产业化。确实,当前从中央到地方都认识到了激励高校科研院所科技成果转化的重要性,出台大量政策措施,但在实际落实执行过程中,还有许多的细则未明确,操作中存在政策打架或落地不顺畅。杭州的技术市场虽然在逐步完善,但是在技术交易咨询、具体操作等方面还有待完善的余地。企业与高校科研机构及企业与企业之间的技术交易渠道运作不尽完善。杭州市的知识产权交易转化活跃度还有待提高。知识产权的界定、保护虽然有法院的判决,但在执行中往往受到属地政府的干预,执行力度不高。创新主体在利用知识产权进行融资时阻力较大,实际融资非常困难,这些都阻碍了杭州深化"互联网+"创新创业的进程。众多的科技研发成果转化及产业化需要相关制造业配套,但是杭州在电子加工制造领域确实和深圳、广州、宁波等地差距较大,所以国内大多数企业成果转化需要制造业企业合作时,往往选择产业相对齐全、成本低、效率高的深圳、宁波等地。所以,杭州的创新企业主要集中在从事"互联网+"线上领域,而深圳的创新企业主要集中在先进制造业、3D打印、超材料、基因工程等领域,掌握了关键技术,提升了国际影响力。

### (四)国际经济合作参与不深,创新创业的全球影响力有待提升

近年来,杭州的全球影响力在提升,但是国际经济的合作深度不足,产业

国际化是特别需要加强的一个短板。目前全球的"互联网＋"创新创业高端要素在国内主要集聚在北京、深圳等地,杭州的吸引力有待提升。表6-2对比了2016年杭州、深圳的创新能力指标,其中,最大的差距就是体现在国际化相关指标上。比如,杭州的累计留学归国人员1.2万人,而深圳高出七倍左右,达到8万人;杭州的PCT(专利合作协定)国际专利申请数538件,而深圳是1.96万件,两地不是同一个量级;杭州的高新技术产品出口额占货物出口总额12.80%,而深圳高出四倍多达到51.10%。2016年,深圳评选的"深圳十佳新锐型全球化公司",包括倍轻松、超多维、大疆创新、光峰光电、优必选、华大基因、微芯生物、柔宇科技、光启、珂莱蒂尔等从诞生之初就具备全球视野和全球基因,杭州在这些全球性科技型新锐企业的培育上特别需要加大投入力度,未来需要通过培育本土的跨国企业来提升杭州的全球"互联网＋"创新创业中心地位。除了经济"走出去"的差距,在"引进来"上跨国公司总部及大公司高端项目数量十分有限,截至2016年杭州的跨国公司总部39个,相比深圳、上海动辄几百家的跨国公司总量,杭州的下一步引进力度急需加强。

**(五)国家级园区空间日趋饱和,新的发展大平台有待进一步拓展**

从国内外经验看,园区是支撑高新技术产业发展壮大的主平台。比如高新技术产业占比高达40%以上的江苏,主要得益于各类颇具特色的开发区和园区的强有力支撑。江苏省的开发区和园区建设注重产业链整合,标准高、层次细、配置强,相互联系和支持,围绕产业链各个环节的上中下游企业密集,成为高新技术产业和企业的"吸铁石",吸引了包括明基、罗技、华硕、飞利浦、摩托罗拉等世界著名的500强信息技术企业入户,促进了高新技术产业比重的较快提升。而且跨国企业,也存在地区与城市之间的推动作用,导致了发展的此消彼长。杭州的高新技术产业园区建设起步较早,在全省具有一定优势地位。但近年来,园区建设推进步伐相对周边省份趋缓,对高新技术产业的资源吸引和配置能力有所减弱,使得高新技术产业运行活力和扩张动力欠强。目前,杭州市仅高新(滨江)、下沙两个区块形成较强的高新技术产业集群竞争优势,但是空间趋于饱和,发展空间有限。其他区、县(市)高新技术产业结构虽各有特色,但多由市场环境自发形成,具有典型的"块状经济"特征,尚缺乏有效的规划和引导,使得各区、县(市)高新技术产业发展仍较为薄弱,产业链存在不同程度的缺位现象,集聚和辐射能力相对羸弱。大江东新城和城西科创产业集聚区等平台尚处于起步阶段。

### 三、杭州建设全球"互联网+"创新创业中心的目标和路径

中国特色社会主义进入新时代,我国经济将从高速发展转向高质量发展,杭州作为全国中心城市,肩负着"引领创新创业,担当时代先锋"的责任和使命,要坚持"互联网+"创新创业的特色路径,率先开启经济高质量发展的新征程。在这一阶段,杭州将加快世界名城建设的步伐,进一步提升城市的公共服务、交通和生态环境,建构更加完善的创新创业平台和服务体系,深度融入长三角城市群的创新网络,释放全域创新创业的活力,打造具有全球影响力的"互联网+"创新创业中心。

### (一)主要目标

2016 年出台的《中共杭州市委关于全面提升杭州城市国际化水平的若干意见》明确了打造具有全球影响力的"互联网+"创新创业中心初步要实现的战略目标。总体上包括:拓展国际创新创业载体,集聚国际高端创新人才和要素,到 2020 年,全市集聚国内外顶尖人才 20 名左右、国家级领军人才 500 名左右、海外高层次人才 2 万名左右;构建国际前沿和高端产业集群,落实"互联网+"战略,深入实施信息经济与智慧应用互动融合发展的"一号工程",到 2020 年,规上高新技术产业增加值占工业增加值比重达到 50%;打造国际开放合作高地,推进国家综合保税区建设,打造"网上丝绸之路"重要战略枢纽城市,支持企业用好国际国内资源、技术和市场,建设一批境外产业合作园区,实施一批参与"一带一路"建设的重大项目;营造国际创新创业生态环境,做好全国小微创业企业创新基地城市示范工作,到 2020 年,全社会研发经费支出占全市生产总值比重达到 3.5%,万人有效发明专利拥有量达到 38 项,国际专利申请量明显提升。[①] 依据《杭州市科技创新"十三五"规划》[②],杭州进一步细化了创新创业的相关目标。具体包括:

---

① 详见本书第二篇第五章内容。
② 《杭州市人民政府办公厅关于印发杭州市科技创新"十三五"规划的通知》,杭州网,2017 年 3 月 7 日,http://hznews.hangzhou.com.cn/xinzheng/swwj/content/2017-03-07/content_6484663.htm。

以企业为主体、以市场为导向的成果研发、转化机制更加完善,自主创新能力大幅提升,在信息技术等优势领域形成一批具有自主知识产权的关键核心技术。国家级、省级企业研发中心、技术中心、省级(重点)企业研究院达800家。全市专利申请量和授权量分别达到80000件和60000件以上,其中发明专利授权量达到10000件,每万人有效发明专利拥有量达到38件以上。

全社会研究与试验发展经费支出相当于生产总值的比重达到3.5%,市本级财政科技投入占财政支出的比重保持6.0%以上,科技创新引导基金(包括引导基金、天使引导基金)规模达到20亿元,投入科技型中小微企业的民间资本和风险资金累计超过2000亿元。

规模以上高新技术产业增加值占工业增加值的比重达到50%。

每年新认定国家重点扶持的高新技术企业、技术先进型服务企业200家以上,累计达到3000家,培育科技型小微企业达1.2万家。

国家级、省级科技企业孵化器达到60家,市级众创空间达到120家。服务大众创业的载体面积达到2800万平方米,集聚各类科技创业者超过30万人。创业服务机构达到1500家,创新创业服务平台达到50家。

全市人才总量达到250万人,集聚国家级领军人才500名,海外高层次人才2万名,引进培育市级以上领军型创新创业团队30个左右。

公民具备科学素质的比例超过15%。

### (二)战略路径

《杭州市科技创新"十三五"规划》明确地提出,杭州要在2020年初步建成具有全球影响力的"互联网+"创新创业中心,需要"在成果转化与产业化、企业创新能力提升、科技金融创新、创业人才激励、科技管理体制完善等方面取得重大突破;创新政策率先落地、科技成果转化率先示范、创新指标率先达到,形成以科技创新为核心推动全面创新的发展新格局;杭州自主创新能力、科技竞争力和科技综合实力继续处于全国主要城市的领先地位,科技进步对经济发展的贡献率持续提高,战略性新兴产业增加值占工业增加值的比重进一步提高,人才高地创新创业氛围进一步活跃;国家自主创新示范区的试点示范作用充分显现,创新创业生态系统不断完善,积累一批可复制、可推广的创新制度、创新模式;国家科技体制改革先行区、创新驱动转型升级示范区、互联网大众创业集聚区、全球电子商务引领区和信息经济国际竞争先导区建设取得重大阶段性成果"。在杭州创新创业优势和短板分析的基础上,结合该规划和《杭州市委市政府关于深化改革加强科技创新加快创新活力之城建设的若干意见》等政策,在此提出杭州建设全球"互联网+"创新创业的主要路径。

### 1. 强化"互联网+"创新创业主体培育,提高杭州经济发展质量

加大力度培育各种类型企业,使企业成为杭州"互联网+"创新创业的主体。一是发挥大企业创新优势。充分发挥阿里巴巴、网易、恒生等大企业优势,引导互联网领域创新创业,加快培育和壮大"新四军"新锐企业,在杭州培育一批类似支付宝、滴滴打车等高估值的新锐企业。鼓励海康威视、中控科技等高科技龙头企业加大研发力度,实现大企业"二次创业"。二是大力培育创新创业小微企业,加快推进国家小微企业创业创新基地城市示范建设,着力实施省高新技术企业、科技型小微企业培育"双倍增"计划和杭州市新一轮科技型初创企业培育工程。三是促进杭州产业向高端发展。深化产学研用结合,出台政策促进杭州企业和研究机构继续加强与中国科学院、浙江大学等的合作,深入推进杭州与中国工程院、北京大学、清华大学、中国航空航天大学等开展新一轮全面合作,加快建设西湖高等研究院(西湖大学)、阿里达摩院、之江实验室等。借助一批高端研究机构提升杭州的基础研究水平,立足信息经济基础优势,瞄准人工智能、虚拟现实、区块链、量子计算、增材制造、商用航空航天、生物技术和生命科学等具有重大引领带动作用的未来产业,实施一批重大科技专项,突破一批关键共性技术。建设产业(技术)创新联盟,支持新网络、新材料、人工智能、生命健康等领域的高新技术企业建设国家级和省级(重点)企业研究院。[①] 尤其是,借助突破性的原始创新,深入推进"城市数据大脑""ET 工业大脑"建设,全面实施"企业上云",进一步推动杭州的云计算和大数据技术创新、产业发展和推广应用继续领跑全国。[②] 不断

---

① 《关于加快推动杭州未来产业发展的指导意见(征求意见稿)》,中国杭州网,2017 年 10 月 27 日,http://www.hangzhou.gov.cn/module/idea/que_content.jsp?webid=149&appid=1&topicid=539281&typeid=11。

② 《关于加快推动杭州未来产业发展的指导意见(征求意见稿)》,中国杭州网,2017 年 10 月 27 日,http://www.hangzhou.gov.cn/module/idea/que_content.jsp?webid=149&appid=1&topicid=539281&typeid=11。

提升杭州的产业向高端化发展,提升在全球经济版图的竞争力和影响力,实现杭州经济向高质量发展转型。

### 2. 强化"互联网+"创新创业平台建设,拓展杭州经济发展空间

充分发挥自主创新示范区和跨境电商综试区两大国家级示范区的制度创新优势,以杭州"十三五"规划确定的"一区两廊两带"建设为引领,以国家高新区(滨江)、下沙经济技术开发区、大江东(包括临江国家高新区)等产业发展主平台为重点,以云栖小镇、梦想小镇、山南基金小镇、未来科技城人工智能小镇、西溪谷区块链小镇、萧山未来智造小镇、大江东商业航天小镇、滨江物联网小镇、建德航空小镇、富阳药谷小镇等建设为突破口,高水平规划建设一批国家级和省级产业发展平台。具体如,在国家自主创新示范区"一区十园"建设中,不断完善《杭州国家自主创新示范区建设发展规划纲要》和示范区《空间布局规划》,并促进两规尽早落地实施,从顶层设计杭州创新创业的发展路径和空间。在杭州城西科创大走廊建设中,加强与浙江省直相关部门的沟通对接、与浙江大学等省内外高校和科研院所的战略合作,探索推进国家自主创新示范区创新政策在大走廊范围内进行先行先试。在"拥江发展"战略中,调整产业空间布局,支持和鼓励各区、县(市)加大对现有产业发展平台的整合改造提升力度,立足自身基础和优势,推动创新创业资源集聚发展。在杭州良好创新创业的基础上,加快建设加速器、众创空间、创业苗圃等新型孵化器,创建科技企业孵化国家示范基地(众创空间、星创天地),出台实施《杭州市众创空间评价细则》,构建符合企业成长轨道的"众创空间+孵化器+创新园区"的创新创业平台。借助国家、省、市、区不同层次平台建设及线上线下各种类型平台发展,大力拓展杭州的创新创业空间。

### 3. 强化"互联网+"创新创业体制改革,整合杭州经济发展资源

在"互联网+"创新创业的体制机制上大胆创新,获取最大的制度改革红利。一是推进全面创新改革试验区建设。落实《关于深化改革加强科技创新加快创新活力之城建设的若干意见》及杭州全面创新改革试验实施方案,在健全技术创新体系、促进科技成果转化、建设创新创业载体、深化科技金融结合等方面改革实践。健全以市场为导向的成果转移转化机制,引导高校院所以多种形式建立技术转移中心,加快杭州科技大市场建设,推动科技创新成

果从实验室走向市场。创新科技金融服务模式,持续推进科技金融结合试点城市建设,健全政策性担保体系,支持知识产权融资,完善风险分担机制。二是完善科技资源共享机制。充分发挥高校和大企业的引领带动作用,通过校企合作、企业技术联盟等多种形式鼓励科技人才和实验设备等关键资源的开放共享,为中小企业创新创业赋能,从而建构基于产业链整合延伸、分工协作的创新创业集群。三是改革探索区县产业协作机制。在经济考核指标等多个方面探索体制改革,推动城市的创新创业资源向县域和农村经济辐射、带动。完善并推广国家高新区(滨江)与桐庐县的产业协作机制,推广海康威视等项目在滨江区和桐庐县的多点联动发展模式,从产业角度真正实现城市高端创新资源和县域土地空间资源的互济协同发展。

### 4. 强化"互联网+"创新创业生态建设,优化杭州经济发展环境

在"互联网+"创新创业的软环境上下功夫,营造全国领先、世界一流的创新创业环境。一是加强专利保护。深入实施杭州建设国家知识产权强市工作方案,完善知识产权资助制度,完善国家级知识产权维权中心的建设。充分发挥杭州知识产权法庭和互联网法院的作用,率先实行省内跨行政区的重大知识产权案件管理。抓好专利试点示范企业和贯标工作,开展专利技术交易、转让活动。二是集聚更多的创新创业资源要素。重点突出创新创业的人才培养,创新"人才+资本""科技+金融""教授+团队"等创业模式,放大"新四军"创新创业的示范效应,认定一批新的省、市领军型创新创业团队。充分利用互联网开放创新特点,完善互联网+创新创业,集聚创业创新资源,为创新创业企业提供找得着、用得起、有保障的服务,鼓励发展各类新型众创空间,加快发展"互联网+"创业网络体系。同时,进一步做大创投引导基金规模,深化科技金融改革,继续引入一批市场风险投资基金,支撑杭州"互联网+"创新创业。三是加强创新创业激励。在全市推广科技"创新券""服务券""活动券"等使用制度,鼓励大企业率先尝试研发领域"失败有奖"的机制,在杭州营造敢为人先、宽容失败的创新创业氛围,培育兼容并蓄的"互联网+"创新文化。四是加强创新创业考核。研究完善创新驱动评价指标,加快形成职责明晰、积极有为、协调有力、长效管用的创新发展治理体系。

### 5. 强化"互联网+"创新创业开放互动,提升杭州经济国际竞争力

"引进来"和"走出去"共同发力,提升杭州的创新创业国际影响力。一是

瞄准产业链、价值链高端,在杭州的"1+6"产业体系中选取重点产业领域和产业链关键环节,招引一批世界500强企业、行业龙头企业、知名研发机构和创新服务机构,在七大未来产业实施一批重大关键技术突破创新专项,吸引国外创新机构承接技术攻关项目。二是培育更多国际型创新企业。在培育杭州跨国企业过程中,鼓励企业创建并输出网易严选这样的国际知名品牌,创建和输出eWTP(电子世界贸易平台)这样的全球电子贸易行业标准,向全球输出"中国标准"和"杭州品牌",尤其提升"互联网+"领域的国际地位。同时加大市区两级财政支持,鼓励企业在出海过程中不断完善专利布局,加大PCT海外专利注册和维权的政策扶持力度,同时扶持和鼓励企业向海外输出产品服务、并购和建立海外研发基地等,培育出更多的国际性自主创新企业。加大国际商务的政府联络员制度建设,引导协会或市场机构为企业提供国际商务培训、法律咨询等服务,实现更多"互联网+"创新创业企业从杭州出发,辐射全球。建设良好的生态环境,孕育具有全球化视野的科技型企业家类型的复合型管理人才。三是更加开放的创新创业生态。启动人才的国际化、市场化"两化"联动工作,重点在"引进、保障、培育"上下功夫。编制杭州的人才开发目录并定期发布,建立与国际接轨的专业人才培养质量标准和评估认证体系。加强与浙大等知名高校合作,吸引本地留学人才和海归人才;通过教育机构、企业研究机构和海创基地等平台引才聚才及支持海外人才创业。与世界领先的高科技园区建立中外合作园,推动建设国际科技园区。设立杭州市跨境创业投资引导基金,鼓励更多创业投资机构走出去;通过发展跨境创业投资方式促进优秀人才、项目落户杭州,推动更多国际风险投资机构和本土风险投资机构深入合作,吸引国际风险投资机构入驻杭州,建构更加开放的资本市场。同时在国际社区、国际交通、国际教育、国际医疗等公共服务领域加快建设步伐,保障全球影响力的"互联网+"创新创业中心建设。

# 第七章 杭州建设国际会议目的地城市的路径研究

分析世界知名城市的特点就会发现,多数世界性的知名城市都是会议名城,而会议名城同时也是世界知名城市。国际上把会展业与旅游业称为世界无烟产业,而会展经济则被喻为"城市的面包""城市的名片""城市经济的助推器"。在一定程度上,国际会议和展览的多少是衡量一个城市是否走向国际化的主要标志。[①] 国际会议目的地一般指具备高端、大型会议召开条件,在国际上具有较高知名度,成为会议目的地的城市。[②] 综观国内外国际会议目的地,国际会议目的地城市应该具备如下基本特征:城市经济发展水平高,政府支持力度强,城市配套设施完善,行业自身发展优势突出,营销手段多样化,会议专业人才素质高。打造国际会议目的地,既符合杭州整体资源禀赋和城市气质,又是杭州产业结构转型升级的趋势和需求,并且已经成为推进杭州城市国际化、建设世界名城的重要驱动力。

## 一、杭州建设国际会展中心的背景和现况

### (一)杭州建设国际会展中心的主要背景

#### 1. 会议与旅游实现相互支持和相互融合发展

会议的主要目的是进行商务及会展活动,同时附带的旅游休闲(会前、会中、会后旅游及展前、展中、展后旅游)、购物、娱乐。旅游业是会议业最为重要的基础。从供给角度看,旅游业的六大要素都是会议业所需要的,无论是

---

① 张永谊:《着力打造国际会议目的地城市》,《杭州日报》数字版,"建设世界名城专论",2016 年 8 月 8 日,http://hzdaily.hangzhou.com.cn/hzrb/html/2016-08/08/content_2333028.htm。

② 李思瑶:《国际会议目的地特征与培育研究——以成都为例》,《中国经贸导刊》,2010 年第 21 期,第 92 页。

旅游业的基础设施、旅行社服务及旅游演艺,还是旅游产品,都可直接为会议业的参加者所用。绝大多数专业会议人才都来自旅行社、会展公司、酒店,旅行社、会议公司都同时为旅游团和会议提供服务。没有旅游业就没有会议业,会议业赖以发展的最主要的基础就是旅游业,旅游和会议难以分家。会议业与旅游业都是异地市场且目标市场高度融合。二者的诉求都为吸引本地外的购买力,且会议消费能力高的目标城市,旅游消费同样很高。旅游业能帮助城市吸引更多会议项目,招徕更多参会者、观众和参展商,是会议业的助推器;反过来,会议业又为旅游带来高质量的客源消费,并推动基础设施、旅游项目和服务质量的提高。因此,会议与旅游相互支持、相互融合,可整合资源、提高效率。所以在杭州世界名城建设中,国际旅游休闲中心和国际会议中心是紧密关联的两个部分,同时也是互为一体的重要战略。

**2. 会奖旅游业助力杭州城市国际化进程提速**

近年来,我国会奖旅游产业快速发展,已成为世界上最大的会奖旅游市场之一,也是现在很多城市优先发展的产业。会奖旅游主要包含会议和奖励旅游两个方面,由于会奖旅游综合消费和含金量比较高,在短时间内能聚集当地的相关产业并促进当地产业的发展,已经有越来越多的城市开始重视会议特别是国际会议对旅游产业发展的重要作用,大力发展会奖旅游业。在全球化、新经济的大背景下,发展会奖旅游,打造国际会议目的地城市,实质是推动这座城市的国际化水平。高规格的国际会议活动,带来全球性的尖端技术、领军人才、资本和管理理念等,同时对城市软硬环境的提升也带来刚性需求,将全面拉动城市国际化进程。因为会议场馆、酒店设施和国际航线、区域交通网、市内公共接驳和通行等国际通达需求,既能带动日常生活及生态环境的不断改善,也能带动地方特色文化的发掘建设,城市管理向国际水准提高,同时提升城市市民国际人文素质,增强市民"国际城市"观念和自豪感,提升市民行为的文明程度。[①]

**3. "峰会杭州"跻身国内顶尖的国际会议目的地城市**

2016 年 G20 峰会花落杭州,向世界呈现一种历史和现实交汇的独特韵

①　杭州市商务会展旅游促进中心副主任杨保福在接受《中国经济时报》记者采访时的观点。李晓红:《会奖旅游业助力杭州国际化进程提速》,《中国经济时报》2017 年 5 月 25 日,第 6 版。

味。前峰会、后亚运期间,杭州要打造成高端国际会议目的地城市,即成为各类国际政治、经济、科技、社会文化等高端会议举办地,从而实现人才云集、信息交汇、观点碰撞、高见迭出的愿景。能够经常性举办高端国际会议,对于今天的杭州,意义无比重大,高端国际会议将持续汇聚资源,不断地覆盖和带动杭州"一基地四中心"产业升级发展,促进发展形态嬗变。国际跨国公司、各类国际机构,大量高端游客,将源源不断地与杭州结缘,杭州企业也将不断走向世界。这必将使杭州在全球产业分工格局中处于高端位置。高端国际会议目的地的持续打造,还将极大带动与之相适应的会议场馆、酒店等设施和国际航线、区域交通网、市内公共接驳和通行等国际通达需求;带动国际学校、国际医院、国际社区、国际服务机构和设施等需求;带动生态环境的不断改善;带动日常生活、各类经济社会交往活动中,国际通行规则、标准、语言等的规范运用;带动杭州地方特色文化的发掘建设;带动城市管理向国际水准提高;带动杭州市民国际人文素质的整体提升,凝聚市民的"杭州人"意识,增强市民的"国际城市"观念,提高市民的文明行为。

**(二)杭州建设国际会议目的地城市的主要情况**

**1. 建立专门工作机构,强化建设国际会议目的地城市的顶层设计**

杭州市旅委于 2003 年成立杭州市旅游形象推广中心,2009 年在推广中心内设立会奖旅游部,进行会奖旅游的营销工作;2011 年,为整合会奖旅游资源,充分发挥杭州会奖旅游的整体优势,旅委牵头成立了杭州市会议与奖励旅游业协会;2015 年,市旅游形象推广中心增挂杭州市商务会展旅游促进中心,承担全市会展、奖励旅游和商务旅游产业发展促进工作。2017 年 6 月,组建了杭州市国际会议竞标服务中心,发挥会奖企业主体作用并合力产生联动效应,承担国际会议的竞标工作。通过上述机构的保障,积极促进大型会奖项目落户杭州,为来杭举办会奖旅游项目提供更多强有力的政府支持。与此同时,早在 2011 年杭州市旅游部门委托世界旅游组织邀请国内外会奖专家,对杭州进行专项调研,明确了杭州的定位为亚太地区一流的国际会奖目的地,并制订了阶段性发展策略,即立足亚太市场,辐射欧美等远程市场。近几年,借此策略指导,杭州的会奖目的地建设取得了一定的成效。2016 年,《中共杭州市委关于全面提升杭州城市国际化水平的若干意见》提出,通过打造国际会议目的地城市等手段,带动城市国际化水平发展,明确了会议产业地位,2017年第十二次党代会和市政府工作报告强调杭州要"打造国际会展之都、赛事之城"。

### 2.首创城市会奖品牌,抓实国际会议目的地城市营销

强化营销是杭州推进国际会议目的地建设的核心抓手。一是首创城市会奖品牌。2016年9月杭州推出了会奖全新品牌"峰会杭州",以跻身国内顶尖的会奖目的地城市。[①] 用先锋视野、尖峰品质、巅峰体验、硕丰成果构建诠释品牌内涵,并与国内外会奖专业媒体合作,通过专题采访、资源考察、产品解析等形式进行宣传,树立起专业会议目的地形象。二是拓展营销渠道。实施"大事件营销",2016年9月12—13日举办"会在风景中——杭州·全球会议开发者新机遇"事件营销活动,邀请ICCA排名靠前城市的专业会议组织者(PCO)来杭开展公关营销活动,在巴黎设施"杭州会客厅",与当地商旅人士深入互动,成为巴黎街头一道亮丽风景线;举办三届中国(杭州)会议与奖励旅游产业交易会,搭建会奖资源展示和会议目的地品牌推广的优质平台,引进会议918个,实现会议消费5.47亿元;组织超过220批次会奖企业参与28次国内外专业会奖展会,为企业搭建更宽广的营销平台;邀请世界500强企业及协会采购部负责人、专业会议组织者和行业影响力人物组成"体验官",来杭踩线考察,深入会议场地、酒店、美食、特色会奖旅游产品等杭州优势会奖资源,从创意策划到接待服务,全面且深度地推介杭州会奖的品质与"温度";聘任42位"杭州会议大使",邀请行业精英共同为杭州引进国内外高端专业行业会议,成为杭州会奖旅游跨界融合的创新案例;加入会议界权威国际组织"国际会议与大会协会(ICCA)",并在该平台开展专业营销活动,尤其是今年计划参加ICCA布拉格年会并代表杭州冲击全球会奖产业"最佳营销奖"。三是构建推广矩阵。编制了《杭州奖励旅游产品手册》《杭州会议手册》《杭州会奖地图》,拍摄杭州会奖宣传片,这也成为最受欢迎的办会工具;建立了一个由会奖旅游网、会奖官方微信微博、会奖APP、会奖电子期刊组成的新媒体营

---

① "峰会杭州"城市品牌有四大内涵:先锋视野、尖峰品质、巅峰体验和硕丰成果。其中,"先锋视野"即意味着杭州将汇聚越来越多的国际化专业人才,创造多元化创意,使越来越多的国际会议落户杭州的同时也提升各个产业的自身能力,从而更好地推动产业经济发展。

销平台,还在全球知名商务社交平台领英(Linkedin)上开设杭州会奖账号,初步建成了微信、微博、官网、领英"四位一体"的新媒体推广矩阵。

### 3. 出台扶持政策和规范标准,构建公共服务平台

一是出台扶持政策。市旅委于 2013 年起实施"会奖旅游特惠年计划",联合市财政联合出台《杭州市促进会议与奖励旅游项目引进支持办法》,实施对杭会奖项目的政府、企业双重补贴政策,吸引会奖项目落地。2013 年至今共补贴 805 万余元,引进 155 个各类会议项目,参会人数超过 10 万人,直接会议消费 1.56 亿元,补贴和会议消费拉动比达到了 1︰19,经济拉动作用显著,财政资金"四两拨千斤"的导向作用得到了充分的体现。二是国内首创竞标服务中心。联合会议大使、航空公司及会议产业链相关企业,共同组成杭州市国际会议竞标服务中心,瞄准国际协会会议市场,制订竞标计划、开展竞标培训、协调竞标支持、提供竞标服务,形成政府搭台、企业参与、共同决策、科学营销的良性机制。三是制订行业标准。起草了会奖行业标准《会议与奖励旅游服务机构管理和服务规范》,并于 2017 年 11 月起正式实施。下一步将对标准进行企业宣贯,计划覆盖 30 家优质企业。四是加强人才培养。连续举办四届"中国(杭州)奖励旅游产品创意策划大赛",在为旅游业、会奖业等发展提供强有力的人才智力支撑;实施"MICE(会展)英才培训计划",培养会奖旅游应用型专业人才。

### 4. 各种国际会议影响力不断扩大,斩获行业殊荣

G20 峰会推动杭州的会展产业走上新的台阶,近年来,杭州本地会议的国际影响力在不断扩大,首届世界工业设计大会、中国国际茶叶博览会在杭州永久落户;杭州成为全球首批、亚洲首个加入全球学习型城市网络的城市;第三届杭州"全球华人遗传学大会",吸引了 500 多位国内外一线科研工作者参加,推动并提升杭州生命科学研究领域的国际地位;2016 年的云栖大会,来自全球 58 个国家和地区的 4 万名科技精英现场参会,超过 700 万人在线观看大会直播,成为全球规模最大的科技盛会之一。在国际会议与大会协会(ICCA)每年发布的全球会议目的地城市排行榜上,杭州已连续五年(2011—2015 年)位居大陆城市第三。据 2016 年 5 月 17 日国际大会及会议协会(ICCA)发布的 2015 年度全球会议目的地城市排行榜,杭州凭借一年 27 个国际会议,首次

排名进入全球 100 强,国内排名仅次于北京、上海。同时,杭州市已多次获得中国十大魅力会议目的地、年度最佳国内会奖旅游城市、年度最佳 MICE(会展)①目的地、中国最具创新力国际会奖目的地等行业殊荣。

## 二、杭州建设国际会议目的地城市的挑战和短板

国际上,一些展会城市同时还是著名的旅游胜地,历史悠久、风景迷人,名胜古迹比比皆是,文化艺术活动也颇为丰富。参展商和观众不仅能从展览会上获取信息,还可以利用业余时间浏览市容、参观名胜古迹、购物和享受丰富多彩的文娱生活。因此,世界著名的国际会议目的地,都会把经济、旅游、文化、科技等众多因素融合,促进会奖产业发展。从国际化、市场化和专业化角度分析,杭州目前在会议和旅游结合、会议和文化融合、会议和经济互动的过程中还存在众多瓶颈短板。

### (一)国际会展名城挑战加深,跨城联动步伐亟待加快

国际会议服务业是现代服务业中极具经济、社会叠加效应的产业。国际上有许多以展会著称的城市,像日内瓦、汉诺威、杜塞尔多夫、慕尼黑等,都是在通过举办会议展览等为城市带来可观经济效益的同时,大大提升了城市自身在国际上的知名度。综观这些会展名城,除了国际化的会展场馆设施、便捷的交通网络和综合服务体系外,还拥有独特的自然旅游资源、良好的城市生态环境、深厚的多元文化积淀、突出的产业优势等。这些会展名城对杭州建设国际会议目的地城市带来一定的竞争压力。同时,国内外一些新兴的会展名城更需要引起杭州重视。国际上如墨西哥坎昆是全球著名旅游城市,将海滨风光融入会展产业;泰国曼谷借助自然风光和发达的服务业成为新兴的国际会议目的地城市;阿联酋迪拜拥有世界一流的国际会展中心和购物环境,近年来会奖产业发展迅猛等。国内如北京、上海、广州、成都、南京等城市都借助大型赛事加快建设国际会议目的地城市。在如此激烈的竞争环境中,杭州必须毫不懈怠,深入挖掘后峰会效应,不仅仅要举全市之力积极打造国际会议目的地城市,更要加大与上海、苏州、宁波等长三角城市的互动协作。

---

① MICE,即 Meetings(会议)、Incentives(奖励旅游)、Conferencing/Conventions(大型企业会议)、Exhibitions/Exposition(活动展览)和 Event(节事活动)的第一个字母大写组成,是会展的英文缩写。

尤其是,上海每年的国际重大展会赛事布局频繁,杭州必须认识到我们会议目的地城市的定位,补上和上海国际会议中心合作力度不足的短板,实现更密切的跨城联动,以加快杭州国际会议目的地建设。

### (二)差别发展定位需更加明确,国际会议专业服务水平亟待提升

杭州过去主要面对的是观光游客,是普通服务,而会议服务的游客要求比较高,杭州的会展行业发展中一定要强化消费者分层意识。对高端国际会议需要服务的人群而言,首先,目前杭州的五星级酒店不仅仅和欧美国家有差距,和亚洲地区的新加坡、迪拜和泰国等高档酒店都还有相对差距。其次,最大的差距是服务水平,G20峰会之前,杭州几乎没有接待高规格国际会议的实战经验,服务的标准化程度和水准与北京、上海不能同日而语;峰会后,杭州积累了实战经验,但随着国际会议数量不断增加,相关的高端服务人才、管理人才将出现紧缺状态。杭州的会议接待服务亟待补齐软硬件的短板,实现升级换代,从供给侧改革入手,匹配国际会议目的地的需求。特别随着国际会议专业服务的细化,杭州需要更加明确发展定位,针对企业会议、国际协会会议、国际学术会议、政府间会议,深入研究细分的群体,了解各自的特点和需求,才能提供更有价值的细分服务,提升杭州国际化会议的定向服务水平。

### (三)文化软实力仍在积聚中,目的地环境国际化有待提升

目前,杭州城市语言环境的国际程度还不高,外籍人士到杭州后的归属感不足。与北京、上海、广州和深圳等城市相比,杭州普通市民和窗口行业工作人员中外语普及率较低,缺乏外语类广播电视栏目,等等。由于语言环境的限制,杭州很难营造良好的国际社交氛围。杭州是全国文明城市,市民素质在全国处于较高的水平。但是面对国际会议目的地发展的需求,市民的国际素养提升却非一蹴而就。各种文化软实力需要进一步积聚和提升。同时,杭州还要为接待国际会议提供一流的会议环境,不仅仅是酒店旅游和航空交通等方面要提升国际化服务水准,城市配套设施、城市管理、医疗环境、生态环境和人文环境等都要加快提升国际化水平。

### (四)国际机构和组织入驻率不高,国际会议赛事运营能力有待提升

从1999年联合国国际小水电中心落户杭州开始,世界包装中心、全球中小企业联盟、世界旅游联盟总部等近十家国际机构陆续入驻杭州。2014

年联合国教科文组织在杭州设立项目事务处。但出于各种原因,杭州一直缺少大区机构和外国领事馆,这也限制杭州的辐射力和国际影响力,不利于杭州固定召开一定数量的国际高端会议。相对于世界名城的建设需求,杭州引入的国际知名的专业会展机构数量不多,永久落户的国际体育赛事更是稀缺,国际会议和国际赛事的运营能力亟待提升。整体上,当前杭州急需培育国际会议、赛事的市场运作主体,加强整合产业链,提升资源要素的利用效率。

### 三、杭州建设国际会议目的地城市的目标和路径

打造国际会议目的地城市,是一项综合性系统工程,上至国家政策导向,中至城市规划设计,下至服务细节落实、包罗万象、事无巨细。迈入新时代,面临新形势,杭州要主动融入国家"一带一路"和浙江省"大湾区、大花园、大都市区"建设,对接"拥江发展"战略,进一步加强"打造国际会议目的地"的顶层设计,统筹谋划好体制机制、规划布局、场馆建设、服务配套等问题,提升杭州国际会议会展水平。

#### (一)主要目标

国内的多个城市在打造国际会议目的地城市的过程中都从城市的综合发展、专项规划、具体任务上进行全盘考虑和推进。近年来,杭州看到形势需求和差距短板,对国际会议目的地城市建设提出了具体的目标战略,成立了相关组织,推出了具体政策等。2016 年,杭州市委十一届十一次全体(扩大)会议审议并通过《中共杭州市委关于全面提升杭州城市国际化水平的若干意见》;为抓住和用好 G20 峰会和亚运会在杭州举办的历史性战略机遇,推动城市国际化的新发展,提出要实现承办国际会议展览和体育赛事的重大突破,到 2020 年,杭州要进入由国际大会及会议协会发布的全球会议目的地城市前80 行列;计划到 2022 年前,累计承办各类国际 A 类体育赛事 10 项,使杭州成为具有世界水准的国际会议举办城市、会展之都、赛事之城。目标提出后,市委全会上进一步明确了发展的着力点在于"五个结合",即着力于会议、展览与旅游结合上下功夫,着力于完善硬件设施和提升软件服务结合上下功夫,着力于自主培育与引进合作结合上下功夫,着力于旅游和商贸结合上下功夫,着力于在"峰会后"深化策略与"亚运前"行动方案结合上下功夫。

### (二)战略路径

根据市委市政府确立的目标定位,杭州需对照国际化、市场化、专业化要求,明判挑战和机遇,正视差距和不足,聚焦重点和难点,补齐各项短板,加强营销推介,培育市场主体,完善服务体系,整合产业资源,发挥多方面积极性,进一步解决"打造国际会议目的地"面临的一些瓶颈问题,推动国际会议目的地建设,为建设独特韵味、别样精彩的世界名城增光添彩。

### 1.加强顶层设计,推进申办引进国际会议和重大赛事

在充分研究基础上,尽快制订完善杭州会议目的地发展规划,并与旅游休闲规划、旅游国际化推进工作相衔接,对未来杭州会议产业发展方向、目标等加强纲领性指导。充分考虑杭州的城市特点及优势,从产业规划、市场营销、行业管理、服务规范等多角度统筹,由相关部门牵头协调全市打造会议目的地工作,形成旅游业与会议业高度融合,兼顾展览业共同发展的新机制。根据国际会议发展趋势,越来越多的国际会议需通过专业竞标的形式引进。会议竞标需要完成大量专业性基础工作,包括会议线索搜索分析、标书制作及竞标阐述等内容。竞标会议往往周期长、投入大,对于企业而言,独立竞标会议存在一定难度,需要政府在财力和人力上给予支持。因此,杭州要尽快建立竞会机制,发挥国际会议竞标服务中心的作用,在梳理 ICCA 数据库中200 多条会议线索基础上,进行深度分析,找出关键联系人,围绕这些数据开展针对性的竞标工作,争取更多国际会议落户杭州。同时,要完善会议目的地扶持政策。高端会议的落地除了目的地交通、服务能力、基础设施、会议产品因素外,政府支持也是其中非常重要的一环。尽快出台会议目的地扶持政策,联合杭州本土金融机构争取设立"杭州国际会议扶持基金",通过对国际会议筹备阶段所需资金提供无息贷款及开展会议亏损类保险等形式,对来杭召开国际会议的公司或机构提供相应扶持。特别是对长期落地杭州的高品质会议加大各方面的扶持力度。借鉴国际一些城市推出会议旅游奖励套餐吸引国际高端会议举办的经验,积极创新政府服务,根据会议活动性质、规模、重要性,制订政府非资金型扶持内容和标准,比如政府对会议竞标的支持、专人机场迎宾服务、现场考察安排和政府负责人出席欢迎仪式等。加大与境内外会展公司合作力度,增加会议大使数量,吸引高端国际会展活动长期稳定地落户杭州。

### 2.加大营销力度,打响国际会议目的地的杭州品牌

随着我国经济实力的不断增强,中国融入世界的趋势在不断深化,我国举办国际性会议的数量会越来越多,会议的总体规模和产值会越来越大,国际性会议将逐步成为中国软实力展现的重要舞台。借助中国融入世界、世界看好中国的时机与机遇,杭州应主动加强与国际机构和国家部委的合作交流,充分发挥举办峰会后效应,着力引进一批有世界影响的国际会议、高端论坛项目,抓住机遇,同时利用亚运会筹办机遇,精准营销,积极引入一批国际赛事,打响国际会议目的地的杭州品牌。[①] 重点是持续推进"峰会杭州"城市会奖品牌营销工作,借助大事件、大机遇,以市场细分为基础,分大众领域和会奖领域两个层面,突出杭州"会在风景中"的特色,针对东南亚、欧洲等重点市场采取不同的营销策略,强化高端国际会议旅游目的地营销。积极联动国字号协会、学会和机构,以及在杭高校、行业企业,全面挖掘我市会议旅游潜在的项目资源、市场资源和社会资源,建立国际会议项目资源库,深化"会议大使"项目。以市会奖业协会为平台,整合会议产业链资源,形成产业协作机制和统一的市场营销力量。众志成城,全市齐心协力共办亚运会,一定会为杭州传播城市品牌、积累办会经验。同时这也是最直接、最有效的国际城市形象广告,能够向与会人员展示城市的别样风采和形象,达到在世界提高杭州知名度和美誉度的目的。

### 3.强化服务支撑,提升杭州城市国际化的整体形象

G20峰会提升了杭州市民的国际化意识,提升了世界对杭州会展、杭州旅游的关注度,提升了杭州接待国际性会议的意识与经验。G20峰会之后,杭州有了承办国际会议的实战经验。同时,借助峰会契机,完善杭州国际性会议的场馆布局、住宿管理、交通组织、人员培训,创新会议经营理念和运营机制,提升会议服务水平和配套能力,以良好的会议接待向世界展现杭州城市的国际化。18年连续举办的西湖博览会也已成为杭州的一张名片,要继续推进西湖国际博览会的转型升级,提升世界休闲博览会、中国国际动漫节等展会的国际化水平,挖掘杭州的历史人文、旅游休闲、电子商务等具有杭州特色的能

---

① 张永谊:《着力打造国际会议目的地城市》,《杭州日报》数字版,2016 年 8 月 8 日,http://hz-daily. hangzhou. com. cn/hzrb/html/2016-08/08/content_2333028. htm。

够举办国际性会议的元素。[①] 梳理整合杭州具有国际接待能力的短租会展场地和闲置会展场地资源,加大火车站和机场的国际会客厅建设力度。加快推进杭州奥体博览中心建设,建成可以满足承办高标准国际会议、大型国际展览活动需要,一座集体育、博览、文化、商贸、旅游、居住、演艺、美食、休闲、度假、购物等功能于一体的大型城市综合体。不断完善会议配套功能,满足承办高标准国际会议、大型国际展览活动的需要,充分发挥政府在开发与整合会议产业资源方面的主导作用,积极构建会议产业资源信息、交易及专业服务平台,实现国际国内会议组织者与本市会议产业资源的密切合作,展示集文化、博览、商贸、旅游、演艺、美食、休闲、度假、购物等功能于一体的杭州国际性会议目的地的整体形象。同时,提升交通国际化水平,出台政策鼓励萧山国际机场开通更多国际通达的直航航班,争取早日开通国际班列;提升国际医疗和突发事件应急能力;提升城市国际语言服务能力,从环境国际化来保障国际会议目的地建设。

### 4. 整合多方资源,建构具有特色的国际性会议产业链

打造国际性会议目的地需要解决一系列基本问题,国际性会议目的地必备以下要素:城市的品牌形象、便利的世界交通、必需的安全防护、政府的支持力度、适用的场馆设施、必要的酒店配套、适宜的消费结构、丰富的旅游资源、适宜的气候条件等。这些要素构成了国际性会议目的地的"产业链"。为了吸引更多的国际性会议能够青睐杭州,考虑到会议策划、运营管理及服务的专业性、复杂性等因素,杭州需要将各种相关资源整合成为一个有机的"会议目的地接待服务体系",并以此为基础提供系统的专业化服务。这其中,仅凭会议场馆、宾馆酒店、会展公司等单个力量是不够的,需要政府出面整合资源,并整体对外推广。加强国际会议和旅游等相关部门的整合,建立常态化大型会议协调服务机制。成立杭州国际会议引进机构,着力引进一批有世界影响力的国际会议、高端论坛项目。充分发挥在杭高校和科研机构的作用,争取更多的国际学术会议在杭举办。利用 G20 峰会后的国际工商界网络,深化杭州与国际知名商业机构的联系和合作,吸引高端国际商务会议来杭举

---

① 张永谊:《着力打造国际会议目的地城市》,《杭州日报》数字版,2016 年 8 月 8 日,http://hz-daily. hangzhou. com. cn/hzrb/html/2016-08/08/content_2333028. htm。

办。进一步提升杭州在国际市场上的竞标竞会实力,启用"杭州国际会展认证系统",当杭州举办大规模城市级别会展活动时,三至四家系统会员星级酒店将按照一个固定的优惠价为会展活动组织者预留固定的房间数。除此之外,会议目的地建设中,软件条件也不能忽视,杭州要在文明城市建设中进一步规范城市运营,争取广大市民对国际会议赛事的文明支持,打造一支好的翻译队伍,等等。

### 5. 加大支持力度,培育集聚专业化会展人才

随着国际性会议产业的不断扩大,会议的规模也会进一步增大,会议参与者的构成也会更加复杂,对于会议目的地相关服务的要求也会更高。在这种情况下,目的地会议的组织策划、服务水准、专业能力将是影响其会议市场竞争力水平的重要因素之一。以上海为例,2006年上海旅游局首次担任"上海会议大使"的聘任工作,通过政府与民间力量及"上海会议大使"的共同努力,一大批专业性强、层次高、参与人数多的国际会议纷纷在上海举行,上海也培育出一批符合国际标准的会议管理公司,它们主动融入,逐步被国际协会或跨国企业所认可,从而使上海接待会议的水平达到国际水准。① 借着当前杭州国际会议的良好发展势头,杭州需要进一步学习借鉴上海、北京等地经验,加大会议人才的引进与培养,帮助本地会议企业提升服务。政府下一步要出台更加优厚的奖励政策,集聚专业人才,加大对会议营销、引进、竞标、人才培训的支持力度,加快产业的健康快速发展。通过政府扶持和行业协会、市场机构等运作,进一步组织杭州会展公司赴国外知名会议城市进修培训学习,持续举办杭州市打造国际会议目的地——"会议管家"培训班,常态化组织实施"MICE英才培训计划",为行业培育一批操作性人才队伍。一方面与境内外研究机构加大合作,引进和培育会议组织品牌机构和领军人才,提升我市会议服务的专业化、国际化水平;另一方面,鼓励本地相关院校开展会议产业专业教育、职业培训,培养与市场需求相适应的专业人才队伍。

### 6. 加强机制创新,发挥国际性会议的后续影响力

随着经济发展走向全球化,不同国家、不同民族和地区相互交流、相互合

---

① 张永谊:《着力打造国际会议目的地城市》,《杭州日报》数字版,2016年8月8日,http://hz-daily. hangzhou. com. cn/hzrb/html/2016-08/08/content_2333028. htm。

作越来越多,促进科技、文化、学术交流的必要性也日益明显,国际性会议对于目的地扩大投资,以及发展优势产业、优势学科等都会产生重要的作用。杭州举办国际性会议,除了提升国际化水平,对杭州乃至国内的经济、文化、科技和学术领域而言,还大大促进了国内和国际同行的交流,分享最新的政治经济动态及学术、科研的成果经验,扩大该区域的国际视野,积累更多的国际交流经验,从而加快经济、社会和文化发展,提升城市的综合竞争力。从实际出发,高端的国际性会议能够彰显杭州这座城市的特色和优势,也符合杭州大力发展信息产业和服务业的大方向。[①] 当前杭州需要发挥好"阿里·云栖大会"等高科技领域开发者盛会的国际影响力,深度提升会议经济的后续效应,积极引入互联网金融领域"MONEY(财富)20/20"等杭州优势行业的国际重要盛会,将会议与产业融合,放大杭州国际会议目的地的实际价值。尤其要加强国际性会议的后续效应运作,比如建立会议招商机制及会议后期效应扩大机制和评估机制等,将国际会议带来的最新信息、最新理念及世界最先进的知识、技术,运用到杭州的实践发展中,不断提升杭州在国际产业和科学前沿研究中的国际地位。

---

① 张永谊:《着力打造国际会议目的地城市》,《杭州日报》数字版,2016 年 8 月 8 日,http://hz-daily. hangzhou. com. cn/hzrb/html/2016-08/08/content_2333028. htm。

# 第八章 杭州建设国际重要的旅游
# 休闲中心的路径研究

杭州是著名的旅游城市,建设国际旅游城市是杭州不懈的追求,建设国际重要的旅游休闲中心更是杭州建设世界名城的核心内容和战略重点。杭州既有秀美纵深的自然山水,又有深厚悠久的历史人文;既有发达雄厚的经济实力,又有极具商业化的创新活力;既有超大型的城市规模,又有完备的城市功能,这无疑为杭州全面推进全域化、国际化战略提供了独特的城市禀赋。站在世界旅游版图上,杭州是中国首个实施全域旅游战略的城市,是中国体验式旅游的代表性城市,也是《纽约时报》《Travel＋Leisure》(《漫旅》)等评选的年度旅游榜单上的"常客",诠释着东方气质和美学韵味。十多年来,杭州不断挖掘国际旅游城市内涵,不断创新相关体制机制,逐步探索出"以特质引领、以两化推动(全域化、国际化)"的特色发展路径。

## 一、杭州旅游国际化的历程及成效

旅游业是一个天然的国际化产业,是对外开放的重要窗口和前沿阵地。旅游业的开放水平,代表着一个国家、一个城市的开放水平,旅游业的国际化程度是一个城市国际化水平的重要标志。旅游国际化俨然成为杭州城市国际化的"制高点"和"突破口",也成为建设"国际重要的旅游休闲中心"的"加速剂"和"助推器"。2010 年 5 月,国务院正式批复《长江三角洲地区区域规划》,其中,杭州的城市定位是"充分发挥山水资源和历史文化优势,建设国际重要的旅游休闲中心"。这是国家第一次给杭州带上"国际"的帽子,但实际上,杭州早在 2002 年城市规划中就开始谋划国际旅游风景城市定位,时至今日,十多年来,杭州始终坚持不懈地走在国际旅游城市的发展道路上,并逐步得到国家及全球的认同。

### (一)杭州旅游国际化的历史进程

回顾杭州旅游国际化的历史进程,杭州市在国民经济和社会发展"九五""十五"计划时,就已经将"建设现代化国家风景旅游城市"作为城市发展的战略目标之一。进入 21 世纪后,杭州的旅游国际化进程主要经历四个阶段。①

第一,启动阶段(2004—2006 年)。2002 年杭州完成新一轮城市总体规划,拟定杭州城市性质为"国家风景旅游城市""国家历史文化名城""长江三角洲的重要中心城市"等,将建设国际风景旅游城市提到新的高度,这一年开始,杭州实行"西湖免费开放"。2004 年 8 月,杭州市委市政府出台《推进杭州旅游国际化启动方案》,启动了旅游国际化发展战略,明确目标和启动项目,成立组织机构并分解战略任务。2006 年,杭州成功举办"世界休闲博览会",并树立起"东方休闲之都"的品牌。2007 年,杭州被世界旅游组织和国家旅游局评为"中国最佳旅游城市",将杭州旅游目的地的品牌形象精彩呈现。

第二,发展阶段(2007—2011 年)。2007 年 9 月,杭州市委市政府出台《新一轮杭州旅游国际化行动方案(2007—2011)》,推进杭州的旅游国际化迈向新的发展台阶。这一阶段,"南线贯通、西湖西进、西溪开发"杭州旅游不仅仅在自然风光上下足功夫,而且将观光旅游与休闲、会展、娱乐、运动、健身、美容等更多产业融合,进入内涵不断扩展、创新创意涌现的旅游新时代。随着旅游产品拓展和品牌提升,杭州逐步转变以国内游客为主的局面,开始成为与国际平台接轨的高品质、高品位的旅游目的地,可以说是"旅游大产业"带动了国际化大发展。

第三,提升阶段(2012—2015 年)。2012 年 8 月,杭州市委市政府再次印发《杭州市 2012—2015 年旅游国际化行动计划》,在评估前几轮行动绩效的基础上,提出"以世界眼光、国际标准",全力推进新一轮的旅游国际化战略。重点围绕旅游公共综合功能的发挥、产品体系的优化、营销理念的转变、目的地管理的强化、无障碍服务体系的打造及综合素质的培养等方面,进一步提升

---

① 对杭州国际化四个阶段的划分参考廖民生等:《中外旅游城市国际化战略与案例》,经济科学出版社 2015 年版,第 100—102 页。

杭州旅游的国际化水平,发挥旅游国际化在城市国际化中的战略主导作用,助推城乡一体化发展,增强杭州城市的国际竞争力和旅游软实力,将杭州初步建成中国旅游国际化示范城市和国际重要的旅游休闲中心。

第四,巩固阶段(2016—2020年)。随着G20峰会的成功召开及亚运会等重大赛事选址杭州,杭州旅游国际化迎来新的发展契机。2015年杭州市委市政府再次出台《杭州市旅游休闲业转型升级三年行动计划(2015—2017年)》谋定了杭州的"国际范"目标,即到2020年基本建成"中国旅游国际化示范城市"。2016年7月出台的《中共杭州市委关于全面提升杭州城市国际化水平的若干意见》明确了杭州国际化的四个个性特色,其一就是"国际重要的旅游休闲中心"。在这一阶段要充分发挥杭州旅游的品牌优势和在城市国际化中的排头兵作用,重点补齐旅游区域发展不平衡、高端消费外流等短板,努力实现高端旅游和商贸消费新突破,成为国际旅游目的地、购物消费新天堂。2017年11月,杭州市委市政府批复通过《杭州市旅游休闲业发展"十三五"规划》,成为这一阶段指导杭州实现全域旅游统一规划、保护、开发和管理,推进重点项目建设,深化旅游市场营销,规范旅游行业管理,强化旅游公共服务职能的重要依据。

### (二)杭州旅游国际化的发展成效

实施旅游国际化的根本用意是希望通过入境游客的增多来增加杭州在国际舞台的曝光率和认知度。通过努力,杭州旅游国际化成效显著。2004年杭州接待入境旅游人数123.41万人次,2016年则已达到363.23万人次。杭州总量在北上广深之后,但其国际化理念体系和力度绩效应该名列前茅。[①] 2016年,全市实现旅游产业增加值808.89亿元,增长13.3%。至2016年年末,全市各类旅行社达717家,增长4.7%;星级宾馆173家,其中五星级24家,四星级46家;A级景区70个,其中5A级3个,4A级34个。[②] 在此,重点围绕旅游产品、营销、功能、服务、管理、环境国际化等重点领域对杭州旅游国际化进行成效分析。

---

① 《杭州两会聚焦旅游国际化:依靠独特唯一DNA吸引世人》,中国新闻网,2017年04月12日,http://finance.chinanews.com/gn/2017/04-12/8197892.shtml。

② 数据来源:杭州政务信息网发布的2016年杭州市国民经济和社会发展统计公报。

### 1. 旅游国际化水平提升,旅游产业逐步壮大

通过开展多轮的旅游国际化行动,过去几年,杭州旅游产业规模超过千亿元,2016 年全市实现旅游总收入 2571.84 亿元,增长 16.9％,其中旅游外汇收入 31.49 亿美元,增长 7.5％(详见表 8-1 和表 8-2)。国内旅游接待人数和收入都达到和超过了预期目标,旅游消费总额创历史新高,旅游投资继续保持高速增长,入境旅游继续回升,旅游产业进一步做大做强。旅游总收入从2010 年的 1026 亿元提升至 2015 年的 2200 亿元,年均增速约 16.5％;旅游产业增加值占 GDP 的比重由 5.9％提高到 7.16％。旅游休闲业成为杭州经济发展的重要支撑,产业地位不断提高。[①] 近年来,杭州通过实施旅游国际化战略,着力优化了国际客源结构,尤其是第三轮(2012—2015 年)旅游国际化战略主攻欧美市场,取得突破性增长。欧洲旅游市场呈现增长态势,2003—2013 年来杭欧洲游客从占杭州入境旅游总数的 5.9％上升至 12.5％。美加市场持续增长,2003—2013 年来杭美洲游客从占入境旅游总数的 5.4％上升至 9.8％。特别是 2015 年,杭州旅游业逆势上扬,尤其是来杭的入境游客中外国人占入境游客总数的近 70％,远高于国家平均 54％的数据。而且其中41.17％是亚洲游客,近 25％是欧美游客。[②]

表 8-1　2012—2016 年杭州旅游总收入及增长情况[③]

| 年　份 | 实现旅游总收入(亿元) | 年均增长(％) |
|---|---|---|
| 2012 | 1392.25 | 16.9 |
| 2013 | 1603.67 | 15.19 |
| 2014 | 1886.33 | 17.63 |
| 2015 | 2200.67 | 16.66 |
| 2016 | 2571.84 | 16.9 |

---

① 数据来源:《杭州市旅游休闲业发展"十三五"规划》,杭州政府网,2016 年 9 月 20 日,www.hangzhou.gov.cn/art/2016/9/30/art_933534_2271273.html。

② 杭州市旅委提供的《杭州 2013—2015 年旅游国际化行动计划评估报告》(浙江工业大学之江学院课题组),2016 年 1 月。

③ 数据来源:杭州统计信息网发布的历年杭州市国民经济和社会发展统计公报。

表 8-2　2012—2016 年杭州旅游外汇收入及增长情况[①]

| 年　份 | 实现旅游总收入(亿美元) | 年均增长(％) |
|---|---|---|
| 2012 | 22.02 | 12.5 |
| 2013 | 21.60 | −1.87 |
| 2014 | 23.18 | 7.3 |
| 2015 | 24.79 | 6.96 |
| 2016 | 31.49 | 7.5 |

**2.旅游产品结构发生变化,国际游客接待能力提升**

推进杭州旅游全域化发展,从单个产品国际化向产品体系国际化转变,杭州形成了品种丰富多样、区县特色鲜明的差异化、全天候旅游产品新格局。目前杭州已经拥有世界文化遗产旅游项目 2 个;对国内外游客具有较强吸引力的文化场馆类旅游产品超过 5 个,大型城市公园超过 20 处;国家 5A 级景区 3 家。着力建设之江国家旅游度假区、湖滨国际城市旅游综合体、杭州休博园旅游综合体、玉皇山南旅游休闲创意综合体、皋亭山休闲旅游特色街区、笕桥历史文化特色街区、超山旅游综合体项目、湘湖度假区及杭州东方文化园旅游综合体、灵隐休闲旅游购物中心项目等一批精品国际休闲旅游度假胜地。提升"印象西湖""宋城千古情""西湖之夜""吴越千古情"等演艺活动的国际化服务水平,实现多语种的故事背景介绍,引入更多晚间高雅音乐表演及杭州(中国)本土文化表演。通过杭州旅游国际化行动,杭州已拥有 20 多家国际品牌连锁酒店,其中五星级饭店也超过 20 家;已经建成或正在建设的建筑面积 30 万平方米以上的大型购物中心超过 5 处,对国内外游客具有较强吸引力的特色街区超过 12 处。同时,已经建成旅游咨询分中心 20 个,旅游咨询点 200 个以上。对旅游租车公司实行规范化管理,贯穿于各景区间的旅游公交专线达 10 余条,公共自行车和共享单车发挥了绿色节能交通功能,为来杭游客提供了便利、实惠的交通。[②] 萧山国际机场作为城市国际旅游的窗口,设立了"杭州文明旅游服务中心",针对入境游客的《杭

---

① 数据来源:杭州统计信息网发布的历年杭州市国民经济和社会发展统计公报。
② 浙江工业大学之江学院课题组:《杭州 2013—2015 年旅游国际化行动计划评估报告》(杭州市旅委提供的内部资料),2016 年 1 月。

州旅游指南》,涉及英语、法语、西班牙语等7个语种。即便母语是小语种的游客,也可通过三方对话,得到多语种志愿者服务队提供的全天候咨询服务。2014年开始杭州每年旅游总人数都在1亿人次以上,年均增速超过13%,2015、2016年杭州的入境游客分别达到342万、363.23万人次(详见表8-3),年年创出历史新高。

表8-3　2012—2016年杭州国际国内旅游人数[①]

| 年　份 | 入境旅游者(万人次) | 国内旅游者(亿人次) |
|---|---|---|
| 2012 | 331.12 | 0.82 |
| 2013 | 316.01 | 0.94 |
| 2014 | 326.13 | 1.06 |
| 2015 | 342.00 | 1.20 |
| 2016 | 363.23 | 1.37 |

### 3. 强化国际旅游营销,巩固国际城市旅游形象

为更好营造杭州国际城市旅游形象,开发衍生产品,G20期间杭州旅游部门结合多方力量重新拍摄国际版杭州旅游宣传片,在主要街头、景区等场所设立杭州旅游形象可视化构筑物。通过直航国际航班的宣传手册或航班机舱视频宣传杭州的国际旅游形象,邀请全球尤其是国际直航欧美城市大媒体旅游专栏作家采风杭州,在欧美市场开展"马可·波罗与杭州"系列旅游宣传营销活动,加强杭州旅游的国际化宣传。同时,针对不同国别的"杭州主题旅游营销计划"成效明显。针对日韩等成熟市场设计专门的旅游宣传口号,拍摄宣传片,加强与当地报纸、杂志、电(视)台的合作,重点宣传杭州城市生活和十大特色潜力行业旅游产品。针对欧美等重点市场设计独特的旅游宣传口号,拍摄专门的宣传片,加大与当地旅行社和航空公司的合作力度,主推杭州三大旅游产品,辅以一批休闲旅游产品。与长三角其他城市合作,针对欧美等重点市场共推"长三角旅游线路"。同时国际营销手段也不断创新,比如在国外商务会展类期刊杂志上推出宣传海报,聘任在杭主要

---

① 数据来源:杭州政务信息网发布的2016年杭州市国民经济和社会发展统计公报。

企业或单位的驻外办事处为"杭州驻海外会奖大使";与国外著名旅游城市的官方旅游局建立战略合作关系,互设"旅游大使",等等。

### 4.强化旅游管理,规范国际旅游市场

针对旅游国际化行动计划,提出关于行业整体发展的指导性政策和政府决议。出台与核心产品和精品工程相关的重点领域引导政策和措施,以及针对国际旅游者管理的相关措施。组建主攻国际市场的中国休闲城市营销联盟和长三角城市旅游营销联盟。进一步强化杭州都市圈城市旅游合作。加强旅游休闲的标准化建设,规范旅游休闲市场秩序。设立会展业标准,尤其是节庆类、公司类、会议类、展览类等活动的细分标准。进一步发挥杭州市旅游目的地管理工作领导小组的协调作用,健全旅游目的地管理联席会议制度,继续推进和深化全市旅游目的地常态化联合执法和综合治理机制,研究完善旅游目的地监管法制体系。在景点、宾馆、机场等公共场所和营业场所加大软硬件投入和管理监督,完善旅游应急保障体系建设。杭州在加大国际旅游人才培训力度,杭州市旅游发展委员会每年组织管理人员赴国外著名城市进行交流访问,与浙大一同开展休闲方面的专业培训,委托浙江工业大学之江学院举办"杭州市旅游职业经理人培训班"等。同时,杭州市旅委和市民政局一直注重加强旅游休闲行业协会建设,发挥协调功能,加快转型升级。2014年,西湖景区成立了浙江省内首家民宿行业协会——杭州西湖风景名胜区民宿行业协会;2016年年底,杭州市民宿行业协会成立;市民政等部门积极引导行业协会加强内部治理,每年开展行业协会能力建设培训班,提升杭州市行业协会的综合素质;鼓励支持行业协会参与杭州市旅游国际化工作。

## 二、杭州建设国际重要的旅游休闲中心面临的挑战与短板

国际重要的旅游休闲中心是经国家批复的杭州城市功能定位,是杭州旅游国际化发展的战略目标,对其内涵的理解还需要紧扣杭州发展实际,比如"国际中心"就要具备较高的国际知名度,有享誉国际的龙头产品,有国际化的服务水准,有通达国际的交通条件,等等。具体内涵可理解为对于全球旅游发展有影响力和带动力,集旅游休闲中心、旅游产业中心、旅游文化中心、旅游服务和集散中心于一体,集游览观光、休闲度假、文化创意、会展展

览、娱乐体验等多元功能于一身的综合性旅游城市。[①] 显然,经过三到四轮的杭州旅游国际化行动,杭州的旅游国际化水平大幅提升,但就建成国际重要的旅游休闲中心而言,目前还面临众多的挑战和短板问题,可谓任重道远。

**(一)受上海影响较大,杭州入境旅游短板有待继续"加长"**

与上海相比,杭州并非直辖市与经济特区,过去多年的发展中也少有国家层面的区域发展战略、特殊政策性资源、特殊自由贸易政策和特大国家补助项目的支持,主要靠地方政府和民间力量投资发展经济社会事业。而上海恰恰相反,是长三角区域中心,也是国家金融、贸易和航运中心,城市建设和城市服务达到国际一流水准,吸引了国内外的人才、技术和资本等高端要素集聚,正加快建设全球城市。杭州与上海距离不到 200 千米,多年来受上海的资源反吸纳力影响非常大,城市入境旅游的吸引力也受其影响。杭州旅游产业结构中最大问题就是入境旅游这块"短板"亟待提升。与国内外国际旅游发达城市相比,杭州在入境游客数量、人均逗留时间、人均花费等方面都还存在很大差距。其中,2016 年入境游客平均在杭逗留天数达到 2.2 天,相比《杭州市旅游休闲业发展"十三五"规划》目标提出的入境游客人均停留天数 3.2 天,差距还比较大,与全国入境游客在国内平均逗留天数 8 天的差距也明显。[②] 在客源结构上,亚洲(包括港、澳、台地区)等近程国际旅游市场仍是杭州第一大入境客源市场,而远程的欧美市场虽然有明显突破,但还不够成熟。亚洲旅游者(包括港、澳、台旅游者)占整体入境旅游者的 72%,远程的欧美旅游者比重仅有 22.2%,且以美、德、英、法等国为主,国际旅游远程入境客源市场还需要大力度提升。

**(二)旅游目的地治理需加强,杭州旅游国际服务水平有待继续提升**

国际旅游休闲中心的环境支撑还需加强,不管是在设施硬环境还是服务和文化软环境上,杭州都需要加大投入和培育力度。比如,老工业基地上设

---

① 杭州市委政研室综合研究处课题组:《以建设国际重要的旅游休闲中心推进城市国际化》,《杭州市城市国际化专题研究成果汇编》(内部资料),第 13—14 页。

② 数据来源:《杭州首次发布旅游大数据年度报告 去年累计旅游总收入 2571 亿元》,杭州网,2017 年 1 月 24 日,hznews. hangzhou. com. cn/jingji/content/2017-01-24/content_6451700. htm。

计的杭氧杭锅国际旅游综合体,2009 年就邀请了国际知名建筑大师为其设计,然而时过八九年,这块庞大的市中心土地依然沉寂;南湖国际旅游休闲度假项目也没有消息。对于欧美等高端旅游市场,杭州的休闲设施档次和服务能力都很难满足其多样化需求,不仅仅与世界著名的日本东京、夏威夷、巴黎、伦敦等城市差距很大,甚至与亚洲的曼谷、新加坡等地都是差距明显。道路的国际标识虽然在 G20 后有增加,但是国际水准依然不够,旅游观光巴士的一票无限次全天换乘功能尚未开通,在杭州火车站未增设外国游客购票专窗,国际机场的航班数量还和上海、成都等城市差距较大。另外,旅游休闲服务的国际语言障碍依然存在,城市的文化软实力尚在积聚中,旅游尤其休闲、文化产品的多样性、丰富性还不足,高端文化消费市场有待进一步培育。

### (三)高端旅游人才短缺,旅游休闲人才体系有待继续完善

对照杭州市建设"国际重要的旅游休闲中心"目标要求,审视现阶段杭州旅游休闲人才队伍的总体水平,还亟待解决人才结构、投入、培养、激励等主要问题。一是人才总量不足。旅游休闲领域的专业人才总量不足,尤其是中高级管理人才和新兴业态的从业人员严重匮乏。具有国际视野、熟悉国际旅游业务企业经营管理人才、政府行政管理人才及有创新能力的旅游专业技术人才严重短缺。二是供需结构失衡。旅游休闲专业人才的供给增长速度跟不上旅游休闲产业发展对人才需求的增长速度。全市旅游休闲人才学历层次普遍不高,高级职称人才偏少。旅游休闲行业中有海外求学背景、有研究生以上水平的高素质人明显不足。旅游休闲新型业态的人才需求缺乏相应的院校专业支撑,供需之间存在缺口。三是人才投入不足。行业薪资水平偏低,专业技术型人才和服务技能型人才均流失率较高。虽然杭州重视对旅游休闲人才的投入,但缺乏旅游培训基地的系统化建设。企业培训意识不强,培训内容落后,并未将人才队伍建设真正纳入企业的整体战略规划,继续教育经费投入不足。四是人才评价机制不科学。现有的人才评价一般以学历、职称、职务为主要评价指标,人才评价体系还不科学,缺乏让人才脱颖而出的平台和机制。导游人员资格考试和等级认证及旅游院校的职称评定体系相对规范,但酒店、景区、规划研究所及其他旅游休闲相关单位均缺乏规范的人才评价体系。五是人才培养机制不健全。旅游院校对旅游休闲行业的内在

规律、发展态势缺乏深入理解,产学合作不够密切,导致培养方案应用性不强,教学内容落后于行业发展。毕业生在知识结构、能力结构方面较难迅速适应旅游休闲行业相关岗位的任职要求。

### (四)各地智慧旅游应用广泛,杭州旅游信息化水平有待继续提高

随着互联网、物联网、云计算、大数据和人工智能等新兴产业和技术的兴起,智慧旅游发展开始起步。2009年国家出台加快旅游产业指导意见并明确了智慧旅游的支持,全国各地尤其旅游城市都大力推广智慧旅游功能,桂林、大连、南京和北京等地纷纷出台本地智慧旅游的设计方案并加快落地应用,提升了其在国际市场的知名度。这些对智慧经济先发的杭州来说,带来巨大的挑战和机遇,杭州近年加快了智慧旅游项目开发,比如杭州成立全国首个旅游经济实验室,刻画全球游客的旅游"脸谱",清晰掌握他们的旅游预订偏好、归属地信息、行为轨迹、逗留时间、刷卡消费等高频海量数据。但是大数据还只能反映一些趋势,实验室还需要逐一分析数据背后的关联度与游客需求,用新颖的数据监测精准分析定位客源市场,从而为杭州实施旅游全域化和国际化提供更强大的数据支持。另外,在国际旅游互联网推广上,目前杭州市拥有的大型专业网站已经超过5家,但是在全国知名且上规模的只有"飞猪旅行",在国际知名的大型网站还没有。

### (五)旅游接待空间分布不均衡,区域协调发展水平有待继续提升

杭州优质旅游资源数量丰富,但分布与发展呈现不均衡的态势。西湖风景区作为杭州最具代表性的景点,每年接待旅游者数量远超其他景区,存在一定的遮蔽效应;集聚的旅游者过度占用当地社会资源,导致当地居民与游客存在矛盾。旅游旺季,杭州各区、县(市)接待人数差距较大,空间上分布不均衡。尤其国际旅游的发展区域差别更大,在杭州入境游客目的地统计看,居第一位的是千岛湖,2015年中国休闲度假大会在淳安县千岛湖召开,大会正式授予千岛湖作为中国休闲度假大会的永久会址,淳安的国际旅游发展特别迅速,相比之下其他县域的国际旅游开发速度有待加快。

## 三、杭州建设国际重要的旅游休闲中心的目标与路径

杭州作为综合性旅游城市,要在较大区域内实现经济、政治和文化或交

通中心建设,不能走向单一发展旅游的城市发展路径。建设国际重要的旅游休闲中心更是有别于单一功能的国际风景旅游城市、国际商务旅游城市和国际会展旅游城市等,需要更深挖掘国际旅游休闲中心的内涵范畴,走出一条多功能、特质化的个性路径。根据 2016 年 9 月杭州市政府通过的《杭州市旅游休闲业发展"十三五"规划》,"十三五"期间,杭州旅游休闲业将继续深入实施"旅游国际化"与"旅游全域化"两大战略,更加大胆创新,探索自身发展道路。

### (一)主要目标

《杭州市旅游休闲业发展"十三五"规划》提出的主要发展目标:以供给侧结构性改革为引擎,发挥优势,补齐短板,着力推进"优化全域化旅游休闲空间、拓展全领域产业融合体系、打造国际化旅游龙头产品、丰富全域化休闲产品体系、升级旅游休闲业要素体系、构建国际化品质公服体系、完善国际化营销推广体系、推进全域化智慧旅游平台"八大举措,充分发挥旅游休闲业作为"杭州市重要的战略性支柱产业和人民群众更加满意的现代服务业"的带动引领作用,努力将杭州市打造成名副其实的"国际重要的旅游休闲中心"。重点建设"三大示范",即国家全域旅游示范城市、中国旅游国际化示范城市、中国首选会奖旅游示范城市。

根据《杭州市旅游休闲业发展"十三五"规划(2016—2020)》,至 2020 年,杭州接待入境旅游者达 435 万人次,年均增长 5%;旅游外汇收入 40 亿美元,年均增长 6.4%;入境游客人均停留天数 3.2 天;入境过夜旅游人均天花费达到 300 美元。接待国内旅游者达 18000 万人次,年均增长 8.4%;国内旅游收入达到 3600 亿元,年均增长 12.3%;国内游客人均停留天数 2.5 天;国内旅游人均消费达到 2000 元。实现旅游接待总人数 18400 万人次,年均增长 8.2%;旅游总收入 3860 亿元,年均增长 11.9%。出境游人数达 300 万人次,年均增长 15%(详见表 8-4)。

表 8-4  2020 年杭州市旅游休闲业发展具体目标①

| 类别 | 指标名称 | | 2015 年 | 2020 年目标值 | 年均增长 |
|---|---|---|---|---|---|
| 旅游经济指标 | 入境旅游 | 入境游客人次（万人次） | 341.60 | 435.0 | 5.0% |
| | | 旅游外汇收入（亿美元） | 29.30 | 40.0 | 6.4% |
| | | 人均停留天数（天） | 2.99 | 3.2 | / |
| | | 过夜旅游人均天花费（美元） | 286.50 | 300.0 | 1.0% |
| | 国内旅游 | 国内游客人次（万人次） | 12040.40 | 18000.0 | 8.4% |
| | | 国内旅游收入（亿元） | 2019.70 | 3600.0 | 12.3% |
| | | 人均停留天数（天） | 2.20 | 2.5 | / |
| | | 旅游人均消费（元） | 1677.50 | 2000.0 | 3.6% |
| | 接待总人数（万人次） | | 12382.00 | 18400.0 | 8.2% |
| | 旅游总收入（亿元） | | 2200.70 | 3860.0 | 11.9% |
| | 出境游人数（万人次） | | 150.70 | 300.0 | 15.0% |

## （二）战略路径

### 1.促进旅游国际化发展,提高国际旅游目的地吸引力

持续推进"旅游国际化"战略。紧密围绕杭州城市国际化战略要求,切实有效地推进杭州旅游国际化进程,当好城市国际化建设的排头兵和战略突破口。制订并实施杭州第四轮旅游国际化行动计划,围绕产品国际化、营销国际化、服务国际化、功能国际化和管理国际化目标,加快旅游国际化进程,实现杭州从国内旅游目的地向国际旅游目的地转变,全力将杭州打造为中国旅游国际化示范城市。立足杭州绝佳生态、高端会奖、杭派慢乡、优质文创、活力养生五大极品资源,整合已有生态观光、都市休闲、商务会展、文化创意、养生度假等产品基础,打造两大国际化旅游龙头产品——西湖世界文化遗产地、世界首选会奖旅游目的地,建设两大国家级旅游创新产品——国家乡村公园、国家文创公园,推进具有国际化水平的系列休闲产品建设,助推杭州旅游由观光游览为主向观光游览、休闲度假、文化体验、商务会展"四位一体"的

---

① 资料来源:《杭州市旅游休闲业发展"十三五"规划》。

产业转型升级。抓住 G20 国际峰会举办契机，集聚现代多元休闲产业，创新研发会奖产品，打造杭州钱江 MICE 集聚区核心项目，提升湘湖、西溪天堂、千岛湖进贤湾等区块会奖旅游产品建设，共同打造杭州"世界首选会奖旅游目的地"。

利用杭州国家级旅游创新产品。杭州是全球创客的创新创业新天地。依托杭州旅游创意中心，联合在杭各大高校、研究机构和相关企业成立杭州旅游创意联盟，为杭州创意产业提供智力支持和管理平台。以打造杭州云栖阿里巴巴创意旅游综合体为核心，整合杭州市现有工艺美术、动漫、国茶、丝绸等特色文化资源，提升文化与创新艺术交融的良渚文化创意综合体、白马湖生态创意城、千岛湖姜家影视文化创意旅游综合体、杭州艺尚创意旅游综合体和"城市之星"国际旅游综合体等多元文化创意园区，建设成为对接国家文化建设的重大抓手——"国家文创公园"。同时进一步完善杭州旅游休闲的国际服务要素体系，在软硬件上推进标准化工程，优化旅游交通线路和语言服务环境，提升宾馆和旅游综合体服务水平，提升入境游客的满意度，扩大国际旅游客源市场，实现向高端客源市场拓展。

**2. 推进旅游融合化发展，拓展全领域产业融合体系**

加快推进旅游与新型城镇化融合发展，建设一批旅游综合体、旅游产业聚集区、特色旅游小镇、新型农村社区等，带动区域内的产业发展、民生改善、文化传承与形象提升，加快发展"品质生活之城，幸福和谐杭州"新型城镇化之路。加快旅游与一、二、三产业融合发展。促进旅游业与第一产业的融合发展，充分发挥生态环境、乡土文化、文化创意、特色农产品优势，大力发展乡村旅游和休闲农业，促进杭州农业现代化和城乡统筹发展。结合浙江省"新十百千工程"，促进杭州乡村旅游发展。促进旅游业与第二产业的融合发展，依托有关丝绸企业、航空设备企业、杭氧、杭锅、杭汽等特色工业企业，注重工业创意设计和时尚品牌塑造，形成一批体验性强、产业链长、影响力大的创新型工业旅游示范点(区)。大力培育旅游房车、游艇游船、低空旅游飞行器、景区索道、高科技游乐设施和数字导览设施等旅游装备制造业，形成一批"杭州制造"旅游装备产品。促进旅游业与其他现代服务业的融合发展。体旅融合，重点建设国家登山步道、水上运动旅游休闲基地、山地户外旅游休闲基地、汽车房车露营基地，重点举办杭州马拉松、三江两岸国际自行车拉力赛、中国富阳全国业余铁人三项积分赛、中国杭州(富阳)永安山国际滑翔伞定点超级杯赛、临安国际山地户外运动挑战赛等若干具有国际影响力的特色体育赛事。商旅融合,主要涵盖会奖旅游和特色购物,推进商旅融合发展,创新产品类型和旅游商品包装,多元素融合发展,提高产品附加值,形成特色突出、优势互补的杭州商旅产品链。积极响应国家旅游局实施"旅游＋互联网"行动计划的号召,构建杭州市"旅游＋互联网＋创意"与农业、工业、文化、生态、会奖、体育、养生等相关产业的融合发展新模式,创新开发七大特色新业态,包括世遗文化、会奖休闲、运动休闲、旅游民宿、旅游装备、养生养老、旅游电商七大产业。依托产业上下游、横向并串联市场高低端等维度,基于"多维梳理、多产联动、交叉融合、优势聚集、配套发展"的产业发展理念,促成产业关系的合理配置及区域发展的最大化带动效应,形成一批杭州市特色旅游产业集群。

### 3.提升旅游品质化发展,打造全域休闲度假型城市

顺应杭州市建设"品质生活之城"的目标,实施旅游品质化战略。从"休闲环境"建设向"休闲氛围"营造转变,从"服务游客"向"服务全民"转变,通过全域化、国际化两大战略引导,最终实现杭州旅游品质化提升,使杭州成为具有国际水准的、智慧引领的全域休闲度假型城市,使杭州旅游业真正成为人民群众满意的现代服务业。丰富全域化休闲产品体系建设,以"龙头带动、特色引领、差异互补、提档升级"为原则,努力构建杭州旅游项目库,打造生态休闲、文化休闲、商务休闲、运动休闲、养生休闲五大类旅游休闲产品体系。具体包括加强千岛湖、青山湖等综保工程建设;强化自然保护区、风景名胜区、湿地保护区、森林公园的生态保护,推进旅游景区美化、洁化、绿化工作。以"拥江发展"规划为指导,加强"三江两岸"景区生态环境保护和景观控制,以绿道、游步慢行道建设为发展轴,带动旅居房车营地、露营地等旅游项目的投资与建设,完善骑行驿站、休憩点等配套设施建设。推动良渚文化、南宋皇城等遗址保护工程;加强对历史文化古镇(村)、特色街区、历史建筑(乡土建筑)及其他不可移动文物的保护,改造古老街区、民居,发展主题酒店、杭派民宿,打造历史文化的深度体验区;利用工业老厂房开发集精品商业、影视演艺、酒店会展、美食健身等功能于一体的国际旅游创意综合体等。优化"印象西湖""宋城千古情""西湖之夜""水之灵"等旅游文化演艺项目,新创"良渚印象"

"径山禅茶""新安江之夜""千年运河谣"等大型旅游文艺节目；建设宋城"中国演艺谷"等大型都市旅游演艺基地。在现有西博会、休博会、茶博会、国际电子商务博览会等品牌性展会的基础上，加强与国际组织和相关城市合作，大力引进国际性会议和会奖旅游项目，促进会奖企业向专业化、品牌化、国际化方向发展。开发多类型运动休闲旅游产品，实现杭州运动健身旅游产品的升级换代，开发不同类型的主题游乐型产品，开发特色医疗、疗养康复、美容保健、养生养老旅游产品等，丰富市民及游客的休闲娱乐生活。

4.加快旅游全域化发展，构建"大杭州"旅游休闲空间格局

全面深化"旅游全域化"战略。进一步强化中心城区的旅游辐射带动作用，围绕商务会展、乡村休闲、运动养生等主题，带动萧山、余杭、富阳等近郊区旅游产业快速发展；同时加强城乡区域统筹，深度挖掘西部三县(市)及富阳、临安区丰富的山水、湖泊、乡村、文化等资源，丰富产品结构、完善产业系统、构建产业集群，形成城乡区域发展一体化新格局，成功创建"国家全域旅游示范城市"。具体而言，未来几年，杭州将围绕建设"国际重要的旅游休闲中心"，构建"一核两极、两轴两带、全域发展"的大杭州旅游休闲空间格局。一核：都市旅游休闲核。两极：千岛湖休闲度假增长极、浙西山地旅游增长极。两轴："三江两岸"生态旅游发展轴、杭徽高速旅游发展轴。两带：大运河文化旅游休闲带、南北山水联动旅游带。全域发展：通过陆路、水路、生态慢行系统等串联旅游景区、休闲度假旅游区、旅游集聚区、旅游小镇等，增强各级旅游网络辐射功能，实现杭州旅游全域网络化，构建旅游全域覆盖的空间新格局。

5.加快旅游智慧化发展，不断探索旅游大数据应用

作为全国最佳旅游城市及第二批"国家智慧旅游试点城市"，杭州通过"智慧旅游"建设发展，推动传统旅游业转型升级，着力探索从技术理论走向实践应用的创新发展之路。充分利用杭州智慧经济先发优势，以智慧旅游为主题，引导杭州智慧旅游城市建设，尤其在智慧服务、智慧管理和智慧营销三方面加强旅游资源、产品的开发和整合，以信息化促进旅游业向现代服务业转变，努力提升旅行社、旅游景区(点)、旅游酒店等旅游企业的现代科技管理水平和服务水平，创新发展模式，推动杭州旅游业又好又快发展。大力推进

杭州旅游经济实验室的开发完善,不断丰富旅游大数据应用的探索和实践,依托信息技术应用和大数据集成,构建以游客、旅游企业、旅游行政管理部门为主体的旅游产业数据采集、整合和分析体系,推动利用大数据来完善政府管理,改善旅游企业运营,帮助旅游者做消费决策。继续完善杭州"重点景区客流"舒适度实时查询平台建设,提高国内外游客在杭州的旅游舒适度,加快旅游人工智能平台"杭州旅游小 i"的开发,开启大数据与人工智能应用的更多新场景。深化开放共享,推进旅游大数据应用,支撑以政府、企业和公众为中心的精准营销、营运优化、信息查询等应用场景。围绕产业引导常态化发旅游大数据信息,通过构建计量模型、机器学习算法等多种数据挖掘算法库,着力在游客画像、客源分析、消费行为等多个维度进行系统挖掘,系统发布春节、五一及国庆黄金周等节假日旅游大数据报告,强化对旅游休闲产业发展的超前引导。

### 6.加强旅游人才体系化发展,有力支撑国际休闲旅游中心建设

创新高端旅游休闲人才评价体系,建立杭州市旅游专家智库和人才数据库。在人才引进培养、评价发现、选拔使用、合理流动、激励保障等方面进行制度创新。建立并完善旅游休闲人才职称评定与技术等级认定通道,开展高端旅游休闲人才的认证和评价工作。建立人才评价信息系统,为培养人才奠定数据基础。同时,创造良好的政策氛围,重点引进旅游休闲行业的高端人才和紧缺人才。一是遴选国内外高校专家、研究机构专家、行业领军人才等共同组建杭州市旅游休闲专家智库,建立定期交流研讨机制,为杭州休闲旅游的发展提供新理念和新思路。二是完善旅游休闲人才多层次培训网络体系。整合现有杭州市旅游教育培训资源,完善杭州市旅游休闲人才的多层次培训网络体系。加强旅游休闲人才培养的国际交流。以合作办学、联合培养、学术交流等方式,引进国外先进的管理理念、国际化师资及课程体系、教学方法等,加快国际化旅游休闲人才的培养步伐。发挥旅游行业协会及旅游培训机构作用,组织各类职业技能大赛和评比,开展系列职业技能专项培训。三是建立创新型休闲人才培养与使用的对接机制。在旅游休闲人才培养中建立人才资源培养开发与调配一条龙服务机构,按照市场经济规律整合配置人才资源。根据经济社会的发展,根据不同人才的稀缺程度、现实需求状况,建立人才资源需求底册,制订总体旅游休闲人才培养规划。四是构建旅游产

学研合作机制。有计划组织高校专业教师到行业企业实践锻炼,组织企业技术能手、管理专家到学校兼课和指导实训,建立企业兼职师资队伍。探索旅游行业人才培育高校基地建设的做法和经验,不断完善和改进旅游行业人才培育的模式与方法。通过有效整合政府、院校和企业三方的力量和优势,逐步形成产学研结合、多方共赢、相互促进的人才建设和行业发展局面。

# 第九章　杭州建设东方文化国际交流
# 重要城市的路径研究

党的十九大报告指出："文化是一个国家、一个民族的灵魂。文化兴国运兴,文化强民族强。没有高度的文化自信,没有文化的繁荣兴盛,就没有中华民族的伟大复兴。"对于一座城市发展来说,文化也是城市的灵魂。杭州是一座具有约 8000 年文明史、约 5000 年建城史的历史文化名城,文脉悠长,资源丰富,具有打造东方文化国际交流重要城市的良好基础。2016 年 7 月,《中共杭州市委关于全面提升杭州城市国际化水平的若干意见》,提出着力打造"具有全球影响力的'互联网＋'创新创业中心、国际会议目的地城市、国际重要的旅游休闲中心、东方文化国际交流重要城市"四大个性特色。2017 年 2 月,杭州市第十二次党代会进一步提出,"树立文化自信自觉,坚持传承创新,加快建设东方文化国际交流重要城市",为把杭州建设成"独特韵味别样精彩世界名城"而奋斗。探索杭州建设东方文化国际交流重要城市的路径,是杭州研究者的应尽之责。

## 一、杭州建设东方文化国际交流重要城市的主要背景和概况

城市的发展与文化的发展是同步和互动的,城市是文化资源的聚集地,也是文化发展和文化交流的枢纽。巴黎、伦敦、柏林、罗马、东京等国际城市,之所以能够成为举世瞩目的文化名城,一个重要的原因就是这些城市拥有其他城市无法复制、无法替代的文化。在城市化进程中,杭州非常重视文化在城市发展中的重要作用。为了延续城市文脉,杭州采取了"保老城、建新城"的城市发展路线,启动了西湖、运河等综保工程,大力发展公共文化服务和文化创意产业,文化名城建设成效显著。G20 以后的杭州,明确国际化发展目标的同时,在文化软实力的发展方面理应有更高的要求。

**(一)杭州建设东方文化国际交流重要城市的主要背景**

**1. 文化竞争是当今城市竞争的重要维度**

传承文化、发展文化是城市的基本功能之一。城市研究大师刘易斯·芒福德曾说:"贮存文化、流传文化和创造文化,这大约就是城市的三个基本使命了。"①在城市竞争中,文化软实力是非常重要的比较维度。一个城市是否具有竞争力,在一定程度上可以通过文化资源、文化氛围和文化发展水平高低来衡量。当今世界,城市的文化软实力受到越来越多的重视,许多城市都把文化发展作为地区发展的催化剂和强力引擎。

英国为了复兴世界大国地位,在 1997 年提出了打造全球创意中心的目标,并于 2000 年发布了《创造机会——英格兰地方文化战略指南》文件,要求各地方政府必须制订本地区的文化发展战略。新加坡从 1999 年到 2015 年间制订并实施了三个阶段的"文化复兴城市"规划,目的是将新加坡建设成为 21 世纪的文艺复兴城市,要成为亚洲的核心城市之一。韩国从 20 世纪 90 年代开始实施的"文化立国"战略,推动了韩国影视、游戏、动漫等文化产业门类的快速发展,在全球掀起了"韩流"热潮。日本以动漫为核心的"酷日本"发展战略,更是借助日本动漫产业的垄断地位,将日本文化产品行销全世界,大大提升了日本的文化影响力。

在国内,从 20 世纪 90 年代以来,我国一些省市提出建设国际化大都市目标,都把文化发展战略作为重要内容。北京、上海等地,在公共文化服务与文化创意产业发展方面,都有非常明确的目标。上海在 1996 年就提出,到 2020 年要"基本建成国际文化大都市"。2017 年 12 月,上海市《关于加快本市文化创意产业创新发展的若干意见》发布,对上海文化创意产业发展做出了完整的规划和目标,要为上海建成"最具国际影响力的文化创意产业中心"而努力。北京作为全国的文化中心,对文化发展也是非常重视。2018 年开年伊始,北京市第十五届人民代表大会第一次会议的主题就是"让文化深度融入城市发展",提出北京要聚焦"一核一城三带两区",有效保护、发掘、传承和利用北京丰富的历史文化资源,让文化深度融入城市发展,使北京成为文化底

① [美]刘易斯·芒福德:《城市发展史:起源、演变与前景》,中国建筑工业出版社 2005 年版,第 14 页。

蕴厚重、艺术繁荣发展、社会风气高尚的城市。深圳、广州、苏州、宁波等发达城市也都提出了公共文化服务和文化产业发展的具体目标,南京提出的"建设全国重要文化创意中心和世界历史文化名城"的文化目标,与杭州"打造全国文化创意中心,建设世界历史文化名城"的目标形成了直接的竞争关系。

### 2.杭州具有东方文化的特质

"上有天堂,下有苏杭",杭州美名自古为世人称颂。杭州的历史文化源远流长,山水草木,街巷里弄,穿衣饮食,都负载着丰富的文化信息和美丽动人的故事传说。现代的杭州精致和谐、大气开放,市民文明程度全国领先,获得了"国际花园城市"、"最佳人居奖城市"、全国"卫生城市"及"绿化城市"等荣誉称号,"最美现象"、公交让行、"最多跑一次"等成为独特的城市风景。G20 开幕式上,习近平总书记说:"杭州是中国的一个历史文化重镇和商贸中心。千百年来,从白居易到苏东坡,从西湖到大运河,杭州的悠久历史和文化传说引人入胜。杭州是创新活力之城,电子商务蓬勃发展,在杭州点击鼠标,联通的是整个世界。杭州也是生态文明之都,山明水秀,晴好雨奇,浸透着江南韵味,凝结着世代匠心。"

杭州处处透着江南韵味。杭州历史悠久,跨湖桥文化和良渚文化都代表了很高的文化成就,是东方文明的典型代表。吴越文化和南宋文化作为杭州文化的两大高峰,吴越时期成就了杭州"东南佛国"的美誉,南宋时期其政治、经济、科技都达到了最高峰,文化更是空前发展,南宋时期的绘画成就了东方审美文化的典范。历朝历代的名人足迹遍布杭州,留下了大量的题名和诗词,时时处处都有典有诗。众多的文化形态和类型,展现了杭州文化的丰富多彩,也使杭州城市独具韵味,特别是作为江南文化的经典样式,将自然景观和人文风情,以及特有的美学气质和审美意识完美地融合在一起,产生一种永恒的心理召唤和审美感知。白居易以杭州为蓝本对江南文化进行的诗意定位,更是凸显了杭州文化的诗性品格。[①]

杭州处处凝结着世代匠心。2012 年 4 月,杭州被联合国评为"工艺与民间艺术之都"。杭州的民间艺术不仅种类繁多、技艺精湛,而且名气也很大,杭州拥有 27 家工艺和民间艺术的专业博物馆,占所有博物馆的一半以上。截

---

① 黄健:《提升文化软实力加快世界名城建设》,《杭州日报》2017 年 4 月 17 日,第 7 版。

至 2017 年年底,杭州市有世界级非遗名录 4 项,国家级非遗名录 44 项,省级非遗名录 185 项,市级非遗名录 386 项。入选国家级非遗名录的项目数,杭州居全国同类城市第一。入选省级非遗名录的项目数,杭州居全省之首。无论是张小泉的剪刀还是万事利的丝绸,无论是西泠印社的篆刻还是南宋官窑的瓷器,无论是饮食起居还是生活方式,杭州文化都体现出了匠心独运。

杭州处处凸显人文情怀。杭州市前任市委书记王国平不止一次说过:"杭州作为一座有着悠久历史和灿烂文化的古城,人文精神对城市发展更具有决定意义。"[①]他主政杭州期间,非常重视对杭州人文精神的挖掘。在杭州,有动人的爱情故事,梁祝、白蛇、苏小小所散发的人性魅力,至今都被广泛传唱;有历代主政杭州官员疏浚西湖、治理杭州的福荫,千载而下,仍使后人受益匪浅;有于谦、岳飞、张苍水等英雄名将壮怀激烈的故事,他们的担当精神和家国情怀,激励了一代又一代的热血男儿;有苏东坡、白居易、林逋等文化名人,诗词雅意流溢到今;近代以来,章太炎、钱学森、夏衍等文化人身上体现的"爱国爱乡、坚忍不拔、宁静致远、关注民生"的"杭铁头"精神,仍流淌在今天杭州人的血脉里。当代的杭州,大力弘扬"精致和谐、大气开放"的人文精神,在城市建设、社会治理、经济发展、文化创新等方面的诸多开拓,赢得了广泛的社会好评。没有门槛的图书馆,"最美杭州人",人行道礼让行人,店小二精神,"最多跑一次"……诸多的杭州模式和杭州现象,都体现着今天的人文情怀,也是杭州作为东方文化名城的独特魅力所在。

### (二)杭州建设东方文化国际交流重要城市的现状

近年来,杭州注重文化软实力的提升,在建设学习型城市方面取得了突出成绩。杭州市深化文化体制改革,大力发展公共文化事业和文化创意产业,创新历史文化名城保护,推动了文化大发展大繁荣。创新文化交流平台和渠道,"文化走出去"成效明显,国际化步伐逐年加快。

### 1. 学习型城市建设成效明显

2016 年 1 月,联合国教科文组织正式批准杭州加入全球学习型城市网络,并举办了联合国教科文组织全球学习型城市网络第一届成员大会,发布

---

① 王国平:《杭州人,你还缺点什么?——准确把握杭州传统人文特色》,《观察与思考》2006 年第 13 期,第 18—25 页。

了《学习型城市建设杭州宣言》。以举办 G20 为契机,杭州举办了"喜迎 G20
诗话西湖"为主题的西湖诗会、西湖诗歌散文征集大赛,邀请高银、舒婷等中
外诗人到杭州采风,共收到全球诗人、诗歌及文学爱好者原创投稿作品 11800
余篇。2017 年 9 月,杭州受邀参加在爱尔兰科克市举办的联合国教科文组织
第三届学习型城市大会,荣获"联合国教科文组织学习型城市奖章",成为继
北京之后唯一获奖的中国城市。杭州市组织了"满城书香飘杭州"——4·23
世界读书日系列主题活动,建立了一批市级悦学体验点和国学传承点,在西
湖景区微笑亭、公园绿地、快速公交站、社区公园等场所科学布点,设置"漂流
书亭""漂流书架",得到了习总书记的肯定和指示。2016 年,第二届中国数字
阅读大会在杭召开,会议发布《2015 年度中国数字阅读白皮书》,杭州跻身全
国十大数字阅读城市。

### 2.公共文化服务能力持续提升

目前,杭州已经建成了市、区(市、县)、乡镇(街道)和村(社区)四级公共
文化设施网络体系,实现"城市十五分钟,农村三十分钟"文化活动圈。全市
公共文化设施面积已超过 237 万平方米。实现街道(乡镇)文化站、村级文化
设施全覆盖。杭州大剧院、杭州图书馆新馆、中国刀剪剑博物馆、中国扇博物
馆、中国伞博物馆、中国杭州工艺美术博物馆、中国运河博物馆等成为市级文
化地标。杭州图书馆成为"史上最温暖的图书馆",从"图书信息服务一证通
工程"到"中心馆——总分馆制",从相对简单的借阅服务扩展到以书为媒介
的多样文化服务,基本建成覆盖全市、结构合理、免费均等、内容丰富、实用高
效的公共图书馆服务体系,实现了"国内一流、国际领先"的建设和服务目标。
按照"保护第一、应保尽保"的原则,创新文化遗产保护传承体系,做到了"保
护与发展"的共生双赢。深入贯彻习近平总书记在文艺工作座谈会上的讲话
精神,加强对文艺工作的组织领导和投入,原创文艺精品成果丰硕,群众文化
活动精彩纷呈,G20 峰会文艺晚会惊艳世界。

### 3.文创杭州成为品牌

围绕打造全国文化创意中心的目标,杭州加快文化创意园区、国家数字
出版基地建设,提升中国国际动漫节等展会影响力,促进文化创意产业与其
他产业融合发展,全力打造全国文化创意中心。在提高文创产业规模化、集

约化、专业化水平,推动文创产业成为国民经济支柱产业的道路上,创新摸索出一套富有地方特色的文创产业"杭州模式"。《两岸城市文化创意产业竞争力研究报告》对两岸36个城市文化创意产业发展水平的评估显示,杭州文创实力连年稳居大陆城市第三位。截至2015年年底,杭州拥有8个国家级文化园区、7个国家文化产业示范基地、24家市级文创园区;2016年,杭州文化创意产业增加值达2541.68亿元,占全市GDP的比重23.0%,远远超过了北上广深。截至2017年,杭州上市文创企业总数达24家,新三板挂牌企业60余家,已经形成了"两圈集聚、两带带动、多组团支撑"的文创产业空间新格局。

### 4. 国际文化交流合作稳步扩大

为了推动文化"走出去",杭州市积极开展对外文化交流活动。仅"十二五"期间,杭州组织出国访问演出、展览、讲学和参加艺术比赛等在内的文化交流项目近800个,近万人次;开展对外文化交流合作项目近百项,遍及五大洲20多个国家和地区,演出(展览)200余场,观众约达65万人次。2017年,杭州成功举办第三届中国——中东欧国家文化合作部长论坛及文化季活动、纪念香港回归20周年金石书画展、"中国梦五洲情"中国西班牙迎春晚会、老挝国家交响乐团来杭培训等国际文化交流活动。本土原创交响组曲《中国大运河》、杭州歌舞剧院《遇见大运河》等赴法国、德国、爱尔兰、西班牙、埃及交流演出。以"融——Hand Made In Hangzhou""新杭线"等为主题,组织杭州本土青年文创设计师品牌参展米兰国际设计周、伦敦工艺周、戛纳电视节、香港影视展等国际文化活动。为了加强中英文化创意产业的合作与交流,共同加快推进文化创意产业的发展,杭州市与诺丁汉市政厅签署合作协议,在英国诺丁汉市设立了杭州英国文化创意交流中心。与此同时,"文化走出去"的步伐不断加快,2017年,翻翻动漫等17家文创企业及《富春山居图随想》等15个文化项目,分别入选2017—2018年度浙江省出口重点企业和重点项目名单,两项入选数均居全省第一。

### 5. 国际化人才培育持续推进

近年来,杭州市通过实施"青年文艺家发现计划""青年设计师发现计划""杭州影视业国际化青年人才培养计划""'创意杭州'广告大赛优秀获奖选手赴国外培训""优秀工业设计师赴国外进修方案"等重点人才建设项目,每年选拔一批优秀文创人才到国(境)外高等专业院校深造,先后选送200余位优秀文创人才出国深造,仅2017年就派出50位专业人才赴德国、英国、澳洲的专业学院学习。2015年1月,杭州出台了最具吸引力的"人才新政27条",是最优惠、最实在、最有含金量、最可操作的吸引人才的政策。以《浙江省文化产业人才发展规划(2017—2022年)》,以"人才若干意见22条""人才新政27条"的实施为契机,杭州加大了对高层次文创人才及团队的引进力度,聚集了一大批国际化创业创新人才。

## 二、杭州建设东方文化国际交流重要城市的挑战和短板

从最美杭州人、文明斑马线、完善的公共自行车系统、爱阅读的学习型城市等等,我们能感受到如今的杭州,已经有了国际化最本土、最感人的文明底色。但对比知名的国际化城市,杭州依然还有许多文化短板。

### (一)市民素质还有较大提升空间

国际化城市不仅仅要求硬件的国际化,还要求市民素质符合国际化城市的要求。市民文明素质是一个城市文明形象、精神风貌的综合反映,其整体水平,极大地影响着城市的发展和现代化进程。在《公民道德建设实施纲要》中,对公民道德在社会公德、职业道德、家庭美德方面的要求,是我们对市民文明素质的基本要求,尤其是社会公德层面倡导的"文明礼貌、助人为乐、爱护公物、保护环境、遵纪守法",是提升市民素质的基本要求。目前虽然杭州市民公共文明水平总体较高,但在文明习惯养成、文明素养培育、文明行为倡导方面仍有不小的提升空间,比如垃圾不分类、垃圾乱扔乱放,遛狗不按时、不拴绳、不处理狗便,开车随意变道、鸣笛,公共场所大声喧哗,不按规定放鞭炮、打扰别人休息,春节期间摆不完的宴席、铺张浪费,大大小小的赌博行为、影响家庭和睦,等等,各种各样的不文明行为时有发生,成为杭州国际化进程中的阻碍。

### (二)城市文化特色不够鲜明

杭州作为一个具有世界影响力的文化名城,对优秀传统文化资源的内在价值挖掘不足,城市主题文化展示不充分。比如在旅游纪念品的设计上,缺少能鲜明展现杭州文化特色的产品,现有的茶叶、丝绸等产品不能充分展示

杭州独具特色的城市文化。在文化创意产业发展方面,片面强调文化经济价值的开发,内涵不够,后继乏力。持续多年的"中国国际动漫节",产品存在同质化、消费化的特点,真正值得纪念珍藏,谈得上的艺术的东西不多。参考故宫,它将古老与现代相结合,传统文化与互联网文化跨界混搭,文创产品老少通吃,让传统文化从符号、素材等演化出不同形象、不同故事,帮助全社会特别是青少年提升对传统文化的认知,培养对传统文化的兴趣。

### (三)文化人才结构性短缺突出

杭州文化氛围不够浓厚,文化活动较少,文化人发挥才能的平台少且低,制约了杭州对文化人才的吸引力,高端和复合型文化人才尤其缺乏。从体制内部来看,文化人才培养培训的氛围不浓,政策支持不够,对发展潜力大的可塑文化人才没有进一步重点培养。杭州的文化队伍总体年龄偏大,一些学科和专业人才断层现象比较突出,如摄影、美术、曲艺、文艺活动策划、舞台艺术、文化经营管理等专业人才十分紧缺。

### (四)"文化走出去"步伐不快

近年来,杭州市各涉外部门在工作中逐步形成了一些平台,促成了一些跨部门合作项目,推动了对外文化交流工作,但各自为政、整体统筹缺乏的问题仍然存在。特别是在文化"走出去"市场运作上,杭州缺乏相应的管理部门,没有整体的发展规划,对企业而言,市场准入限制过多,审批程序复杂,制约了企业开展对外合作与交流。同时,政策扶持存在冷热不均的现象,一些中小型企业对政府关于文化"走出去"的扶持政策不够了解。据了解,相关政策解释、扶持申报归口省商务厅,但由于市级没有衔接部门等,企业要得到政府扶持难度较大。

## 三、杭州建设东方文化国际交流重要城市的目标和路径

### (一)主要目标

《中共杭州市委关于全面提升杭州城市国际化水平的若干意见》明确打造东方文化国际交流重要城市的目标是:发挥杭州历史人文优势,重点补齐地域文化特色挖掘推广不够、重大国际文化交流与合作开展较少等短板,讲好"杭州故事",传播杭州"好声音",努力实现国际文化交流和城市文化软实

力提升的新突破。

具体目标：

塑造东方文化品牌个性。发挥西湖文化景观、大运河两大世界文化遗产的带动效应，推进跨湖桥、良渚、南宋皇城、钱塘江古海塘、西溪湿地等文化遗址保护与开发，传承弘扬金石篆刻、浙派古琴、传统蚕桑丝织技艺等世界非物质文化遗产和优秀传统文化，形成世界级文化遗产群。实施"城市记忆工程"，建设城市历史演进 3D 展示馆。挖掘吴越、南宋等地域历史文化，打造东方儒学与世界佛教文化交流中心。实施"文化＋"行动，充分展示丝绸、茶叶、中医药、杭帮菜、金石书画、围棋等特色文化和产业。培育时尚文化，发展时尚产业。到 2020 年，文化创意产业增加值年均增长 12％以上。

深化国际文化交流与合作。建立健全对外文化交流合作机制，创新对外传播、文化交流、文化贸易方式，加强经常性对外交流。深化发展友好城市和友好交流城市，更好地挖掘友城资源，增强合作的深度和广度。鼓励社会力量参与对外文化交流事业，支持艺术团体创作富有杭州特色和国际元素的作品。加强政策支持、信息服务和平台建设，打造和输出一批现当代文学艺术、影视、戏曲、动漫游戏、数字内容、创意设计等文化精品。支持重点文化企业参与国际展会，开拓海外文化市场。加快建设具有国际水平的音乐厅、美术馆、书画院，培育引进国际一流演艺经纪公司，策划举办一批具有国际影响的音乐节、舞蹈节、电视节、旅游节等重大文化活动。加强与联合国教科文组织、国际知名智库等机构对接，建设具有重要影响的非政府国际文化交流平台。

提升市民素质和城市文明程度。深入实施"满城书香"工程，建设全球学习型城市。建设国际化公共文化空间与设施，积极引进国际文化人才、技术和经营管理经验。加强"国际理解教育"，拓展国际视野，提升杭州政府、企业和市民的国际意识，增强与国际社会交往的能力。深入实施"市民文明素质提升工程"，进一步弘扬"精致和谐、大气开放"的城市人文精神，培育开放包容、多元共融的城市文化，打响"最美现象"品牌，深入开展文明出行、文明行为、文明服务、文明社区等系列文明行动，提升社会文明程度。①

---

① 《中共杭州市委关于全面提升杭州城市国际化水平的若干意见》，2016 年 7 月 11 日中国共产党杭州市第十一届委员会第十一次全体会议审议通过。

## (二)战略路径

新的历史时期,在机遇与挑战并存的大背景下,我们更应清醒地分析文化产品流通和国际文化交流发展形势,认真地权衡利弊并有所作为,全方位展示真实的杭州,助推杭州文化交流进入国际化时代。

### 1.创新城市文化遗产的保护与利用

作为江南文化的经典标本,应充分认识和把握江南文化的个性,以"城市记忆工程"为抓手,深入挖掘杭州历史文化资源,加大对杭州市区及周边区县"非遗"申报力度,建设杭州非遗保护保存、传承传播、展示展演、教育研究、生产开发的综合展示场所,丰富城市记忆数据库,厚植城市文化底蕴。坚持"保护第一、应保尽保",为民族和人类保管好西湖这一世界文化遗产,真正做到上无愧于祖宗、下无愧于后代,当好历史文化遗产的"薪火传人",做好西湖、运河、良渚文化资源的保护和永续利用。深化西湖、运河综保工程,发挥"双世遗"综合带动效应,力争2019年良渚遗址申遗成功,有序做好南宋皇城、跨湖桥、钱塘江古海塘、西溪湿地等遗址申遗工作,打造世界遗产群落。加强对古建筑的抢修和保护,按照文物保护的要求,严格落实古建筑的保护措施,坚持修旧如旧的原则,保留原汁原味。

### 2.加强城市文化精华的挖掘与传承

深入挖掘杭州文化精华,立足传统文化的深厚根基,面向世界,区分不同层次的文化需求,从杭州独具特色的西湖山水文化、佛教文化、运河文化、良渚文化、南宋文化中提炼出超越历史和国界的、独特的、鲜明的文化核心价值,通过继承和创新增强文化吸引力和影响力。遵循地域文化脉络和自然格局,保护和传承其精华,突出其特色与个性,增强文化多元性、融合性的吸引力,建设多元开放的文化名城,打造富有杭州文化特色的世界级城市文化品牌。做好规划设计,用艺术品把杭州文化充分展示出来,如在地铁进出口的墙壁上展示西湖文化、运河文化、钱塘江文化、西溪湿地文化、良渚文化等,让每个到过这里的商人或游客,都能够找到这座城市的过去、享受这座城市的现在,看到这座城市的未来。

### 3.提升杭州故事与杭州文化的传播力

集中筹划一批反映杭州历史文化传承和当下互联网信息化发展进程的

人物或事件的影视作品,进一步提高国内外对杭州城市精神和杭州人创业创新历程的了解和感悟。不断创新文化传承与传播的途径和手段,充分结合VR、3D、动漫、微视频等新技术,以新传媒、新渠道和新方式对杭州的历史与文化故事进行传承和发扬,讲好故事、演活往事,重视对外文化交流的时代性和创意性。做好文化媒体推介,在央视、浙江卫视和国外知名电台、电视台等主流媒体加强文化推介,充分利用旅游官网、官方微博、微信等新媒体进行文化宣传,与知名旅游网站合作开展文化活动,提升城市文化曝光率和知名度。用好联盟平台,积极利用大运河沿线城市、海上丝绸之路沿线城市、国际友好城市等城市联盟,大力开展文化主题论坛和国际旅游分享等活动,探索缔结宋文化联盟(与开封)、G20 召开城市联盟等,拓宽文化交流交往渠道,积极参加国家、省局组织的境外主要客源国旅游推介。提升节会效应,充分利用钱塘江国际文化节、西溪龙舟文化节、大运河文化节、桂花休闲文化节、七夕文化节等,努力实现常态化、系列化、规模化、高端化和品牌化,为"独特韵味别样精彩世界名城"建设加分添彩。

### 4. 扩大对外文化贸易与文化交流

为解决对外文化产品的丰富性与限制颇多之间的矛盾,可以在目前已有对外文化政策措施基础上,考虑灵活柔性的文化交流政策,助推文化交流国际化发展。做精做大"西湖之夜""宋城千古情""吴越千古情""印象西湖"等文化表演品牌节目,进一步提升杭州文化的渗透力和生命力。营造文化娱乐场所、新闻出版传媒、博物馆美术馆会展业等方面的国际氛围,深挖文化交流资源,感召在杭的境外人士和企业现身说法,通过他们再将杭州文化辐射到世界各地。利用"全球创意城市网络"、联合国教科文组织"工艺和民间艺术之都"等国际化品牌,扩大对外文化贸易与文化交流。充分发挥中国(浙江)影视产业国际合作实验区的平台效应,一方面助推杭州影视企业国际化,另一方面鼓励影视企业有意识地将杭州文化元素植入影视作品,推动杭州文化走向更大的国际舞台。

### 5. 加快培养高端复合型人才

针对目前外向型、复合型经营人才紧缺的状况,杭州应加大文化人才培养和引进力度。第一,加强与高校的合作,请高校加大对文化产业经营管理、中介经纪服务、创意人才的培养,尤其是重点培养一批既懂文化艺术又懂营销、管理的复合型人才。第二,分层分批开展各种培训,着力培养既熟悉文化艺术、文化管理,又懂得文化交流、文化贸易的复合型人才,打造一支高素质的对外文化交流人才队伍。第三,制订优惠政策,面向海内外,有计划、有步骤地引进一流的文化经营和管理人才,优化人才结构,为杭州的文化产品打入国际市场提供智力保证。第四,鼓励和培育熟悉了解国际文化交流、贸易规律规则,具有传播中华文化自觉意识的现代企业家。第五,加大官方、民间和国外汉学家或汉学机构的通力合作,大力培养翻译人才,提升中华文化输出和国际文化交流效果。

### 6. 提高市民现代素质与文明素质

通过对不同的群体进行国际化教育(如国际意识教育、国际礼仪知识、外语知识等)和科学技术知识培训,培养市民的文化意识,提高其学习新知识、掌握新技能的能力,杭州的市民以"好客、明礼、诚信、守法"的姿态和"主人翁精神、开放精神、创新精神、实干精神、奉献精神"的风貌迎接八方来客,树立杭州市民良好的国际形象。发挥电视、网络、报刊、公益广告等大众传媒的教育作用,倡导文明、健康、科学的生活方式,追求高尚的生活情操,提高生命价值,打击丑恶、落后的生活方式,向市民介绍有关健康科学的现代生活方式理念,发挥学术部门、实体部门的作用,倡导市民考虑资源现状,适度消费,构建与生活水平相适应的现代生活方式。① 此外,作为旅游目的地城市,杭州迎来了越来越多的外地游客,应该考虑以柔性方式规范游客行为,引导游客以良好的素质出现在杭州,更好地对外展示中国形象。

---

① 郎晓波:《面向国际化:杭州市民素质提升的重点和主要举措》,《杭州市委党校学报》2009 年第 2 期,第 24—28 页。

# 专题篇

# 第十章　杭州建设世界名城的人才问题研究

21世纪的城市竞争,关键是人才竞争。城市国际化的关键是人才国际化。杭州市发展信息经济、智慧应用"一号工程",推动国家自主创新示范区和跨境电子商务试验区"两区"建设,实现创新驱动发展和产业转型升级,关键要靠人才的支撑和保障,必须形成集聚人才的制度优势、环境优势,加快人才高地建设。"十三五"时期是"后峰会、前亚运"效应充分释放的战略"窗口期",也是杭州吸引国内外人才,建设国际化人才队伍的重要机遇期,杭州将通过培养引进高层次人才、创新型人才和高技能人才,统筹推进各类人才队伍建设,为建设国家创新型城市及世界名城提供强有力的人才支撑。

## 一、杭州世界名城建设的人才现状分析

杭州世界名城建设,人才是关键因素,也是突出短板。为此,课题组①通过多区域、多部门、多企业调查,发放人才相关问卷,从点到面摸清人才现状,全面剖析杭州人才数量、质量、结构,以及支撑政策、配套服务的长处和不足,为专题研究奠定基础。

### (一)引才成效显著,但与世界名城仍有差距

#### 1. 近几年,杭州的人才数量增长迅速

在美国《福布斯》杂志、中国社会科学院等权威机构每年发布的人才竞争力排行榜上,杭州连续11年排在全国重点城市前列,连续7年入选"魅力中国——外籍人才眼中最具吸引力的十大城市",2016年还首超深圳,进入前三强。据全球最大职场社交平台LinkedIn(领英)、猎聘网等第三方机构数据显

---

① 常敏、黎春晓指导的杭州市委党校2017年秋季中青班"杭州世界名城建设的人才问题研究"课题调研组。

示,2016 年杭州人才净流入率 8.9％,2017 年上半年杭州海外人才净流入率 11.2％(图 10-1),均居全国第一位。杭州就业机会多、人才进入难度较小、薪资相对高、生活环境好、综合优势强,因而对外地人才有较大的吸引力。2016 年年底,领英网对平台上 100 多万名中国大陆归国就业留学生的信息进行分析后发现,近 5 年来我国海外留学人员回国就业的人数逐年增加,杭州是对海归人才吸引力上升最快的城市之一。

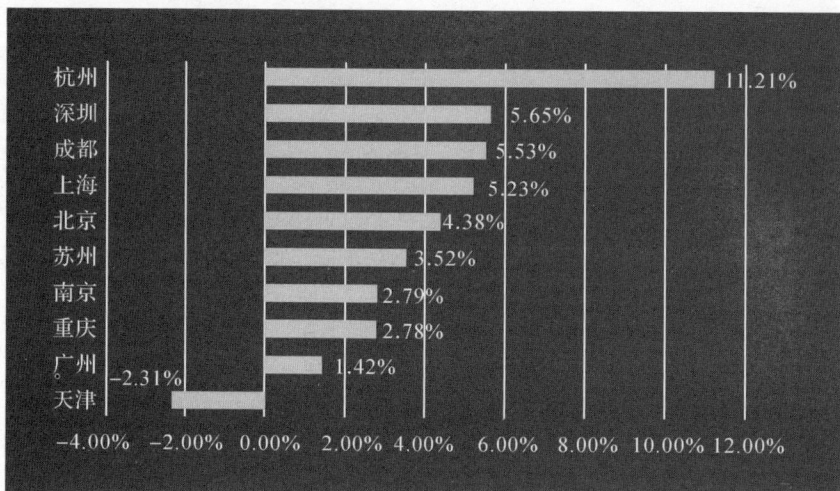

**图 10-1  2017H1 全国主要城市人才净流入率**①

### 2. 高层次人才集聚杭州

2017 年,杭州全市人才总量 221 万人,累计引进海外留学人才 2.5 万人、外籍人才 1.5 万人,年度增加 2000 余人。其中国家"千人计划"专家 341 名、浙江省"千人计划"专家 506 名,自主申报入选"国千"专家 121 名,居全国副省级城市前列。新申报入选省级领军型创新创业团队 7 个,入选数居全省首位。截至 2017 年,杭州累计完成高层次人才分类认定 2034 名,累计资助各类人才创新创业 4 亿多元。2015 年,仅杭州国家级产业园内 111 家人力资源企业,累计服务企业 1 万余家、30 多万人,实现产值 50 多亿元、利税 6000 万元。

### 3. 杭州对国际人才的吸引力突出

杭州连续 8 年成功举办"浙江·杭州国际人才交流与项目合作大会",累

---

① 数据来源:猎聘《2017 年人岗争夺战及职场流动力大数据报告》。

计签约项目 942 个,签约金额 122.5 亿元,直接引进人才 1400 多人,落地项目超过 400 个。2015 年,首次在北美举办的"创客天下·杭州海外高层次人才创新创业大赛"便吸引 300 多个海外项目参赛,75 个项目达成落地意向,19 个项目实际落地。2016 年,大赛又增加欧洲赛场,吸引 600 多个项目参赛。"一赛一会"已成为杭州海外引才的"金名片"。

### 4. 杭州的人才增速与世界名城、国内一线城市仍有差距

根据 2016 年《全球人才流动趋势报告》,杭州的互联网人才以 5.7% 的增速排行全国第三,而上海以 10.2% 的增速领跑中国,差距明显。从美国互联网人才流动趋势图中,美国的西海岸仍然是互联网人才高地,2016 年西雅图和湾区的互联网人才增速分别为 26%、21%。

除信息经济外,杭州的制造业人才比例也较高,但与北上广深比,仍有一定的差距。参考《中国制造 2025》提出的机械与自动化、新材料制造、信息技术、能源与环保、新兴医疗制造、国防与交通运输设备制造等重点发展领域,杭州仅在新兴医疗制造方向有一定优势,位居全国第五。

此外,研究人才比例不高,人才职能分布结构与战略方向有差距。制造业重点行业人才的职能分布中,从事销售和工程工作的人才占比较大,例如在机械与自动化人才中,四成是销售人才。在杭州较为突出的新兴医疗制造行业中,研究人才仅占 10%。

## (二)人才引进、培育、服务工作不断加大力度

### 1. 海外引才活动丰富多样

2010 年启动实施杭州全球引才"521"计划以来,共遴选海外创新创业人才 172 人、创新创业团队 20 个。自 2012 年启动实施"115"引进国外智力计划以来,共立项资助引智项目 1136 项,引进外国专家 2500 余名,聘请各类外国专家 5 万多人次。"521"计划和"115"引智计划已成为杭州集聚海外人才的重要品牌。

### 2. 人才培育不断加强

"十二五"期间,杭州实施"131"中青年人才培育计划,选派 52 人赴美、德、英等发达国家高校、科研院所或著名企业,开展中长期科研工作或学术访问;选派 73 个培训团组 1355 人次赴发达国家和地区学习先进经验。组织创新人

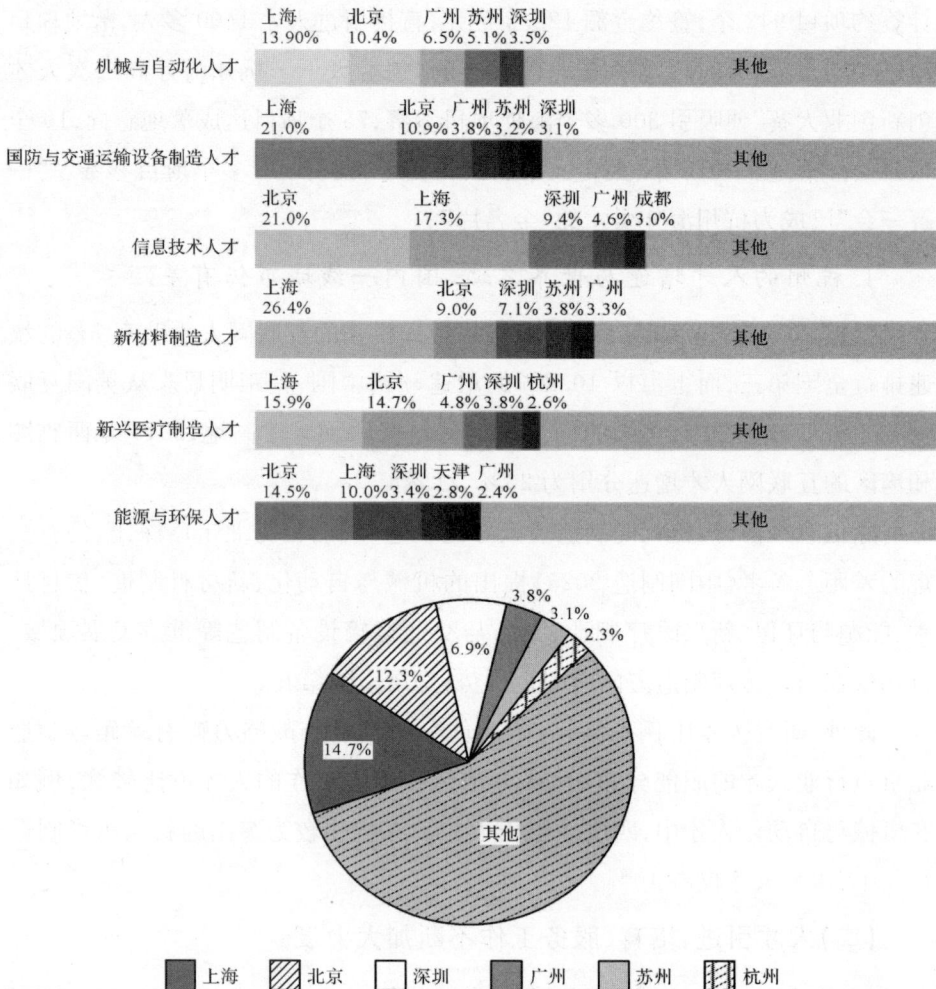

图 10-2　六大制造业人才在各城市的分布①

才培育、信息软件创新与发展、工业制造 4.0 等 4 个团组 65 人次短期出国培训。增强优质高教科研资源,推进西湖大学等高校的筹建工作,提出引进"名校名院名所"等重大项目。

### 3.人才集聚平台建设不断加快

杭州以高新区和未来科技城两个国家级海外人才基地为龙头,全面推进各类人才平台建设。全市共有国家级人才基地 2 家,省级人才基地 7 家,市级人才基地 15 家。同时,重点打造了 11 家留学人员创业园、129 家企业博士后

———————

① 数据来源:领英《中国制造人才白皮书 2016》。

工作站和中国杭州人力资源服务产业园等引才平台,对集聚人才发挥了较强的示范作用。

### 4. 良好的创新创业氛围正在形成

从 2008 年在全国率先提出扶持大学生创业至今,杭州一直是国内"双创"工作先锋军。"十二五"期间,杭州形成以阿里系、浙商系、高校系、海归系为主的创新创业"新四军",成为杭州打造高端人才创业高地的重要引擎。杭州以创建全国自主创新示范区为契机,高水平建设各类产业集聚区、科技园区,培育建设特色小镇 100 个、市级众创空间 100 家、各类服务载体 500 家。多元化创新创业载体,将为杭州集聚更多人才、产业、资本、技术、平台等要素。2015 年,全年举办各类创新创业活动 1300 余场,排名全国创业热度城市第五位,成功创建"全国创业先进城市",入围"中国十大创新城市"。

### 5. 精心打造宜居乐业的城市环境

借举办 G20 峰会的东风,杭州加大对城市整体环境的改善。如对萧山国际机场进行扩容提升,加大环境方面的改造力度,整治入城口,拆除违建,改造旧住宅区、旧厂房、城中村,实施街容美化、城市亮化工程等。在交通运输方面,"四纵五横"的快速路网已经成型,基本达到了城市国际化"外连内畅"的要求。加强对人才在居留落户、住房保障、公共交通、子女教育和医疗服务等方面的生活服务保障,提供人才租赁房、租房补贴等多元化的保障措施。全面强化产城融合,在重要产业平台区域加强优质教育、医疗资源的供给。

### 6. 政策引领提升人才服务的水平

对于高层次人才,建立健全领导联系高层次人才制度、海外高层次人才服务专窗制度、市委人才工作领导小组服务人才专项例会制度、重点人才服务事项代办制度、专家健康疗休养制度等。2015 年率先在国内推出以"人才新政 27 条"为总纲,15 个配套制度和 45 个操作细则为支撑的"1＋X"政策体系,在人才引进、项目支持等 18 个方面进行完善改革,创新实施人才分类认定办法,突出业绩贡献。全面推行"店小二"式服务,使服务方式更加人性化、专业化、精准化。2016 年又出台了"人才新政 27 条"的姐妹篇"人才新政 22 条",在人才资源配置、人才评价激励和人才管理改革等方面提出一系列新政策、新举措,政策覆盖面更宽。如最高人才项目可获资助 1 亿元,首次突出业绩导向出台人才分类认定办法,首次以货币化补贴方式保障人才住房,首次设立创新发展研究院鼓励事业人员离岗创业;对境外人才,设置服务中心,简化工作流程,提高办事效率;对新引进来杭工作的应届全日制硕士研究生以上学历的人员和归国留学人员,发放一次性生活(或租房)补贴,其中硕士2万元/人,博士3万元/人。

### (三)区域人才供需尚不平衡,人才结构问题突出

课题组以余杭区和城西科创大走廊的人才供需调查为契机,深入分析杭州重点互联网产业和创新创业平台内的人才供需结构特点及存在的突出问题。

### 1.一般人才的供需结构问题分析:以余杭区为例

余杭区统计局对部分重点企业开展了人才信息调查。截至2017年6月底,选取了分布在各行业的150家规模以上工业重点骨干企业和60家服务业重点企业,重点调查了企业目前常用招聘渠道、员工结构、人才需求等方面信息。此次调查最终回收有效调查问卷198份,其中工业企业149份,服务业企业49份。阿里系15家企业人才结构用2016年从业人员及工资总额年报数据。①

一是高学历人才缺口较大。根据调查,198家重点企业从业人员中,硕士占比2.8%,本科占比21.1%,大专占比19.8%,其他占比56.3%。从企业对人才学历需求看,要求硕士及以上的岗位占7.6%,要求本科的岗位占42.0%。本科及以上人才需求比例是现状人才供给比例的2倍以上。

表10-1 余杭区198家重点企业人才需求学历分布

| 学 历 | 需求岗位数(部分岗位需求多种学历人才) | 其中:面向应届毕业生岗位数 | 需求人数 | 需求人数占比(%) |
|---|---|---|---|---|
| 198家重点企业合计 | 858 | 363 | 5307 | 100.0 |
| 其中:硕士及以上 | 123 | 65 | 405 | 7.6 |
| 本科 | 566 | 216 | 2227 | 42.0 |
| 大专及以上 | 274 | 110 | 2675 | 50.4 |

---

① 《余杭区部分重点产业重点企业人才需求调查分析》,杭州统计信息网,2018年4月2日,ht-tp://tjj. hangzhou. gov. cn/web/Show_News. aspx? newsid=ZG4jGvvQrao=&text=a1kxjyPrGgmp-e5JNJGGJTyXhPxVmw/yp&id=CVEFQ/NEeT0Qx413rjZP9A==。

　　二是各行业学历需求差距大，高学历人才需求在软件和信息技术服务业、装备制造业、高新技术产业、生物医药产业中聚集明显。调查显示，149家重点工业企业硕士及以上人员占比 1.4％，49 家重点服务业企业硕士及以上人员占比 10.7％。(表 10-2)硕士及以上的高学历人才更多集中在服务业中，超过 90％集中在软件和信息技术服务业。工业企业的高学历人才则主要集中在医药制造业、电气机械和器材制造业、通用设备制造业等行业中。阿里系人才相比其他企业，高学历人才显著聚集，大学本科及以上学历 14762人，占比达 98.1％。

表 10-2　198 家重点企业从业人员学历分布

| 名称 | 总人数构成（198 家） | | 工业企业（149 家） | | 服务业企业（49 家） | |
|------|------|--------|------|--------|------|--------|
| | 人数 | 占比（％） | 人数 | 占比（％） | 人数 | 占比（％） |
| 期末从业人员合计 | 85582 | 100.0 | 72636 | 100.0 | 12946 | 100.0 |
| 其中：硕士及以上 | 2396 | 2.8 | 1011 | 1.4 | 1385 | 10.7 |
| 本科 | 18046 | 21.1 | 11507 | 15.8 | 6539 | 50.5 |
| 大专 | 16932 | 19.8 | 13448 | 18.5 | 3484 | 26.9 |
| 其他 | 48208 | 56.3 | 46670 | 64.3 | 1538 | 11.9 |

### 2. 重大产业平台的人才供需结构问题分析：以城西科创大走廊为例

　　一是居住人口与创新型地区的人才需求不匹配。城西科创大走廊居住人口学历低于预期，约一半居住人口为初中及以下学历，本科及以上学历仅占 14％，外来人口整体学历水平更低。高学历人才主要居住在主城区，居住人口受教育程度自东向西递减。本科以上学历，西湖区段约 22％，余杭区段约 10％，临安区段约 2％。以梦想小镇为例，小镇内创业就业人群 82％为本科以上学历。根据调研，这些人才中大部分企业高管住在杭州主城区，年轻员工多在附近安置房小区内就近租住。

　　二是大走廊创新企业急需构建橄榄型人才结构。人才队伍需要梯度建设，除了高科技人才和海外高层次人才，还需要有大量的中层次人才、普通工程师、白领甚至技术工人。大走廊对中层次人才的需求较高，企业面临招工难，中间层次的人才储备有待加强。(图 10-3、10-4)

临安部分
1%

西湖区部分
53%

余杭组团
46%

本科及以上人口在三
个区段的居住分布

本科
11%

研究生
3%

情况不明
10%

大专专科
9%

高中中专职
高技工学校
16%

初中及以下
51%

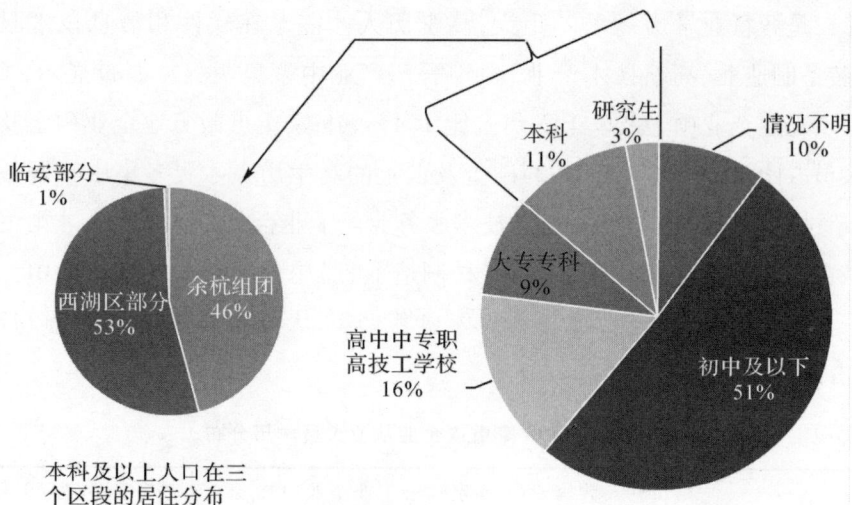

**图 10-3　实有人口文化程度分布图(2015.08)**

金字塔型
劳动密集、资源密集

洋葱型
技术密集、资本密集

橄榄型
知识密集、人才密集

**图 10-4　不同产业需求人才结构图**

## 二、杭州世界名城建设的人才短板及原因分析

杭州的世界名城建设存在交通设施、城市管理等诸多方面的短板,但是人才显然是关键短板。产生人才短板的原因错综复杂,其中,优质高教资源短缺、人才住房奇缺、公共服务配套不足等原因是核心所在。

### (一)优质高校资源缺乏,人才培育不足

加强高层次创新创业人才队伍建设需要"两只手",一手抓海外高精尖人才引进,一手抓国内人才的激励培养。而杭州由于高校科研资源不足,本地人才培育是一大短板。

### 1.杭州高校数量差距明显

根据2016年教育部发布的最新高校名单统计,杭州目前有各类高等院校共45所,总量位列全国第十三位,与全国前四位的北京、广州、武汉、上海在总数上存在一定差距。(图10-5)

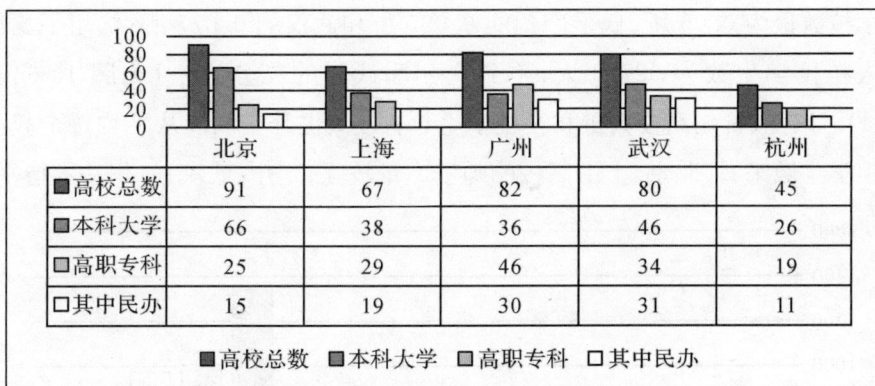

| | 北京 | 上海 | 广州 | 武汉 | 杭州 |
|---|---|---|---|---|---|
| 高校总数 | 91 | 67 | 82 | 80 | 45 |
| 本科大学 | 66 | 38 | 36 | 46 | 26 |
| 高职专科 | 25 | 29 | 46 | 34 | 19 |
| 其中民办 | 15 | 19 | 30 | 31 | 11 |

■高校总数　■本科大学　□高职专科　□其中民办

**图 10-5　各城市普通高等学校数量对比**

### 2. 杭州的高水平大学亟待提升

本地区 985、211 高校,以及"一本高校"数量基本能够代表该地高水平高等教育情况。整体来看,杭州市的高等教育在高水平部分较为薄弱,仅有浙江大学一所 985、211 高校,包括浙大在内的"一本高校"数量远低于北京、上海、广州三个一线城市,尚不及同为新一线城市的武汉的半数。同时,北京、上海、广州、武汉四座城市均有两所以上的顶尖大学,能够在同一区域范围内竞争合作、协同创新,而杭州仅有浙江大学一所高校最为突出。(表 10-3)

**表 10-3　各城市高水平高校数量**

| 城　市 | 985 工程高校/所 | 211 工程高校/所 | 一本高校/所 |
|---|---|---|---|
| 北京 | 8 | 26 | 31 |
| 上海 | 4 | 9 | 13 |
| 广州 | 2 | 4 | 9 |
| 武汉 | 2 | 7 | 12 |
| 杭州 | 1 | 1 | 5 |

### 3. 杭州高教资源与人口配比较低

以平均每万人口的高校数量和在校学生数量两个指标,来衡量该城市现有的高校数量和所容纳的学生数量能否满足其人口规模的相应需求。北京、上海的常住人口数量约为其他三座城市的两倍,因此其平均指标较低。而广州、武汉、杭州的人口规模基本相当,具有较强的可比性。杭州平均每万人高等学校数量为 0.05 所,低于广州的 0.095 所和武汉的 0.077 所;杭州平均每万人在校学生数为 527.8 人,不到广州和武汉的二分之一(如图 10-6、表 10-4)。因此,杭州高校数量和在校学生数有较大提升空间。从平均每个教师负担学生数来看,北京、上海高校的师资力量较强,广州、武汉、杭州基本持平。

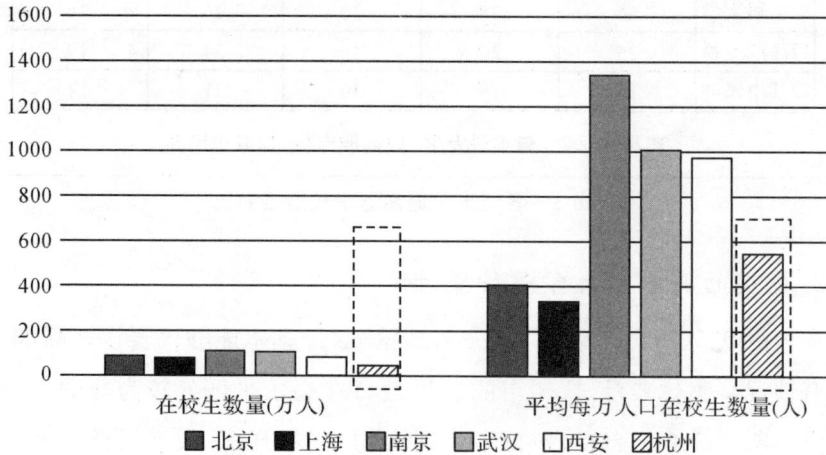

图 10-6　杭州在校生数量统计及与五大高教城市对比图[1]

表 10-4　2015 年各城市高校相关平均指标[2]

| 城市 | 在校学生/<br>(万人) | 常住人口/<br>(万人) | 平均每万人口高<br>等学校数量/(所) | 平均每万人口<br>在校学生数/(人) | 平均每个教师<br>负担学生数/(人) |
|------|------|------|------|------|------|
| 北京 | 59.3 | 2170.50 | 0.041 | 273.4 | 9.10 |
| 上海 | 51.2 | 2415.27 | 0.028 | 212.0 | 12.00 |
| 广州 | 104.3 | 854.20 | 0.095 | 1221.3 | 17.66 |
| 武汉 | 95.7 | 1060.77 | 0.077 | 1462.4 | 16.70 |
| 杭州 | 47.6 | 901.00 | 0.050 | 527.8 | 16.50 |

### 4.高校重点学科与产业发展方向匹配度有待提升

杭州"十三五"经济社会发展规划提出杭州将重点打造 1 个万亿级信息经济集群及 6 个千亿产业集群。将高校重点学科和特色专业与杭州市"十三五"产业发展重点进行对比,匹配程度较好的有信息经济产业、高端装备产业、文

---

① 2016 各省市统计年鉴,统计口径:全日制普通高等学校数量与全日制普通高等学校在校生。

② 北京、上海、广州、武汉、杭州 2016 统计年鉴。

化创意产业、金融服务产业、健康产业,而旅游休闲和时尚产业的高校资源支撑则相对较为薄弱。(图 10-7)在长三角范围内,杭州作为省会城市、龙头城市,与上海及同作为省会城市的南京、合肥相比,高校数量、在校生数量明显落后,限制了杭州的区域带动作用。高水平高校的缺乏导致杭州国内顶尖、世界一流的国家实验室、科研院所、研发机构、研究型大学等高端创新平台缺失,科技创新短板明显,进一步限制了杭州的区域辐射能力。

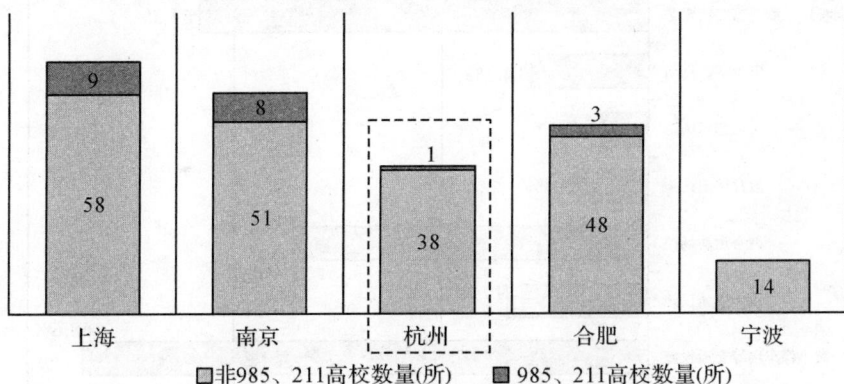

图 10-7　长三角 5 大城市的高校数量统计图[①]

■ 非985、211高校数量(所)　■ 985、211高校数量(所)

上海:58 / 9　南京:51 / 8　杭州:38 / 1　合肥:48 / 3　宁波:14

## (二)人才公共服务配套不足,国际化软环境有待改善

### 1.配套公共服务无法满足双创人才的现实需求

根据中国与全球化智库《2016 年中国海归就业调查报告》对 820 份问卷的研究,留学生选择城市主要看重的是所选城市的经济发展和公共服务。超过半数被调查者选择目前工作城市的理由是"经济发展快"。"基础设施配套齐全""产业基础好""公共资源集中""有较好的人脉关系"依次占 35.9%、31.0%、30.7%、27.3%。此外,选"相关人才政策吸引"的有 17.6%,说明政府的人才政策起到一定作用。另有 6.8%被调查者选择"房价等生活成本较低"。与国际化大都市相比,杭州在教育、医疗、公交、购物、娱乐、养老等公共服务上还有差距。根据城西科创大走廊对创新创业人才的调查,除了基本生活配套外,超过半数以上的被调查者都认为超市、餐饮及交通设施是目前最需要完善的生活服务设施。(图 10-8)由于高技术产业竞争激烈,研究开发人

---

① 数据来源:2016 各省市统计年鉴。

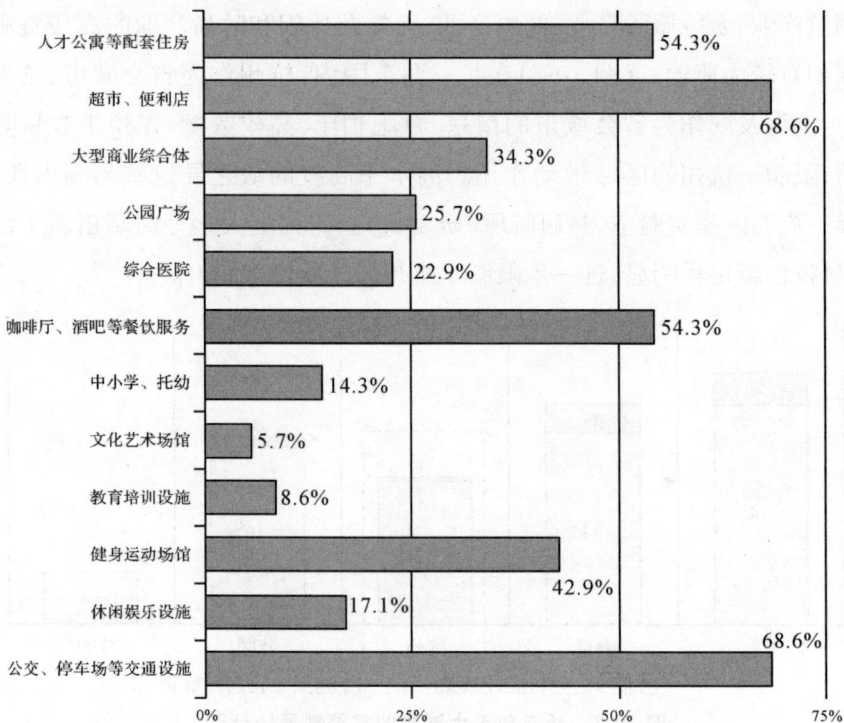

**图 10-8　目前最需完善的生活服务设施调查统计图**①

员长时间处于紧张状态，缓解压力的需求是城市创新空间的功能布局中需要考虑的因素。这一点直接体现在休闲、娱乐、体育、文化等附属设施的建设和利用上。

## 2.低成本居住选择较小，人才房政策手段效果不佳

由于人才房的品质普遍不高，不能满足高层次人才要求；而一般人才尽管对人才房的需求比较高，却受到标准限定，享受不到人才房的优惠，必须自行租住。例如，申请安家费的条件之一为极高的个人所得税缴纳额度，符合这一条件的人才申请安家费的积极性很低，而希望申请安家补助的人才很难达到这一门槛。根据课题组的杭州人才住房需求问卷调查，在受访的 147 位人才中，受到杭州市的人才住房政策影响而选择到杭州工作的达 53%，但享受过杭州市政府的人才住房政策（货币补贴、入住公租房或其他政策性住房）

---

① 《2016 年中国海归就业调查报告》，全球化智库，2018 年 2 月 20 日，http://www.ccg.org.cn/Research/View.aspx? Id=4592。

的不到 13％。目前需要公租房的人才超过一半,而企业能够提供住宿或补贴
的约占 30％(如图 10-9)。[①] 近期杭州的租房成本快速增长,对于金字塔下方
的大量人才而言,高企的住房成本降低了城市吸引力。而人才房政策的实际
效果并不理想,资源供需错配造成公共资源浪费。

您是否享受过杭州市政府的人才住房政策(货币补贴、入住公租房或
其他政策性住房)?
答题人数147

是：12.93%

否：87.07%

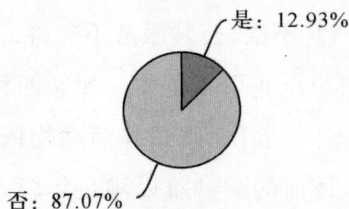

您现所在单位是否能够提供住(租)房补贴、人才公寓、集体宿舍等
住房条件?
答题人数147

是：31.29%

否：68.71%

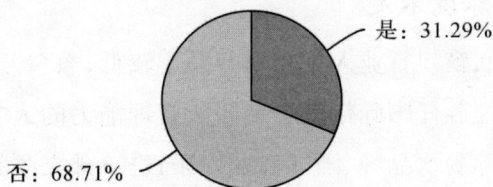

根据您的家庭需求,您对于人才公租房的需求程度?
答题人数147

不需要：22.45%

需要：36.73%

更倾向于选择通
勤：25.85%

只要租金相对便
宜：14.97%

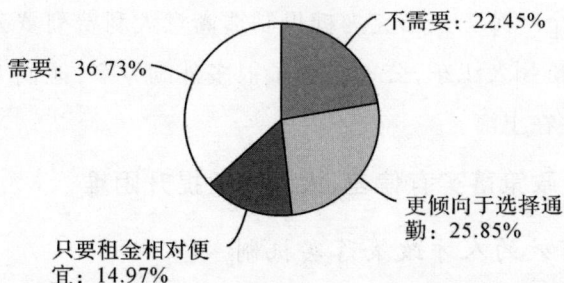

图 10-9　2017 年 10 月课题组对杭州市人才的住房需求问卷调查结果分析

---

① 问卷内容详见本书附录 1。

### 3.优质教育资源供不应求

子女教育质量是人才普遍关心的问题,是人才引进留用的关键影响因素。由于优质教学资源供不应求的现象十分突出,教育资源分配与户籍所在地、住房区块、缴纳社保年限等直接挂钩,且入学资格按多等级标准筛选,一些高质量教育资源较为有限的区域,对人才的吸引力就会减弱。

### 4.人才生活配套不足,难以长期留住人才

产业平台往往生活气息不浓,公共服务不完善,人文环境质量不佳,难以满足人才的综合需求,制约企业引才留才。如城西科创大走廊,目前交通路网没有完全贯通,就学、就医、餐饮、娱乐等活动均依赖主城。创新创业企业的人才结构趋于年轻化,目前的配套难以满足年轻人的生活和休闲需求,导致企业引才留才有一定困难。就医方面,杭州市针对高层次人才的不同等级提供一级、二级、三级医疗保健待遇,E类人才却不在医疗优惠待遇之内等。

### 5.国际化软环境不足

语言环境方面,窗口行业人员英语普及率较低;教育方面,杭州本土学校国际化水平不高,能胜任国际化教学和团队管理能力的人才较缺;其他方面,缺乏国际社区、国际餐饮品牌、国际商业娱乐设施、外文类报刊和电台等。由于上海具有相对成熟完善、符合国际惯例的制度和国际化的基础设施,在出入境、居留落户、通关办理程序方面具有政策优势,对国际化人才具有很强的虹吸效应。如全球第三大巧克力糖果制造商意大利费列罗公司的中国首个生产基地位于杭州大江东,公司聘请了很多外国专家,他们大部分选择工作在杭州,而居住在上海。

### (三)相关政策落实有偏差,人才事业提升困难

### 1.缺乏有效的人才政策落实机制

现有的人才政策多以项目、计划为主要抓手,资源分散在各相关部门,缺乏系统性,导致不同部门之间出台的政策在衔接上存在问题。2016年的《城西科创大走廊人才政策需求问卷调研报告》表明,政府解决人才创业创新问题的服务能力有待提升。在调查问卷的问题"您在创业创新过程中是否遇到问题或困难"中,发现收回问卷的143人中(18个缺失值),66人(46.9%)在创

业创新过程中遇到过问题;66人中,36人(54.5％)不知道解决该问题的归属部门,30人(45.5％)了解部门归属部门所在;30人中,20人(66.7％)的问题得到了妥善解决,10人(33.3％)的问题没有被妥善解决。也即,近一半人才在创新创业过程中遇到过困难,但其中超过一半的人才不知晓问题解决的归属部门,最终只有21％的人解决了问题。

### 2.缺乏人才政策解读与衔接

一是对人才预测和评估有待加强。以荣誉、专利发明、论文数量、职称等指标评定的"高端"人才难以惠及企业中层骨干和技术人员。二是政策文本条款过多,省、市、区和平台均出台人才政策,政策叠加规定模糊,政策解读缺失,耗费企业的时间成本。三是实施细则出台滞后。如《杭州市人才新政27条》规定"事业单位引进A、B、C类人才时,不受事业单位岗位总量、最高等级和结构比例的限制",但实施细则未出台,事业单位引才依旧遇到阻碍。许多事业单位在搬到郊区之后,人才流失速度远超招聘速度。杭州市目前鼓励企业与高校、科研单位开展产学研合作,推动科技成果转化,但政策中对于社保待遇、成果收益分配、事业编制的保留、在职离岗创业年限等标准的规定不够明确,进而影响到校企合作的效果。

### 3.缺乏健全的人才服务市场

人力资源中介力量薄弱,对国际化人才中介市场的培育力度不足。目前的国际化人才开发基本以政府为主导,以企业为主体的市场机制没有真正发挥作用。企业主要通过自主校招、网络招聘等方式引进人才,一方面应聘人数少、质量差,另一方面企业需要耗费大量的时间成本。国际化人才招引的中介机构发展尚处于初期,企业和人才之间缺乏有效的信息交流平台,管理制度不完善,缺乏明确的准入标准和仲裁机制,鼓励中介机构发展的政策措施比较少。

## 三、国内相关城市国际化人才相关经验借鉴

针对以上人才短板因素,杭州需要充分学习国内外各地区在引进高教资源、提升政策效力和服务配套等方面的精准育才、大力引才的经验,夯实杭州在世界名城建设中的人才基础。

### (一)引进国内外优质高教资源,提升人才储备的各地经验

为了引才聚才,全国重要城市的高校争夺战十分激烈,青岛、苏州和深圳均已引进20多所国内外著名高校,三地发展高教资源基本处于快速发展、平稳发展和深度发展的三个阶段,做法有异同,发展有特色,值得杭州学习借鉴。

#### 1.通过政府主导,高教资源快速发展的青岛经验

2012年开始,青岛市政府快速发展高等教育及科研资源(简称"高教资源"),中科院系、高校系、央企系、国际系"四大系"29所高校及高端科研机构快速落户青岛。2016年市政府出台意见,明确引进高教资源的重点是海洋开发、新一代信息技术、高端装备制造等领域的学科专业,这与其"建设国家东部沿海重要创新中心、国际先进海洋发展中心"的城市定位吻合。同时,立足国际化战略,强化全局规划。2014年出台的《加快教育国际化发展意见》,对2014—2020年教育国际化发展做出全面系统设计,明确目标及工作重点。2016年颁布的《加快引进优质高等教育资源的意见》和《加快引进优质高等教育资源实施办法》,对前期各类做法进行整理、规范,各类政策得以明确、强化,成为青岛同年快速引入11所高校的"利器"。此外,青岛市还立足高校需求,强化政策支持、资金支持:设立200亿元高等教育发展基金,对引进并正式运行的国内外优质高等教育机构给予连续5年且每年不低于200万元的补助,第一年启动补助资金最高达1000万元以上。土地支持:对国内外高水平大学进入青岛举办校区或分校,划出专门区域并预留500—3000亩建设用地。服务支持:入驻院校在人才公寓、房屋租赁、税收减免、人才子女及配偶落户等配套服务方面享有优惠政策。建设支持:鼓励相关园区和区市为引进的教育机构无偿代建校园基础设施,实施"交钥匙工程"。

#### 2.通过科教协同,高教资源转型发展的苏州经验

截至2017年,苏州市在苏州工业园南部开发建设了25平方千米的独墅湖科教创新区,积极引入高教资源。该区已初步建成集高教资源、新兴产业、生活配套为一体的现代化新城区,成为苏州转型发展的核心地带。截至2017年,共有29所国内外高等院校入驻,在校生总人数达7.58万。十多年来,科教创新区已然从初期的数量扩张步入质量提升的"平稳发展"期,探索更加国

际化、协同化和集约化的转型升级路径。一是多元多样的高教"国际化"发展路径。科教创新区积极探索"多元主体、多样路径"的中外合作办学经验,高教资源深度国际化、高端化。有中外合作设立的独立法人机构,如西安交通大学与英国利物浦大学合办"西交利物浦大学";有国内高校设立的二级学院,如中国人民大学和法国三大商学院合办"中国人民大学中法学院";有国外高校独立设置研究院,主要从事科学研究、人才培训及成果转化,如新加坡国立大学苏州研究院。二是互促互利的科教"协同化"发展经验。充分发挥园区产业优势,把握产业发展方向,在纳米技术与生物医药领域,先后引入中科院纳米技术与纳米仿生研究所、中国医学院苏州系统医学研究所(系统所),推动多学科交叉汇聚和协同创新。鼓励并推动中科大苏州研究院、苏州大学等高校专门设置纳米相关专业或学院,个性化培养和积蓄高端人才。三是共建共享的园区"集约化"发展方式。通过共建共享开发模式,20多家高校相对集中于科教创新区8平方千米高教区内。政府共建各类公寓和商业广场,人才共享生活、就业和其他公共服务,宿舍、公寓服务专业化运作。园区设立科技人才市场,及时提供就业信息;图书馆、体育馆等公共服务高效利用;高铁、地铁系统规划超前,建设运行井然有序,是"产、城、人"整合发展的典范。

### 3.通过创新融合,高等教育深度发展的深圳经验

1996年,深圳清华大学研究院的成立拉开深圳高教资源发展序幕。深圳市利用政府、市场、社会多元力量大力提升高等教育数量,推动高水平学科建设,谋建南方高等教育中心,相较青岛和苏州,在高教改革创新上走得更远。一是拓宽"深港合作、国际开放"的教育通道。发挥毗邻香港区位优势,深化与香港高水平大学的办学及科研合作。香港中文大学(深圳)采用与国际接轨的理事会管理机制,面向战略性新兴产业发展需要组建世界级专家队伍,并与多所国际知名院校合作共同培养学生。坚持"专业化、开放化"方向,与其他境内外知名高校共建特色学院,如兴建深圳北理莫斯科大学、深圳吉大昆士兰大学等。二是提升"统筹推进、多样办学"的发展成效。深圳虚拟大学园主要促进国内外名校、科研院所科技成果转化、中小型科技企业孵化及高层次人才培养,已累计培训26万余人,孵化科技企业1058家;深圳大学城是唯一经国家教育部批准,以培养全日制研究生为主的研究生院群,入驻有清

华深圳研究生院等大量国内外顶尖研究生院,是深圳高端人才培养、高端科研和国际交流的主平台;国际大学园集聚中外合作大学,有望成为全国中外合作大学数量最多、水平最高的国际合作大学集聚区。"自主筹建",打造高教资源"深度发展"的亮点,自主筹建高校的发展势头良好,深圳大学3个学科跻身全国一流,南方科技大学借助高起点、新体制开始崭露头角,2016年的毕业生中六成被世界名校录取。

### (二)提升公共服务配套,吸引人才集聚的各地经验

人才公共服务配套涉及住房保障、子女教育、医疗保障和其他公共服务等多元化的保障措施。

#### 1.住房保障的主要经验

杭州市住房保障政策按照人才等级进行梯度划分,把中高级职称和学历符合要求的创新创业人才纳入市公共租赁房住房保障范畴,给予一定的购房补贴、租房补贴。但在具体操作过程中,只有极少部分人能享受到该政策。上海市的住房保障以公共租赁房为主,另外还有租房补贴,为符合要求的非沪籍人员定向微调住房限购政策等方式,普适性更强,政策受益面更广,更能发挥住房保障留才的作用。深圳市的住房保障措施较多样化,除了对高层次人才的补贴外,中初级人才轮候公共租赁房不需要受到缴纳社会保险的时间限制,给予中初级人才购房房贷贴息和房租补贴,新引进的本硕博和海归人才也纳入住房补贴范围内且补贴额度随学历梯度增加。另外还有境外人才住房公积金政策,即符合条件的境外人才在缴存、提取住房公积金方面可享受市民同等待遇,这项规定对于境外人才比较有吸引力。

#### 2.子女就学保障的主要经验

杭州对高层次人才子女入学做出了相对详细的规定,提出要建设国际学校,为高层次人才的子女入学提供便利,享受本市居民待遇直接安排入学,但具体操作缺乏细则。深圳在此基础上提出设立人才子女入学积分项目,把人才的社会贡献纳入子女入学积分权重,兼顾了公平公正和效率。上海市则从增设外籍人员子女校和试点社会力量举办外籍子女学校入手,解决海外高层次人才子女入学问题。

### 3.医疗保障的主要经验

杭州高层次人才总体上可享受医疗政策的比例不高,主要针对的是ABCD四类高层次人才,也没有对海外人才的医疗环境优化做出详细规定。深圳提出如果高层次人才不愿享受保健待遇则通过支持其购买商业医疗保险等方式提供相应医疗保障,比杭州在医疗保障方面的考虑更加全面且人性化,给予高层次人才自由选择的空间;另外提出为外籍人才提供预约诊疗和外语服务,鼓励医院和诊疗中心加入国家医疗保险直付网络系统。上海提出的医疗政策主要针对海外人才,搭建国际化商业医疗保险信息的统一发布平台和第三方国际医疗保险结算平台,以此满足海外人才医疗需求。

### 4.其他公共服务保障的主要经验

深圳建立全市统一的人才综合服务平台,优化人才服务专窗、简化人才服务流程,提高人才服务效率;建立高层次人才服务"一卡通"制度,获得"鹏城优才卡"的人才可直接享受工作关系调动、家属落户、子女入学、医疗社保等多方面的福利政策。相比于杭州目前发放的人才"绿卡","鹏城优才卡"的使用范围更加广泛,使用途径更加多样。此外,深圳依靠法律等手段强化人才知识产权保护,为创新创业人才提供公益性、专业性的知识产权法律服务,这也是调研过程中部分企业和外籍人才比较重视的创业要素之一。上海市从加大政府购买科技服务、试行科技创新券和建立集人才发展政策和生活服务信息为一体的一站式综合门户网站三个角度入手,为人才提供公共服务保障的效果较好。

### (三)健全政策制度,提升人才政策支撑的相关经验

### 1.人才评价与落户政策的相关经验

杭州针对人才划分为ABCDE五个层次,划分标准都与职称、荣誉、学术研究成果等息息相关,而较少关注人才的实际工作经验及非量化的工作技能水平,这种定位不太符合企业骨干人才的认定标准,导致大部分人才无法享受落户政策的相关优惠。深圳人才新政中的人才分类逐渐向市场化倾斜,以能力和业绩为导向,提出建立高层次人才积分制认定办法及职称制度改革,覆盖偏才、专才,推动市场化人才认定。深圳现有积分落户政策指标包括学历、职称、专利、社保等,并将这些指标进行层次量化,落户标准相对客观。上

海则在如何建立以能力、业绩、贡献为主要标准的人才评价导向、高级职称评审绿色通道等方面做出了详细说明,比如降低职称、学历等权重,调整不恰当的论文要求,等等。落户政策包括居住证积分、居住证转办年限缩短、人才直接引进三类,落户对象涵盖创业人才和核心团队、企业科技和技能人才、创新创业中介服务人才及核心团队等,对象范围比较全面且更符合市场化要求和企业实际需求。

### 2.人才培养政策的相关经验

杭州人才新政中强调的是企业员工的技能培训、对高技能人才培养给予适当资金奖励,开展各类人才培养计划,强化校企联合人才培养合作,等等。深圳不仅提出要加强培养技能人才,而且强调要培养紧缺型人才、国际化人才,建立博士后人才战略储备库等,具体形式包括人才资助、项目资助、交流合作等。每年遴选一批外语好、业务强的优秀人才到国外政府机构、国际组织和大型企业工作锻炼。上海对人才培养的内容和形式比较丰富,首先注重建设创新型大学、改革教学方法和建立休学创业制度以此鼓励并培养大学生创业创新;其次提出博士后科研和企业科技创新的协调发展,以推动产学研结合;再次提出紧缺人才、专业急需人才及其他类别人才的培养计划。比如,通过和香港互派公务员,学习和借鉴国际大都市政府机关运行、管理的模式和方法等。

### 3.国际人才引进的相关经验

引才方面,国内外都积极发挥市场主体作用,大力招引高层次人才,如美国跨国公司纷纷到海外设立研发机构,通过高薪聘请、股权、期权激励等方式,在当地争夺高层次创新创业人才。韩国通过建立基础科学研究院,实行外国人博士后制度,吸引国际组织来韩设立研究机构,吸引国外人才到韩国工作和居住。澳大利亚在确定人才短缺问题方面实行企业建议制度,不断调整对需求的评估。杭州目前还没有实力相当的中介服务机构,各企业需求的高层次人才引进困难。外籍人才出入境政策方面,上海充分抓住建设具有全球影响力的科技创新中心的机遇,先后出台"人才新政20条""人才新政30条",经人力社保部门、市场、科创机构等三种途径认定的外籍高层次人才,可优先申请在华永久居留等;允许符合条件的世界知名高校应届毕业生来沪就业;畅通从就业居留向永久居留的转换机制;等等。杭州目前并没有专门针对外籍人才的出入境政策,在杭创业工作的非"千人计划"外籍人才每隔6个月就需要出境一次并重新办理入境,十分不便。

### 4.人才创新创业的政策支持经验

一是人才流动。深圳在支持高层次人才在职创业和离岗创业方面的规定更加全面,从企业和高校两个角度出发鼓励校企人员之间的双向合作、互动和流通,如企业科研人员到高校兼职,高校教师到企业在职创业,以进一步推动产学研发展;支持和鼓励优秀人才向基层和艰苦岗位流动,政府安排专项资金对这些基层或艰苦岗位的人才予以资助,提高基层和艰苦岗位的人才保障水平。二是科研成果转化。杭州目前规定市属高校、科研院所的职务发明成果所得收益,高校可得60%—95%的比例,科研院所可得20%—50%的比例,可见科研院所的收益比例较低。上海提出财政资金支持形成的科技成果的使用权、处置权、收益权要尽快下放给高校和科研院所,其中提出科技成果转移转化所得收益留归单位,纳入单位预算,不再上缴国库;提高科研人员成果转化收益比例,即科技成果转化所得收益,研发团队所得不低于70%。三是股权激励和引才奖励政策。上海市对股权激励机制做出了明确规定,包括可实行股权激励、分红激励的企业条件,企业内可享受股权或分红激励的员工条件。

## 四、杭州世界名城建设中促进人才发展的对策建议

从杭州世界名城建设的人才基础条件出发,针对人才关键短板,学习各地的相关政策和实践经验,课题组着重提出引进高教资源培育人才,健全政策和市场引进人才,完善配套服务留住人才,以及完善双创政策放大人才效应等对策建议,以期通过提升人才要素的国际化、市场化水平,实现杭州世界名城建设目标。

### (一)引进优质高校院所,培育和储备人才

杭州应充分借鉴各地在战略布局、路径选择、策略推动等方面的经验,注意自身基础和条件,做好杭州名校名院名所等高教资源发展的近、中、长期工作,通过高教资源提质扩增,带动人才精准培育,通过教育国际化带动人才国际化。

### 1.谋势谋局,做好高教资源发展的"顶层设计"

杭州急需对照青岛高教资源发展的初期做法,充分论证、顶层设计自身的战略目标和阶段任务,并在组织机构和推进机制上开篇破题。一是尽快完善杭州"名校名院名所"建设工程的工作推进机制。围绕杭州"名校名院名所"培育和引入工作,形成区—市—省—教育部协调通道,并以目标资源特性为导向分别成立攻坚团队。同时,明确教育、发改、人社及组织部等相关部门职责,完善各级各部门工作推进机制。二是尽快完善"教育事业'十三五'规划"。在学科建设等方面,通过经信、发改等产业主管部门与教育部门协调对接,精准设置高教专业,凸显"互联网+"创新活力之城等城市发展目标,坚持错位发展、保持特色、争创一流。三是尽快制订高教资源招引工作时间表,出台《杭州加快引进优质高等教育资源的意见》,明确全市高教资源层次结构和引进计划,以更加创新的多元合作办学形式开展国内外优质高教资源招引工作。四是突出政策"比较优势"。杭州市招引工作起步晚,要快速、大量落地优质高教资源,首重资金支持。应尽快设立高等教育发展基金,对引入高水平大学、国家级科研院所加大前期或建设期资金投入力度;对本地院校参与国家、省重点建设内容的进行全程资助;对企业举办高等教育、科研机构加大财政资金补助力度;参考青岛"一事一议"做法,提高工作效率。

### 2.谋篇谋子,中期落实高教资源发展的"关键节点"

中期发展重在浙江"大湾区"建设和杭州"拥江发展"战略中有序打造高教资源集聚空间、建设开发模式及合作办学方式等。

一是谋定各具特色的高教资源集聚区。(图10-10)在杭州"拥江发展"的"东轴带"和城西科创的"西走廊",创新产学研资政合作的机制和方式,充分利用已有高教资源、产业基础和生态环境打造差别化的高教资源集聚区。借鉴苏州独墅湖科教创新区经验,促进下沙高教园从原有劳动资本密集型产业向高科技产业转型,同时促进原有高校不断升级,通过和国内外一流的高校及企业合作,在专业设置和研究方向上更加贴合城东智造走廊的发展需求;在下沙、余杭、滨江等区域内积极布点,逐步集聚更高端、更国际化的理工类高教资源,通过增量和存量并举,提升杭州东部的产业层级和城市品质。借助钱塘江畔核心区块历史人文、山水旅游和文创产业等特色资源,在钱塘江

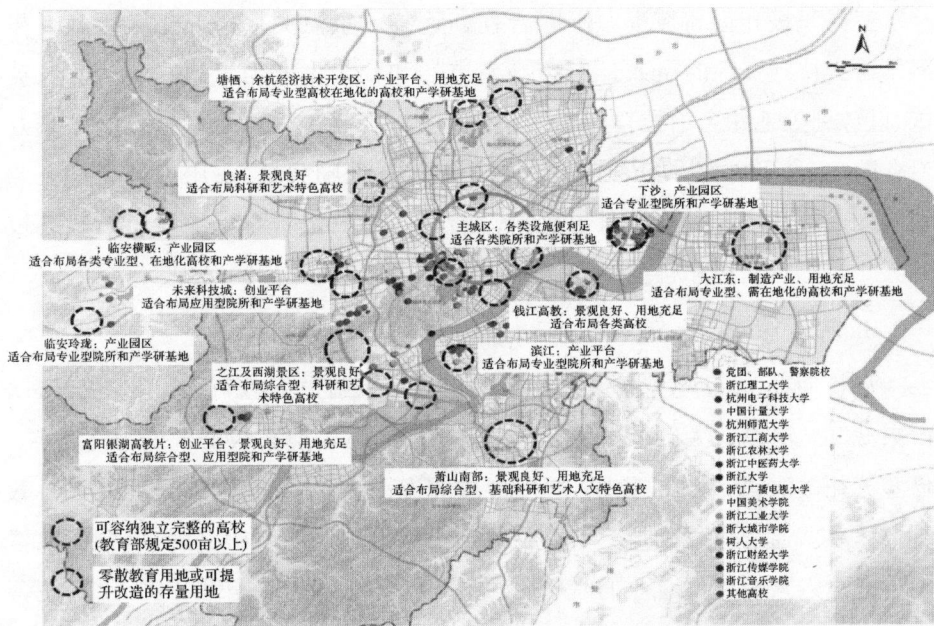

**图 10-10　杭州市区高教资源宏观布局图①**

生态带上培育和引入与文创、旅游和健康服务业相融合的高教资源,结合中国美术学院和浙江音乐学院等文教资源,打造杭州特色的高教资源集聚带,成为"拥江发展"的一子"活棋"。在城西科创大走廊,学习青岛蓝谷和深圳南山经验,以浙江大学、之江实验室、西湖大学等为基础,改革体制机制,培育和招引一流高校的研究生院和科研机构,成为杭州集聚高层次人才、高水平科研的"产学研"融合大平台。关注生命健康、量子通信、增材制造、虚拟现实、人工智能等杭州未来产业方向,加快引入奇缺的高教资源,提前储备人才,建构"智力生态",提升杭州原始创新的能力及在科学研究版图中的地位。

　　二是集约节约开发建设高教集聚区。土地稀缺、地价上扬是杭州高等教育资源发展必须面对的问题。学习苏州经验,在高教集聚区新建或改造中,完善园区服务平台,在园区内高教机构会议、文化、体育、餐饮及设施设备运维等方面提供共享式、集约化解决方案,提升土地利用和公共服务配套效率。

---

　　①　资料来源:2017 年 8 月杭州市规划局课题报告《杭州市引进"名校名院名所"工程空间布局研究》。

三是积极开创高教资源国际合作新途径。重点关注研究生学历教育与科学研究协同资源的引入,融合政府、市场和社会多方力量;加强与美国、英国、以色列等地知名高校合作,在人工智能、生命科学、网络信息等领域兴办专业院校、科研机构,提升中外合作办学层次;鼓励阿里、海康等创新型企业与国外一流高校合作创办科研机构;融入"一带一路"建设,加强与沿线高校的人才、信息、文化和科技交流,创办更多类似中法航空大学的国际高校。

### 3. 谋远谋虑,长期实现"产、城、人"的"融合发展"

从长期看,要动态把握城市持续发展规律,践行"以教育人,以人促产,以产兴城"的"产、城、人"融合发展范式。一是加强本地高教资源的融入发展。借鉴苏州做法,坚持本土需求,逐步形成层次清晰、体系合理的产业发展科教支撑体系。通过科教协同逐步形成杭州在特定领域的科研品牌;以合作共建等形式引入开设相关专业的院校,为杭州产业发展精准提供各类人才;完善企业、高校和人才服务机构等多方参与的信息平台,促进校企合作从简单的实训基地向共同开拓前沿科研领域深入。二是开拓本土高校品牌的创新发展。长期看,杭州需要像深圳一样,在重点学科领域,以本市为主导并充分利用省、部资源,倾力发展2—3所高辨识度的杭州本土高校。加大对西湖大学支持力度,推进类似学校发展,使其成为杭州创新发展高端民办大学的典范。三是实现高教资源的深度发展,用足浙江的市场和资金优势,放活高教机构的体制机制,推动杭州高教资源向更深层次发展,并以此为抓手,实现"产、城、人"融合的目标。

### (二)发挥政策优势和市场作用,拓展国际育才、引才空间

依靠政府和市场的双重力量,扬长补短,拓展引才育才空间,提升杭州人才层次,更好地服务于世界名城建设。

### 1. 依托国际人才创业创新园,大力引进海外高端人才

国家外国专家局和杭州市共同启动建设全国首个国际人才创业创新园,杭州将设三个试点园区,同时落实好国家外专局给杭州的利好政策:支持杭州探索外国人才申请永久居留资格、外国高层次人才出入境等便利政策,在外国留学生毕业后直接留杭工作等政策创新方面开展先行先试改革等;优先推荐外国人才项目到杭州落地;优先帮助杭州对接驻外办事机构、国(境)外

优质人才智力资源,帮助引荐世界一流高校、国际研发机构、顶级创新创业团队来杭落户等;帮助促进杭州与世界一流高校、国际组织、科研机构、行业协会、跨国公司的交流合作,优先推荐到杭州举办高峰论坛、学术会议、创新创业赛事等人才交流活动。以国际人才创新创业园为核心,与国家自主创新示范区、杭州跨境电商综合试验区等平台整合联动,利用优惠的政策支持,探索杭州国际人才的学术评价、市场评价、社会评价等人才绩效评价体系。继续发挥海外创新创业大赛、国际人才与项目交流合作大会、海外华商杭州投资洽谈会、侨界海外英才创新创业峰会、海外清华学子浙江行等品牌活动和11家留创园、中国杭州国际人力资源产业园、硅谷人才工作站等现有平台的引才工作。继续实施好全球引才"521"计划、"115"引进国(境)外智力计划等品牌引才活动。

### 2. 鼓励引才机制创新,多种渠道引进国内人才

一是有的放矢推动人才聚集。创新创业氛围浓厚、对高学历人才需求较大的区域(平台),要依托阿里巴巴等名企,重点引进带项目、技术、团队的领军人才,进一步推动产业转型升级;以制造业为主的区域(平台),要加强与全国各地职业技术院校的交流,定期向本地输送人才。二是支持企业"走出去"。每年组织有关部门和企业赴高端人才聚集的城市如上海、深圳等地,参加当地的招聘会等活动,采取"刚性引进"和"柔性引进"并用的方式积极引进企业急需的各类专业技术人才,通过聘用、兼职等方式,建立稳固灵活的协作关系。三是深化校企合作。调查显示,62.1%的企业希望参加校园招聘会。要按需求专业有针对性地对接各类985、211及专职学院,向重点高校定向招引硕士、博士优秀毕业生。在浙江大学、浙江工业大学、浙江理工大学等受企业欢迎的学校定期举办校园招聘会,在岗位需求方面要有针对性,招聘时间要配合学生毕业的时间。四是完善本地招聘市场。定期举行特定岗位的招聘会,同时加大人才网、微信公众号等平台的宣传力度,提高本地招聘平台的利用率。

### 3. 发挥政府引导作用,加大人才自主培养力度

除了通过高校培育人才,对本地人才也需要多途径培养。一是加强人才交流学习。结合域内重点产业集群,由政府出资,有计划选派人员到本地或

外地高校和科研院所学习,提升专业水平。二是开展专业人才培训。邀请企业专家或老师,定期组织开展专业技能培训,为企业储备人才,缓解企业一线工人招聘难的问题,特别是装备制造、生物医学、仪器仪表、高新技术产业、现代服务业等重点行业和机械电气、纺织服装等人员需求旺盛的行业。健全政府引导、市场主导、企业主体的企业经营管理人才培训体系。支持鼓励社会培训机构参与人力资源开发。三是实施重点人才培育计划。如杭州市"131"培养计划、培育"杭州工匠"行动计划、国外"MPA"学位教育工程、高技能人才"815"培训倍增工程、农村实用人才"125"培训工程、社会工作人才"525"培养工程等,大力培育适应区域产业发展及转型升级需求的高专技人才。四是加快本土人才国际化。搭建国际化人才培养平台,鼓励、支持有条件的人才到国际组织任职或参与国际交流活动,开拓人才国际化视野。

### 4.完善人才管理数据库,搭建人才公共平台

一是建立健全人才信息库。构建全球高精尖人才信息库,绘制人才地图,运用大数据技术,系统化采集、整合海外人才信息,建立重点产业领域全球高精尖人才及其团队的实时分布地图。在企业、高校、科研院所间共享高精尖人才信息库,精准靶向招引与产业紧缺人才目录匹配的领军人才及团队。实行长效机制,抓好专业技术人才、高技能人才、经营管理人才等各类人才的建档入库工作,并对人才库进行动态管理,实现各镇街(平台)信息共享。二是细化人才评价标准,做好与杭州市人才分类机制的衔接,建立层次清、标准高、易操作的人才分类评价制度。围绕信息技术、电子商务、生物医药、新能源新材料等重点领域和战略产业,探索制订紧缺人才分类目录。

### (三)加大人才制度创新,完善人才创新创业政策体系

建立涵盖不同层次人才、不同创新活动发展阶段的政策体系,为人才做好创业创新服务保障工作。

### 1.落实高层次人才居留落户等政策

在人才落户方面出台具体实施细则。在市场认定人才机制的基础上出台户籍积分制细则,将户籍作为引才纳才的激励手段;完善人才居住证制度,根据不同条件适度延长居住证有效期限;简化海外高层次人才外汇结汇、直接持有境外关联公司股权及离岸公司进行返程投资等有关审批手续;建立高

层次人才"一卡通"制度,获得杭州"绿卡"的人才可直接享受在工作关系调动、家属落户、子女入学、医疗社保等多领域的福利政策。

### 2.推进人才的激励政策

一是出台绩效工资的实施细则。赋予事业单位实施特殊人才激励政策的自主权限,经主管部门审核,可单独制订收入分配政策,且不纳入绩效工资总量。科研人员承担企业项目所获收入、科技成果转化奖励、科研经费绩效奖励及仪器设备共享收益均不纳入绩效工资总量。二是开展人才股权期权及分红激励试点工作,支持高等学校、科研院所以科技成果作价入股企业;对贡献突出的科研人员和经营管理人员,实施股权期权、股权出售、股权奖励、无形资产入股、分红激励等多种形式的激励。符合税收政策规定条件的高校、科研院所转化职务科技成果以股份或出资比例等给予科技人员资助,获得人在取得股份、出资比例时暂不征收个人所得税。

### 3.完善提高人才创新效率的相关政策

一是简化人才创新创业项目落地程序。针对时效性强、周期长的创业创新项目,可在创业项目的第一批资金到位后立刻跟进政府配套资金。针对初创期、小微型企业,适当放宽项目跟进资助对企业销售额、利税等方面的要求。二是丰富创新券服务类型,出台创新券发放与使用细则。建立科技仪器设备、技术服务、创业孵化等创新创业资源的供需信息对接平台,扩大创新券补贴范围,搭建创新创业众包平台,打造产业集群协同创新平台,促进创新创业的供给侧改革。简化"创业券""创新券"的使用、兑现流程,放宽设备与服务提供方的经费入账与用途限制。设立大型科学仪器共享服务专项资金,研究制订对科技资源供给方的直接补贴制度。三是打造全面的创新创业服务链。引进一批从事技术交易、知识产权、科技咨询、法律咨询、专业评定、行业交流等方面的科技服务中介机构,提供资金扶持和运营管理奖励。尝试制订年度交流活动计划,同相应的高校院所、企业、众创空间相对接,从而促进人才和行业资源的交流互通,完善人才双创的整体软环境。

### (四)完善公共服务配套,确保引得进留得住人才

在杭州世界名城建设中,深度优化国内外各层次人才关注的住房、教育、医疗等生活配套服务。

### 1. 为人才提供梯度式的住房、租房补贴

杭州居住成本不断上扬,给企业人才带来了居住困扰,然而目前杭州的住房补贴主要聚焦于高层次人才,缺乏对中层技术骨干、行业专家、博士硕士的相应扶持。可以将住房租房补贴落实到人才房的建设/管理/产权单位,根据实际面积基于一定比例补贴,相应单位可以为人才直接提供低于市场价格的房源。将985、211高校的硕博毕业生纳入人才租房和生活补贴范围,补贴额度随学历梯度增加。根据《杭州人才住房需求问卷调查》,在受访的147位人才中,对于人才公租房的需求时间超过3年的达到34%,1—3年的近20%,超过九成人才认为政府对于租赁人才公租房达到3或5年的可提供购买经济适用房政策(如图10-11)。可见人才对公租房的长期需求较大。建议在产业集聚区内适当建造公租房、廉租房,缓解目前外来人才住房难的问题。用好用足"城中村改造"及《杭州市加快培育和发展住房租赁市场试点工作方案》相关政策,增加更多符合需求的人才公寓,为引入的各类人才集中提供租住房源。

根据您的家庭需求,您对于人才公租房的需求时间?
答题人数147

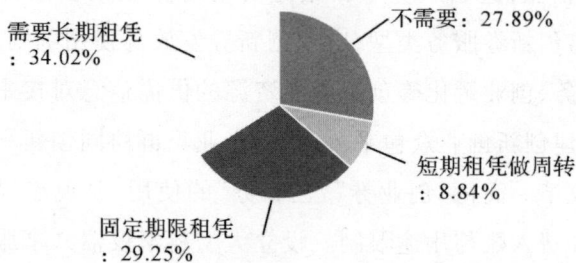

需要长期租凭:34.02%

不需要:27.89%

短期租凭做周转:8.84%

固定期限租凭:29.25%

您认为政府对于租凭人才公租房达到对少年限的人员可提供购买经济适用房政策?
答题人数147

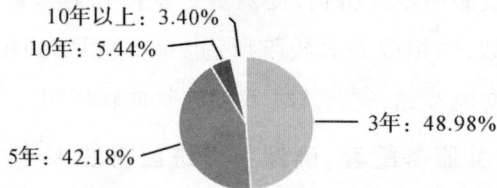

10年以上:3.40%

10年:5.44%

3年:48.98%

5年:42.18%

图10-11　2017年10月课题组对杭州市人才的住房需求问卷调查结果分析

### 2.提供优质教育、医疗等配套服务

引进名校或名教育机构来杭合作办学,创办和打造一批优质中小学校。设立面向企业高、中、低端不同层次人才的子女入学积分项目,坚持贡献度导向,突出人才业绩、实际贡献等市场评价标准,完善人才券在人才子女入学积分、积分兑换的具体实施办法。对签订多年工作合同的高端人才给予适当补助,在随迁家属工作安置及子女就学等方面给予优先照顾等。开展"租购同分"试点工作。加快配套优质医疗公共设施,努力提供优质医疗服务,创造良好的就医环境。

### 3.推进国际化配套服务设施建设

推进国际化配套体系建设。对照国际通行规则和做法,不断完善引才配套设施。与企业合作,规划共建环境优美、配套完善、服务一流的国际人才社区,提升人才居住的便捷度和舒适度。继续引进国外优质教育资源开展合作办学,提升中小学国际化教学水平。推进国际化医疗设施建设,逐步建立与国际接轨的远程会诊系统,健全国际医疗保险境内使用机制,扩大国际医疗保险定点结算医院范围。

### 4.结合公交系统完善生活配套

在未来五年内完善轨道网与公交系统,切实解决区域交通不便和生活配套不足的问题,帮助企业留住人才。未来几年地铁逐步成网,"地铁效应"的释放会给站点周边带来巨大经济和社会效益。对于外围产业平台,围绕地铁站点进行高强度建设可大大增加服务人口。原则上地铁站点周边200米范围内应高强度开发。高层建筑尽量沿街建设,鼓励形成骑楼形式。同时,尽量开发地下商业空间,与地面商业连接形成商业空间网络。站点周边500米范围内,可进行商住综合开发。结合商贸物流、娱乐设施、体育健身等生活性设施,打造服务一体化的商业服务中心。

总之,所有人才相关的对策和建议都必须基于政府部门的合作协同推进。当前,亟须响应"最多跑一次"便民宗旨,建立统一完善的信息集成平台,搭建便捷高效的公共服务平台,简化人才的各类手续办理,为人才提供便利。在市场化引育人才、科技成果转化激励等方面深化改革试点,探索人才生态新途径。尤其是探索建立企业人才评价机制,建立以能力、业绩、贡献为主要

标准的人才评价导向,在科技项目申报、子女入学优惠政策中,建立由第三方专业机构和用人单位等市场主体评价用人机制。同时,建立人才项目考核机制和完善人才运行管理机制等。畅通退出渠道,定期对引进资助的人才对象予以考核,监督创新人才在岗情况,建立与市场需求接轨的人才考核机制,建立有进有出的末位淘汰制等。部门齐心协力,市场和社会发挥活力,才能最终克服人才短板,切实推进杭州世界名城的建设。

# 第十一章　杭州世界名城建设的交通国际化问题研究

　　城市国际化是一座城市向国际化城市逐步迈进的动态过程,是城市各项活动在跨国(境)界往来交流中,城市辐射力、集聚力、影响力不断增强,城市能级不断提高的过程。当今世界国际化城市行列中,不管是纽约、伦敦、巴黎、东京、中国香港等综合性国际城市,还是维也纳、米兰、日内瓦、苏黎世、达沃斯等专业性国际城市,都是交通区位重要、交通出行便捷、交通功能完善、交通服务优质、交通信息联通、"人便其行,货畅其流"的交通发达城市。杭州在举办"两会"、建设"两区",共建共享历史文化名城、创新活力之城、东方品质之城,建设世界名城过程中,必须进一步加快建设国际性区域交通枢纽,构建现代化综合交通运输体系,创建国家综合运输服务示范城市,打造亚太地区重要的国际门户,为城市国际化发展提供基础与支撑,发挥先导和引领作用。

## 一、杭州交通国际化的特色亮点

　　一是区位条件优越,具有国际化交通发展的前提。杭州位于长江三角洲南翼,地处杭州湾西端、钱塘江下游、京杭运河南端,交通区位重要,开发腹地广阔,集聚与辐射优势明显。杭州现为我国东南沿海地区重要交通枢纽、42个全国性综合交通枢纽(城市)之一和长三角南翼重要综合交通枢纽。萧山国际机场是全国第五大航空口岸,2016年客运吞吐量达约3159万人次(比上年增长11.4％)、货邮吞吐量约48.8万吨,分别位居全球第59和50位。全市航道总里程超过2000千米,年港口吞吐量破亿吨,其中集装箱吞吐量达约1.9万TEU。良好的交通区位和对外交通运输体系,是杭州交通国际化发展的重要前提。

二是交通设施较为齐备，具有国际化发展的基础。杭州拥有铁路、公路、水路、民航、管道及城市地铁、快速公交、常规公交、出租汽车及水上巴士、公共自行车等各种现代交通运输方式，交通流量大，国际交往频繁。亚洲最大铁路客运枢纽之一的火车东站和沪杭、杭宁、杭甬、杭长高铁已相继建成运营。市域"一绕九射一连"、614千米高速公路为主骨架，7条普通国道、15条省道、1000多千米高等级公路为支撑的骨干路网体系基本成型，实现了"县县通高速、镇镇通干线、村村通班车"。交通基础设施的不断完善，加强了区域交通联系，为促进杭州都市经济圈建设和接轨上海、融入长三角奠定了重要基础，为发挥杭州在国际范畴的集聚与辐射作用创造了条件。

三是现代物流发达，具有交通国际化发展的潜能。进入21世纪，市委、市政府全面启动现代物流业发展战略。经过10多年发展，杭州现代物流已经处于全国领先水平。国家物流信息平台发源于杭州、落户于杭州，传化物流和申通、韵达、圆通、中通、汇通等国际物流龙头企业在杭州创建，"四通一达"等快递企业现有分支机构2500余家，拥有各种运输车辆和设备10万余辆（台），业务量占全国民营快递业的70%，并以每年20%以上的速度快速增长。杭州被称为"中国快递示范城市"，现代物流的发展有效促进了传统交通运输业的转型升级，支撑全国电子商务中心和跨境电子商务示范区建设。

四是绿色交通全国领先，具有国际化发展的优势。"公交优先、公交优秀"，是全市公共交通发展的基本思路。九城区与四县（市）一体化并延伸覆盖杭州都市经济圈的公共交通网络初步形成，市区除地铁外有5条BRT线路、618条公交线路、8.68万辆公共自行车、9910辆出租车和8条水上巴士线路，并相继推出换乘优惠政策，主城区公共交通日客运量达402万人次，成功创建国家"公交都市"示范城市。另外，杭州特别注重绿色交通发展，公共自行车已成全国亮点和世界城市发展公共自行车的典范。主城区公交和出租车中新能源和清洁能源车辆的比例分别为85%、33%，全市营运黄标车全部淘汰。结合"五水共治""三改一拆""四边三化""两路两侧"推进市域绿道建设，总里程达760千米，"三江两岸"绿道南线基本贯通，环千岛湖绿道140千米公路入选全省"最美公路"。实施西湖景区环保行动，进入景区的公交车均为零排放的纯电动车辆，积极倡导"停车3分钟以上熄火"，实现低碳出行、绿色出行。

## 二、杭州交通国际化短板分析

一是对外交通方面,国际化通达水平不够。突出表现在两个方面,一是杭州空港国际化程度不够高;二是杭州缺乏出海大港,与国际大宗物资交流不畅。国际大都市一般都有两个及以上运输机场,如伦敦有 5 个,巴黎和纽约有 3 个,东京与上海等均有 2 个运输机场。杭州目前仅有杭州萧山国际机场,虽然在国内已处于相对领先地位,但是萧山机场国际航点、航线及国际旅客吞吐量与著名机场相比还有明显差距。同时,萧山国际机场受空域制约影响较大,进一步扩展受限。此外,空港对外集疏运过度依赖道路交通方式,私家车出行比例较高,影响区域辐射能力和服务品质。

二是区域交通方面,枢纽国际地位较低。杭州城市交通功能和地位发挥仍受限在区域枢纽层面。接轨上海、融入长三角,促进杭州都市圈发展是杭州城市发展的基本策略。但跨区域协调和资金、土地、环境等要素制约,影响了区域综合交通的融合发展和交通综合效益的整体发挥。杭州都市高速公路、临金高速、千黄高速等重大交通基础设施项目建设尚未全面建成,制约了市域和区域融合发展。此外,区域对外门户型枢纽结构不够合理,火车东站、杭州城站、火车南站处于城市同一中轴线上,且已基本没有引入新线的条件,难以进一步支撑城西和大江东地区空间拓展需要,城市内部尚未形成多种交通运输方式换乘枢纽体系,影响了综合交通一体化发展。

三是城市交通方面,"治堵"压力十分巨大。杭州城市拥堵直接原因主要是公交分担率低、轨道交通建设滞后和换乘枢纽体系不健全等。和伦敦、东京、中国香港等国际大都市相比,杭州城市交通出行结构过度依赖个性化、私家车出行方式,城市公交分担率虽然逐年提高,但主城核心区公共交通分担率(不含步行)仅为 40.1%,远低于国际大都市标准。另外,杭州城市轨道交通建设相对滞后。杭州现建成地铁 93.7 千米(截至 2017 年 10 月)、人均轨道里程 10.2 千米/百万人,远低于国内广州、南京等城市(广州建成 255 千米、20.1 千米/百万人,深圳建成 177 千米、17.1 千米/百万人,南京建成 195 千米、24.1 千米/百万人)。公交分担率低,加剧了城市交通拥堵,虽经多年持续治堵,但主城区高峰时段交通拥堵问题仍然突出。另外,城区停车泊位缺口仍然很大,道路交通违章现象仍然比较普遍,行车难、停车难、坐车难、打车难等问题还没有得到有效缓解。

四是交通管理职能相对分散,综合效益发挥欠佳。一方面,杭州综合交通规划、建设、管理、服务、运营等职能相对比较分散,条块分割、多头管理现象依然存在。由此,客观上影响了综合交通资源整合,降低了综合交通运输效率。另一方面,随着移动互联网发展,新兴业态不断涌现,政府与市场的边界有待进一步厘清,地面公交、出租汽车等管理体制和运营机制改革有待继续深化。

### 三、杭州交通国际化发展建议

建设"世界名城",全面推进城市国际化,增强国际竞争力,交通运输起着基础与先导作用。在打造亚太地区重要的国际门户的总体目标下,重点需要解决好对外交通、区域交通、城市交通的系统性问题,补齐短板,发挥优势,不断提高国际化、高品质交通运输有效供给,实现杭州交通高起点上的新发展。

#### (一)打造"四港一平台"对外交通体系

一是大力发展航空港。充分发挥航空在国际化过程中的龙头地位和核心作用。应大幅提升萧山国际机场的国际化程度,加快开辟欧美重点城市国际航线,提高亚洲主要城市的航班频率,不断完善东亚、东南亚航线,进一步扩大国际航空网络覆盖,推进萧山国际机场的航空口岸国际化。加快完善萧山国际机场空域和陆域机场集疏运体系建设,加快机场地铁线网建设,推进杭州火车西站—火车东站—萧山国际机场的轨道交通专线,有效解决机场交通出入单一、公交分担率低等一系列问题。处理好"港城"关系,实现机场发展和城市建设的融合发展。同时要大力发展公务航空,要抓住国家低空开放契机,结合杭州城西科创走廊建设,加快谋划杭州城西机场等建设,提升完善全市通用机场布局,全面提升杭州空港国际化水平,打造杭州与世界沟通的门户。

二是高度重视内河港。继续完善"一港、三干、四支"内河航道网络,利用富春江船闸建成的时机,抓紧推动京杭运河浙江段三级航道整治工程(含运河二通道),全面提升全市2000余千米高等级航道网比较优势,实现"三江两河"顺畅通达和杭州内河复兴发展。同时要抓住长江经济带、"一带一路"发展倡议,推动杭州港与舟山港、上海国际港等的战略合作,实现河海联运,大力发展进出口贸易。此外,借鉴水上巴士发展经验,积极发展内河水上旅游客运,加快推动游艇码头和游艇业发展,加大与旅游业等联动发展,提供高品质、多样化的水上运输服务。

三是充分拓展公路港。在现有物流产业布局基础上,进一步完善"物流园区—物流中心—配送中心"三个物流层次,布局形成"两圈六带五园十心多点"物流发展空间框架体系,加快形成适应现代物流发展的基础设施网络。同时要进一步开拓传化"公路港"建设模式,进一步发挥"四通一达"快递企业优势,为杭州跨境电子商务示范区发展提供强有力的支持。

四是逐步谋划铁路港。借助"一带一路"倡议,谋划杭州的铁路港建设,完善杭州高铁、国铁路网和长三角、都市圈城际轨道交通及枢纽站点体系布局,加强与义新欧铁路专线对接,逐步开通杭州至欧洲国家的国际物流专线,形成在杭州能直接出入境的铁路线网和铁路港。

五是全面建设交通信息港。利用电子商务、物联网、大数据等信息化手段,共同推进建设国家物流公共信息平台、跨境电子商务物流信息服务平台、物流公共信息平台三大平台构建的信息港。发挥交通信息港货源、车源高效匹配功能,提升物流业和其他产业融合发展的能力。

### (二)打造"两圈两区"区域交通体系

一是改善大城西产业集聚区交通。受原有城市空间规划和交通规划影响,城西是交通发展相对滞后的区域。随着阿里巴巴等企业入驻,城西产业布局初见端倪,交通成为制约产业发展的重要瓶颈。下一步,要重点加快城西地区交通规划布局,考虑长远,着眼当前,分阶段综合施策,有效缓解城西走廊的交通压力。同时加快推进城西综合交通枢纽建设,进一步完善与主城区间的交通联系,不断完善内部公共交通系统,并系统梳理科创走廊各阶段交通项目,为城西社会经济发展打下良好交通基础。

二是提升大江东产业集聚区交通。结合江东地区产业布局和发展特色,一方面要加强陆路交通,充分利用杭州市国省道路网调整契机,加快推动红十五线、江东大道、头蓬路的区域干线路网建设,尽可能利用国家政策优势,通过国省道项目立项缓解用地指标和部分建设资金压力。同时,加快沪乍杭等铁路建设,将客货两用的铁路引入大江东,支持江东企业货运采用铁路运输方式,降低物流成本。此外,继续深入研究江东出海码头建设,解决大宗货物运输困难的问题。

三是全面融合杭州都市圈交通。打破区域界限、行政界线,通过加快推动杭州都市高速公路、千黄高速、临金高速,杭绍甬等高速和国省干线公路规划建设,构建区域高品质综合交通运输网络,扩大交通运输基础设施有效供给,基本建成杭州市域"一绕、一环、十一射、三连"900千米高速公路骨架网络,实现杭州都市圈交通基础设施互联互通,进一步推动杭州都市圈城市间的联系。

四是深入衔接长三角都市圈交通。围绕打造"省会杭州至各设区市高铁1小时交通圈"要求,有序推进杭黄铁路建设,加快开工建设宣杭铁路电气化改造工程,启动建设望江门过江隧道、沪乍杭铁路、沪杭城际铁路、杭温高铁、杭绍台铁路、金建黄铁路建德段、杭建衢城际铁路(建德至衢州段),谋划建设杭州至武汉高铁。进一步融入大上海,进一步加强杭州与省内宁波都市区、温州都市区、金义城市群等联系,形成紧密互助、衔接顺畅的交通网络体系,发挥要素的集聚和辐射作用,促进产业在更大范围内布局发展。

### (三)打造公共交通优先的城市公交体系

一是要进一步加快城市轨道交通建设。加快完成轨道交通一期、二期建设,提前启动轨道交通三期建设。重点实施地铁1号线机场延伸段、2号线一期、二期、三期,4号线一期、二期,5号线一期、二期,6号线一期、二期,7号线,8号线,9号线,10号线一期,等等15个项目。此外,还要快速推动市域轨道交通富阳线、临安线和大江东、未来科技城、富阳、桐庐等区域的城市有轨电车项目建设,扭转轨道交通建设滞后的问题,为城市治堵和公交发展创造条件。

二是要加快枢纽布局,实现各种运输方式"零距离"换乘。构建以门户型客运枢纽为核心、市域公共交通枢纽为支撑、市区公共交通客流集散枢纽为辅助的三级客运枢纽体系。谋划杭州城西综合交通枢纽、大江东综合交通枢纽等大型交通枢纽建设,实现轨道、公路、水路等运输有效衔接和"零距离换乘"。

三是要继续发挥杭州特色亮点,打造杭州城市交通品牌。服务国际旅游,优化完善杭州旅游交通,提高交通品质和通达率。进一步发挥杭州慢行系统、公共自行车等交通资源,形成具有可复制推广的杭州特色交通品牌。

利用好"互联网＋"的后发优势,大力推动智慧交通建设。通过加快杭州综合交通中心、智慧交通云平台、交通感知物联网基础建设,建成使用智能化公交运营调度、交通诱导、停车诱导、城市公共交通公众出行查询系统等,提供科学、及时、准确的交通信息服务。

四是要加强管理服务,提高交通服务国际化水平。深化运输结构的转型升级,推进交通运输基本公共服务均等化,满足国际化、中高档、个性化运输需求。落实"公交优先、公交优秀"战略,提升公共交通出行分担率,深化出租汽车改革,完善高品质城市客运服务体系。积极支持发展汽车租赁,推进停车设施布点、税收优惠、信息化管理等政策落地。在便捷出行基础上,进一步增强交通服务的体验感,完善公共场所和服务设施,提高交通服务国际化程度。

### (四)深化体制机制改革,发挥综合交通优势

交通国际化,体制机制是基础,是保障。应深入推进交通供给侧结构性改革,深化交通项目投融资体制等改革,推广政府与社会资本合作模式。推进交通通道资源综合利用,提升土地和岸线等资源利用效率。完善综合交通运输管理体制和运行机制,发挥各种交通方式比较优势,促进综合交通运输融合发展、协同发展。

# 第十二章　杭州高新区(滨江)的国际化发展问题研究

G20杭州峰会的成功举办,推动杭州站在了新的历史起点上,市委第十二次党代会提出建设"独特韵味、别样精彩的世界名城"目标。杭州国家高新区(滨江)需更加清醒地把握当前所处的历史方位,肩负奋勇前行的责任担当,在世界名城建设中有大格局、首位度、贡献率,重点突出科技创新的特色和优势,在全市产业和创新国际化进程中发挥龙头、领跑、示范功能。由此,本专题始终围绕产业和创新国际化这一主线,阐明杭州高新区(滨江)国际化发展背景、概况、短板,提出未来五到十年的发展方向和重点,以期推动"滨江"大步快走,努力建成世界一流高科技园区,为杭州世界名城建设提供不竭动力。

## 一、杭州高新区(滨江)国际化发展背景研究

### (一)国际化发展的背景和趋势分析

新一轮产业和技术变革加速推进创新国际化,"一带一路"国际合作推进我国包括浙江开启更高层次的开放发展,杭州加快建设世界名城,这些都为高新区(滨江)的国际化发展带来全新的机遇。

#### 1. 反全球化的全球化风险和机遇并存

世界经济正处于信息技术为核心的第五波长周期的下行阶段,经济增长极其不稳定,全球贸易疲软,金融市场动荡,反全球化和贸易保护主义日渐抬头,地缘政治崛起。但同时,新一轮产业和技术变革蓄势待发,知识经济成为全球产业变革的突破口。国际分工的重心从生产领域向科创领域转移,多中心、多节点组成的全球创新网络日渐形成。科技企业正影响全球经济和生

活,全球科创中心的地位在加强,世界科技中心正从欧美向亚太地区拓展。全球化步入新的十字路口,带来了各种风险和机遇。

### 2.中国走向"一带一路"改革开放新征程

为适应全球化新变局,中国正推进以货物贸易为主的"一次开放"转向以服务贸易为重点的"二次开放"。国家"一带一路"倡议深入实施,供给侧结构性改革稳步推进,中国由经济全球化的重要参与者转变为主要引领者。当前中国已经成为资本净输出国,未来五年进出口总额将达 8 万亿美元,引资 6 万亿美元,境外投资 7.5 万亿美元,中国经济趋好的态势更加清晰。但当前中国实体经济也遭遇新挑战,经济增长新动力亟待提升。

### 3.浙江推进发展更高层次开放的"大湾区"经济

当前,浙江开始迈入工业化后期发展阶段,强化创新驱动与促进经济转型升级。2016 年出台《加快培育浙江本土民营跨国公司三年行动计划(2017—2019 年)》,力争培育具有一定国际竞争力、总部设在浙江的本土民营跨国公司 20 家。2017 年省第十四次党代会报告提出,要以国际化为导向,以"一带一路"统领新一轮改革开放,重点打造五大枢纽,即国际港航物流枢纽、国际贸易枢纽、国际产能合作枢纽、国际新金融服务枢纽及国际人文教科交流枢纽。浙江正着力推进"大湾区"经济建设,打造以上海为核心的世界级城市群的重要组成部分。

### (二)国际化发展的趋势分析

从制造业全球化到服务业全球化,再到创新全球化,高新区发展契合了每一次全球化步伐。在新时期,国际化正逐步成为我国高新区持续发展的内在动力,也成为高新区(滨江)进一步发展的必然趋势。

### 1.趋势一:高新技术产业集聚区成为世界经济创新发展的主阵地,抢占全球价值链制高点

当前已经进入创新全球化阶段,创新资源加速在全球布局,全球流动的核心是创新。在创新全球化的大背景下,以科技园区为主体的创新集群已经成为推动世界经济创新发展的重要引擎,发挥着整合跨国技术转移产业链,推动不同国家、不同技术领域与不同文化背景之间的跨界交流和交叉合作的重要作用。各国的高新技术产业区不断优化环境、培育创新集群,打造全球

化的科创中心,嵌入全球价值链并进一步在价值链中升级,以占有价值链中高附加值部分。同时,硅谷等全球科创中心正通过思想、文化和信息国际化等虚拟国际化来影响全球。

### 2. 趋势二:我国高新区国际化驶入快车道,进入全面推动阶段

我国高新区从初创阶段、创新和产业大发展阶段正逐步走向国际化和高端链接阶段。2008—2013年,我国高新区出口创汇保持了15％以上的年均增长速度;2015年,高新区企业出口创汇达到约4732.73亿美元;聚集10.92万名留学归国人员和5.45万名外籍常驻人员。我国高新区将进入产品国际化、要素国际化、组织国际化并行的全面国际化阶段。从趋势上看,高新区产品国际化以服务贸易特别是高附加值的高技术服务业为重要方向;要素国际化以人才、技术、资本等创新要素的跨国流动为主要内容,表现为留学生创业、国际风险资本进入、企业在境外资本市场上市、从国外引进先进技术等;组织国际化以企业跨国并购、境外设立分支机构、国际组织进入中国、中国企业参与国际组织等为主要内容。

### 3. 趋势三:我国高新区国际化走出两条路径,并探索多元化模式

我国高新区国际化有两种主要路径:一是以外向型经济引发国际化,二是从满足国内市场走向国际化。在新阶段,这两种国际化路径最终都将形成"以提升自主创新能力为目标、主动实施国际化"的新路径。近年来,我国高新区在国际化的道路上探索了更加多样化的模式,出现平台国际化、集群国际化等新趋势。比如,中关村国家自主创新示范区国际化出现了现代服务业国际化步伐加快、领军企业开展系列国际并购、市场化的平台型国际企业快速发展,信息、文化的国际化融入加速;广州高新区依托中新广州知识城,搭建了一批开放创新重大平台等。

2016年杭州高新区(滨江)实现国内生产总值约901.4亿元,增长14.0％,位居全省工业强县(市、区)综合评价首位。经过二十多年发展,杭州高新区(滨江)已经在147个国家高新区中位列第一方阵,在2016年科技部公布的国家级高新区综合评价中排名第六,在2017年最新公布的全国147个国家级高新区中综合排名第三,创历史最好水平。作为内生增长型的高新区,面对当前新发展趋势,全面开启产业和创新国际化战略,已经成为高新区持

续发展的内在动力,也成为杭州建设世界名城的核心内容及浙江发展"大湾区"经济的战略重点。

## 二、杭州高新区(滨江)国际化发展的现状研究

多年来,杭州高新区(滨江)吸引了众多海归人才,搭建了无数孵化器,诞生了阿里巴巴、海康威视、新华三等一大批国际化企业。这种"内应外合"既"走出去"又"走回来"的地方发展方式,也使得杭州高新区(滨江)成为杭州此轮发展中的"最国际之地"。2016 年 6 月科技部火炬中心将杭州高新区(滨江)列入建设世界一流高科技园区计划序列,其国际化任务和使命更加清晰。

### (一)国际化发展的整体概况

依据杭州高新区(滨江)统计年鉴和火炬中心统计指标,选取近四五年相关数据进行纵向比较,全面分析高新区(滨江)产品国际化、要素国际化和组织国际化的制度演进过程和发展现状。

### 1.产品国际化出现转型,贸易内容、目标市场不断拓展

高新区(滨江)产品国际化程度逐年递增,2016 年进出口总额 68.82 亿美元,出口总额超过进口总额近 40 亿美元,五年内进出口增长 69.63%,年平均增速为 13.9%(表 11-1)。高新区(滨江)信息经济高速发展,带动服务贸易增长提速,促进区域贸易结构转型。2016 年,区服务外包离岸执行金额 31.63亿美元,相比 2012 年 16.12 亿美元,总额接近翻番,年均增长 19.2%(图 11-1)。会展、动漫、游戏等文创产业扩大服务贸易,2016 年国际动漫节和杭州文博会期间,近 100 个国家的 4500 余家企业、机构来杭,实际成交及达成签约交易、意向合作项目 200 余亿元。网易(杭州)、玄机科技、魔域科技和中南卡通、喜悦动漫、祖宝动漫等以原创游戏、动漫作品为主进入欧美和东南亚等市场。截至 2017 年 4 月,中南卡通累计实现出口收入 1820 万美元。

近年来,区内有条件的企业通过 BOT、EPC 等新业务模式,融入"一带一路",实现从"产品走出去"向"解决方案走出去"转型。例如,2016 年大华技术通过承接海外"边境安防项目"等实现境外承包工程营业额 2.67 亿美元。当前,在国际市场反全球化压力下,区内企业更加主动应对,2016 年新设海外营销网络 17 个,主要分布于美国、中国香港、新加坡等 15 个国家和地区,特别是

积极介入东南亚(特别是印度)、南非、拉美和俄罗斯等新兴市场,涉及行业不断拓展,外经规模不断扩大,海康威视、大华、正泰、泰格等一批高科技龙头企业正积极走出去,产品国际化的科技含量不断提升。

表 11-1　2012—2016 年杭州高新区(滨江)产品进出口基本情况

| 指　标 | 单　位 | 2012 年 | 2013 年 | 2014 年 | 2015 年 | 2016 年 |
|---|---|---|---|---|---|---|
| 自营进出口总额 | 亿美元 | 40.57 | 47.71 | 58.18 | 65.14 | 68.82 |
| 增速 | % | -3.99 | 17.59 | 21.94 | 11.96 | 5.64 |
| 其中:出口 | 亿美元 | 31.43 | 36.72 | 45.80 | 51.14 | 54.40 |
| 增速 | % | -1.75 | 16.79 | 24.73 | 11.65 | 6.37 |
| 其中:进口 | 亿美元 | 9.13 | 10.99 | 12.37 | 14.00 | 14.41 |
| 增速 | % | -11.01 | 20.37 | 12.64 | 13.08 | 2.92 |

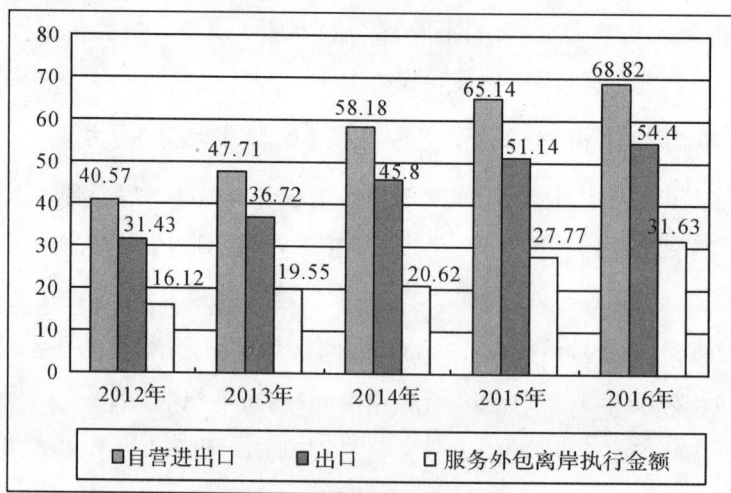

图 11-1　2012—2016 年杭州高新区(滨江)产品出口和服务外包情况图(单位:亿美元)①

### 2.要素国际化全方位推开,人才、技术和资本双向流动加速

近年来,杭州高新区(滨江)的人才国际化主要体现在引入海外高层次人才在区内创业。截至 2017 年 5 月底,已累计引进"5050 计划"项目 400 余个,累计拥有国家"千人计划"70 人、国家"万人计划"10 人、国家科技创新创业人才 19 人。海外留学人员和外籍常驻人员占从业人员的比例,从 2012 年的

---

① 数据来源:杭州滨江区历年统计年报及商务局历年统计。

0.88%增加到 2016 年 1.08%(表 11-2)。在引进人才上,一方面是通过市场运作进行引才,比如依托杭州硅谷孵化器引才,鼓励区内的孵化器走出去,贝壳社在澳洲做孵化器引入人才,偶乐(波士顿的留学中介服务机构)、涌隆孵化器(面向欧洲)受托也为高新区(滨江)引才。另一方面,随着区内企业"走出去"步伐加快,企业不仅请大量外国专家到企业提供技术辅导,同时将企业科研人员输送到国外进行交流培训,而且这种双向流动日益频繁。

国际技术转移和人才、资本的双向流动密切关联,近年来搭建的国际科技合作平台,如中以国际创新园、中英国际投资论坛、中加国际科技园、滨江国际医疗创新论坛等国际科技合作平台,英飞特、科畅等企业开展的国际科技合作基地建设,都不断为高新区(滨江)输入和输出高新技术,目前高新区(滨江)境外研发类项目累计达到 31 个。2015、2016 年高新区(滨江)每万人当年新增欧美日专利授权数分别为 12.1、12.5 件,比 2012 年 4.4 件有显著提升(表 11-2)。2015、2016 年当年实际利用外资 7.66 亿美元、8.06 亿美元,比 2012 年的 5.81 亿美元增长明显。

近年来,资本走出去速度加快,且以研发投资为主。2016 年境外投资中方投资额 5.02 亿美元,是年度目标任务 1.25 亿美元的 401.6%,累计 59 家企业申请投资备案;技术研发类项目 50 个,占全部投资总额的 90%;2015 年境外投资中方投资额 7.57 亿美元,是年度目标任务 9800 万美元的 772.3%。其中新设境外投资 26 个,增加对外投资 13 个,新设境外机构 6 个,投资额在1000 万美元以上的项目 5 个。相比之下,2012—2014 年度境外投资中方投资额分别为 1.06 亿美元、1.84 亿美元、1.57 亿美元,2015—2016 年的境外投资额大幅提升(图 11-2)。

表 11-2 2012—2016 年杭州高新区(滨江)国际要素基本情况[①]

| 国际要素相关指标 | 单 位 | 2012 年 | 2013 年 | 2014 年 | 2015 年 | 2016 年 |
|---|---|---|---|---|---|---|
| 引进留学人才 | 人 | 107 | 147 | 236 | 310 | 310 |
| 海外留学归国人员和外籍常驻人员占从业人员的比例 | % | 0.88 | 1.02 | 1.09 | 1.07 | 1.08* |

① 数据来源:杭州滨江区历年统计年鉴、火炬统计及人才办历年统计,* 为统计预估值,待国家火炬中心审核。

续 表

| 国际要素相关指标 | 单 位 | 2012 年 | 2013 年 | 2014 年 | 2015 年 | 2016 年 |
|---|---|---|---|---|---|---|
| 万人当年新增欧美日注册商标数 | 件 | 93.9 | 95.2 | 96.4 | 97.1 | 97.5* |
| 万人当年新增欧美日专利授权数 | 件 | 4.4 | 6.2 | 8.4 | 12.1 | 12.5* |
| 当年实际利用外资 | 万美元 | 58103 | 81018 | 71274 | 76615 | 80648 |

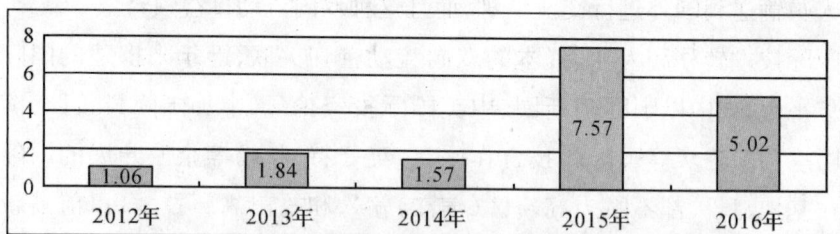

图 11-2    2012—2016 年滨江高新区境外投资中方投资额图(单位:亿美元)①

### 3.组织国际化逐步加深,生产、营销、研发国际化全链升级

企业组织国际化实现从生产国际化到研发、营销国际化的价值链升级。一是设立境外生产基地,培育全产业链竞争优势。近年来,杭州高新区(滨江)企业在参与国际竞争过程时已不再享有"低成本"红利,同时为推进企业转型升级,部分企业通过境外直接设厂增强企业竞争优势。正泰太阳能通过"走出去"在海外建电站,以及建立德国、泰国生产基地实现了部分供应链转移、成本大幅下降和光伏组件生产国际化。同时帮助企业有效规避外贸壁垒,实现产品本土化销售,快速切入当地市场,在转型升级大洗牌时代捷足先登,打造了中国企业进行海外投资的新样板。二是建立全球营销网络,扎实推进品牌战略。掌握国际先进水平拥有自主知识产权、核心技术的企业率先"走出去",通过境外设立营销网络将自主品牌推向国际市场。近年来,杭州海康威视通过实施自主品牌策略,参与国际标准制订、加大研发投入和技术创新等,积极布局海外市场,设立全球子公司,将自身产品不断推向国际市场,实现了海外业务高速增长。三是并购高端研发中心,共享全球创新资源。"海外并购"是企业获得成熟先进技术、吸引智力资源的有效渠道,区内并购项目涉及新能源、电子通信、先进医药等行业,比如海康威视在英国并购研发

---

①    数据来源:杭州滨江区商务局历年统计。

机构,企业通过收购兼并海外高端研发企业快速壮大自身业务版图,实现弯道超车。

### (二)国际化发展的案例剖析

从面到点,通过实地调研,发现杭州高新区(滨江)企业在国际化进程中形成了独特路径:一是以核心技术为支撑实现国际化发展突破,如海康、大华等通过核心技术反超国外,在国际市场上占据重要地位;二是以创新为理念为企业搭建国际化经营平台,网易和阿里搭建跨境电商大平台,阿里"一达通"平台为大量中小企业提供了直接对接国际市场的全新渠道;三是新型孵化器具备"国际化"基因,贝壳社、六和桥和诚高中以孵化器等方式,通过全方位的国内外创新要素对接,实现创业服务无国界;四是技术转移平台建设推进生产要素国际化,聚光科技、技术邻等技术转移平台,通过与国外科研院所合作等,实现技术要素的国际化研发、转移。具体如:

### 1. 国际贸易创新案例——阿里一达通"新贸易"平台

阿里巴巴在国际贸易方面,创新阿里网站、中国供应商与一达通平台为核心"铁三角"架构,形成了"一环一圈"的"新外贸"平台模式。首先,建构"一环":基于信保与一达通架构的交易闭环。一达通外贸综合服务平台以电子商务的手段,为供应商提供一站式信息、交易、金融、通关、物流、结汇、退税等各环节出口服务,并通过境内"关外仓"等形式提高交易率,过程中形成卖家数据沉淀,而阿里信保则通过出口履约担保为卖方增信、保障买方利益,扩大出口市场,过程中形成买家数据沉淀,买卖双方数据通过大数据技术将成为"新外贸"发展的重要资源。其次,打造"一圈":由阿里一达通、中供拍档、政府等共建形成的生态圈。有代表性的是中供拍档模式,在我国外贸体系不完善的三四线城市,搭建外贸电商城市服务站,让当地供应商得到及时高效的服务。再次,推广"新外贸"模式:阿里将"新贸易"模式复制到其他国家或地区。阿里在东南亚收购了一家电商网站,在马来西亚建立了第一个试验区。阿里通过"新外贸"实践,为众多中小企业,特别是制造企业提供了方便、快捷对接国际市场的通道;越来越多的海外非会员买家把阿里信保作为必要的保障手段;中供拍档模式已覆盖我国将近30个省、自治区、直辖市,在宁夏建立的"宁浙电商创业园"对接"一带一路",成立仅3个月即产生3000万美元的企业交易额。

### 2.国际市场创新案例——海康威视"三步走"海外战略

杭州海康威视数字技术股份有限公司国际化主要分三阶段、三步战略。第一步:产品"走出去"战略,通过 OEM、国际贸易进行产品国际化。第二步:市场"走进去"战略,即国际化品牌自主营销阶段,通过分批建立 30 多个海外分公司,做到营销人员、服务网络本土化,实现"OEM→ODM→OBM"华丽转身,产品贸易占公司海外业务的比重从 50%—70% 下降为目前的 20%。第三步:企业"走上去"战略,即全面国际化阶段,通过海外生产本土化和布局研发机构,海康逐步从以安防为主导的产品提供商,转向以视频内容、视频服务为主导的方案提供商。2016 年,海康并购了英国老牌报警产品公司 PYRO-NIX,实现技术、品牌在当地市场的互补,未来将根据各国贸易壁垒、经济增长、市场发展潜力等因素重点考虑在印度、北美建厂。同年,海康借助当地科研、创新实力在加拿大蒙特利尔、美国硅谷设立研发中心。海康正努力发展为服务网络、服务能力、供给链条、生产研发均实现国际化,且具有核心影响能力的国际化公司。与华为等对标公司相比,海康全球集采与供应能力、生产研发布局仍有差距,特别是在品牌建设方面,海康部分产品在国际市场占有率名列第一,但品牌知名度及影响力较弱,与市场占有率并不匹配。

### 3.国际孵化创新案例——六合桥"双子星"国际孵化集群

六和桥国际双子星孵化集群项目将通过打造全省首个国际双向孵化集群与首个基于上市公司产业链上下游的孵化器,突破人才国籍界限和公司围墙,形成全球科技人才聚集和自由流动,同时进一步促进区域多层次资本市场发展,实现资本集聚效应,并发挥资本乘数效应。六和桥已经在美国、加拿大、英国、法国、德国、瑞典、瑞士、意大利、荷兰等国打造了首批 9 个中外双子星孵化器,致力于建成国内和国外的双向孵化通道,一方面在东方通信大厦打造 7000 平方米的项目落地点,以杭州这一创新创业生态示范区吸引国际创新项目,另一方面将境内创新项目推向国际,实现孵化团队、知识产权、投资资本互享,并在两国间互为桥头堡,减少双边国际拓展成本,增强拓展力量。

### (三)国际化发展的区域比较

依据 2016 年火炬统计年鉴数据(反映 2014 年情况),杭州高新区(滨江)

国际化单项排名列第 8,低于综合排名(第 6)。在此选取中关村、张江、成都、深圳和杭州高新区(滨江)五家高新区的国际化指标数据进行横向比较,进一步分析国际化的相对水平。杭州高新区(滨江)面积只有这四家高新区的五分之一到四分之一,发展总量上处于劣势,在此国际化比较尽量选取比例指标,更加客观衡量区域差距。总体上,杭州高新区(滨江)的国际市场拓展、国际要素集聚和国际技术转移平台相对不足。

### 1.杭州高新区(滨江)国际市场拓展相对不足

与国内主要高新区比较,杭州高新区(滨江)国际市场拓展能力相对不足。从产品出口分析,2014 年中关村、张江、成都、深圳的出口创汇分别为298.85 亿美元、319.18 亿美元、150.37 亿美元、170.27 亿美元,而杭州高新区(滨江)只有 58.64 亿美元,处于五家高新区末位。从内资企业设立的境外分支机构数分析,五家高新区的机构数分别为 299、82、157、110、49 个,杭州高新区(滨江)机构数最少。从企业累计参与制订国际标准数量分析,五家高新区的数量分别为 238、38、18、48、7 件,杭州高新区(滨江)同样最少。从高新技术企业出口额占园区营业收入的比例分析,五家高新区的比例分别为0.41%、1.5%、0.94%、2.95%、0.88%,杭州高新区(滨江)该指标低于全国高新区平均值 0.92,仅排 40 位,在各项国际化指标中排位最低。从技术服务出口额占出口总额的比例分析,五家高新区分别为 10.59%、9.27%、28.5%、3.44%、9.02%,杭州高新区(滨江)高于深圳,落后于其他三家。从各项国际化的总量指标来看,杭州高新区(滨江)因体量小,确实处于劣势,但几个比例指标也只是处于中等偏后的水平(图 11-3)。

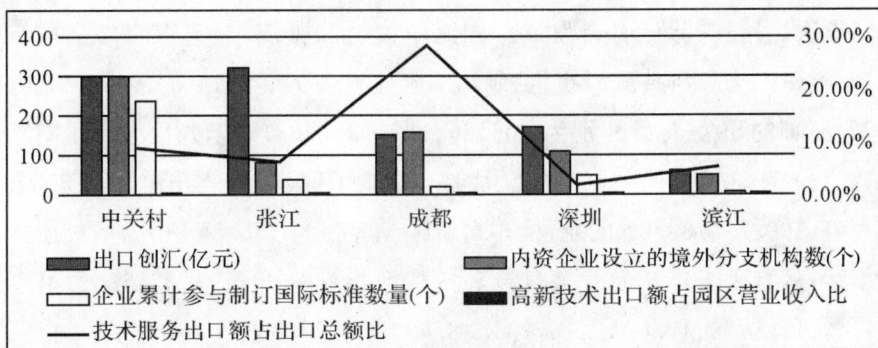

图 11-3　各高新区的国际市场拓展比较图

### 2.杭州高新区(滨江)国际生产要素集聚相对较少

首先,吸引的国际投资相对较少。截至 2015 年年底,中关村有 200 多家世界 500 强企业设立分支机构,留学归国人员创办的企业超过 6000 家;外商在张江累计设立跨国公司地区总部 580 家,投资性公司 330 家,研发中心 411家,是总部最集中的区域;深圳高新区已有 46 家国际机构入驻,累计引进 550多个企业和项目、230 余项先进技术,协助近 200 家企业在境外设立分支机构。而杭州高新区(滨江)仅有 26 家世界 500 强企业在区内投资 38 个项目。

其次,国际化人才相对较少。2014 年,中关村、张江、成都、深圳海外留学人员分别为 27151、9698、5182、2352 人,而杭州高新区(滨江)只有 1996 人;中关村、张江、成都、深圳的外籍常驻人员数量分别为 8533、6659、830、714 人,杭州高新区(滨江)为 877 人,仅高于深圳高新区;从海外留学人员和外籍常驻员工占从业人员的比率分析,中关村、张江、成都、深圳该指标的比例分别为1.46%、2.18%、3.51%、0.7%,杭州高新区(滨江)为 1.09%,低于全国高新区平均值 1.19%,位列 27 位(图 11-4)。

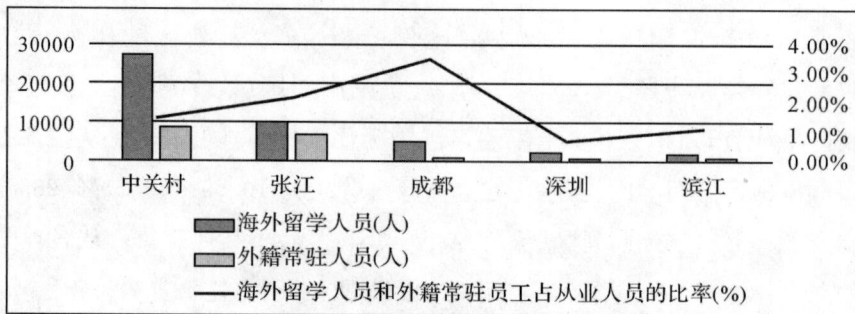

**图 11-4 各高新区的人才国际化比较图**

再次,科技国际化有待发展。相比中关村和张江,缺乏国家级的研究型大学、科研机构和科技服务机构,制约国际化竞争力。2014 年,中关村、张江、成都、深圳的研发人员分别为 206165、123679、52031、67713 人,杭州高新区(滨江)为 54967 人;中关村、张江、成都、深圳的研发经费支出分别为 595.61、434.01、100.73、183.01 亿元,杭州高新区(滨江)为 155.84 亿元,只高于成都高新区;从万人当年新增欧美日专利授权数指标分析,五家高新区的分别为8.71%、19.68%、17.57%、16.38%、8.43%,杭州高新区(滨江)是张江、成都、深圳的一半左右(图 11-5)。

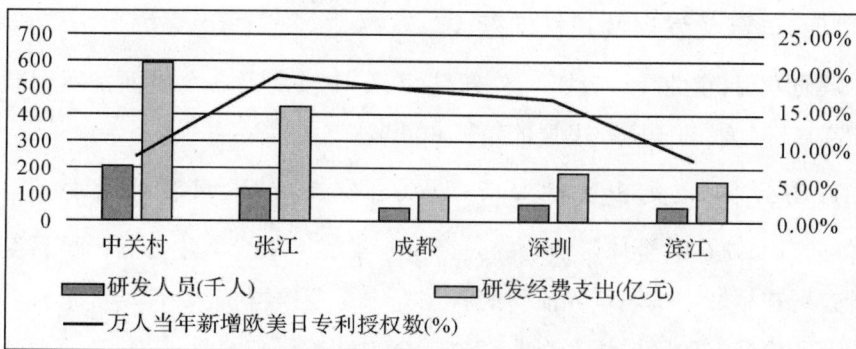

**图 11-5 各高新区的科技国际化比较图**

最后,创业孵化器相对较少。中关村的创业孵化能力在全国范围内具有明显优势。随着微软云加速器、清华科技园创源硅谷孵化器、清控科创硅谷孵化器等建立,车库咖啡、天使汇、36 氪、黑马会等孵化器纷纷开始国际化运营。在张江创业中心大力推动下,2015 年年底张江孵化器累计达到 60 多家,孵化范围从集成电路、生物医药等张江传统产业领域,拓展到智慧医疗、大数据、工业 4.0 等多个前沿领域,孵化形态趋于多元。深圳高新区已入驻 30 多个国家和地区共 70 多家国际孵化器,虚拟大学城引入国际知名高校及其孵化园。截至 2016 年年底,杭州高新区(滨江)市级以上孵化器仅 18 家,国家级仅 6 家,具有国际孵化能力仅有贝壳社、六合桥、MY CRAFT 等少数几家,孵化范围主要集中于医药与信息技术等领域,与上述高新区有较大差距。

### 3. 杭州高新区(滨江)国际技术转移平台相对欠缺

中关村一批实力较强的科技企业加快了"出海"步伐,在全球知识、人才最为密集的区域设立研发机构和创新中心,开展原始创新或与全球著名高校、科研院所进行研发合作。2015 年年底,中关村已集聚国内外技术转移机构近 120 家,开拓欧美、韩国等国际技术转移渠道 1000 多条,完成国际技术转移项目近 200 个。张江已在美国波士顿设立海外科技园区、与硅谷之间建立线上线下相结合的互联平台,开展两地专家和企业家的互动交流和技术项目研讨。深圳高新区的华为、大疆、比亚迪等本土企业正大举参与全球布局。但杭州高新区(滨江)除了阿里、华三等少数企业在国外设有技术转移中心,很多企业还未跨出这一步。与其他高新区比较,杭州高新区(滨江)的技术研发海外布局能力及国际技术转移能力均有待提升。

### (四)国际化发展的短板问题

调研发现,企业、政府政策、外部环境、工作机制等各个层面都存在制约杭州高新区(滨江)国际化发展的短板和问题。

### 1.企业层面:走出去核心项目少、自有品牌缺、风控能力弱

一方面,缺少具全球影响力的先锋企业集群。缺少像华为、腾讯、百度等一批在所在领域内排名世界前列的科技先锋企业集群,无法带动上下游产业链的企业集聚。①区内领军企业尚缺乏全球性布局与行动能力,企业海外布局仍处于初级阶段,2014 年,区内营收千万元以上的 791 家火炬科技型企业中,77 家企业高新技术产品出口占营收总额 6.82%,33 家企业技术服务出口占营收总额 0.98%,比例较低。791 家企业该年在境外设立 55 个营销服务机构、13 个技术研发机构、3 个生产制造基地,分支机构总量不多。②企业现有海外分支机构基础运营能力不足。比如大华科技海外 32 家分支机构的外派人员平均年龄低、运营能力尚有欠缺。③缺乏与真正国际化相匹配的企业品牌。营收千万元以上的 791 家企业累计境外注册商标 2602 个,占注册商标总量的 28.47%,参与制订产业国际标准数 50 个。华三通信在国内市场上的占有率远高于思科,但在国际市场上与思科却存在着量级上的巨大差距,90%海外市场要借助惠普品牌,尚无法匹敌思科强大的品牌效应。④产品线相对单一,"走出去"的核心项目少。如海康主要围绕视频解决方案进行有限延伸,目前产品线相比同行巨头较单一。

另一方面,中小企业国际化经营大多尚未起步。在网络信息技术高度发展的条件下,国际化经营程度与理念更新、新技术的应用相关性正在增强,而与企业自身规模等相关性正在减弱,这一趋势在高速发展的深圳等地表现明显,深圳已经培育一批像光启、柔宇科技、奥比光中等快速成长的国际化新锐企业。杭州高新区(滨江)仅少部分企业开展了国际贸易,国际化经营人才和经营渠道的缺乏、战略定位的影响及对国际化经营问题认识不足制约了中小企业的国际化发展步伐。

### 2.环境层面:城市服务水平、区域品牌声誉和文化软实力不足

一是生产、生活成本升高阻碍国际化进程。近年房价、房租、物价等成本上升对国际化进程中人才引入、企业发展、创新创业造成严重影响。二是

国际化商务、生活服务基础亟待提升。在城市建设方面,区内产业园较多,但商业和日常生活配套设施相对缺乏,商务和生活便利性存在问题;在公共服务方面,与深圳、上海等地相比,浙江省内,以及杭州市内缺乏完备的国际性医疗和教育资源。三是与国际化相适应的文化建设、居民社区建设有待加强。深圳市 2014 年提出"国际化典型社区"建设并进行试点,而杭州高新区(滨江)国际化社区建设尚处在起步阶段,部分在杭工作、创业的外籍人士反映缺乏必要的归属感。四是欠缺与文创企业发展相匹配的海外通达环境。互联网管制下网络不完全开放,直接影响网络游戏公司的海外业务推广。

### 3. 政策层面:国际化政策红利减少,政策灵活性和系统性不足

一是政策红利不断减少。全国各地人才、资本、技术、土地各领域政策层出不穷,政策趋同性明显。如人才方面,杭州高新区(滨江)2009 年在全省最早出台了引进海外高端人才"5050 计划",各地纷纷跟进,且部分地区引才力度已超过杭州高新区(滨江),杭州余杭区未来科技城的"国千"人数反超杭州高新区(滨江)。二是部分领域政策缺失。杭州高新区(滨江)虽已出台支持国际化的专项政策,目前政策执行仍分散在科技局、商务局和人才办,政策整体性系列政策,政策覆盖面不足,针对海外研发合作和员工出国培训等方面的政策不明确。三是政策落实及执行效率不高。如在外籍人员身份认定等方面,省、市等各层面均有规定,但在实际执行过程中,"政策壁垒"尚未打通,相应的便利政策无法落到实处;在对企业或引进人才优惠政策方面,房租等相关补贴从申请、审批直到最终落实要经过相当漫长的时间,且过程中难以做到信息及时有效沟通;在企业"走出去"方面,海外并购的各层次审批时间过于漫长,已成为影响海外并购成功率的主要障碍。

### 4. 工作层面:缺少负责机构和工作机制推进国际化战略

杭州高新区(滨江)国际化尚处于"民间自组织数量稀缺、政府他组织刚刚起步"阶段。从政府工作层面看,一是缺乏全域性国际化推进规划。战略目标、前进路径、工作步骤、方法策略尚未达成共识。二是缺乏专职负责推动国际化的组织机构和工作考核机制。国际化工作及相关政策散见于各部门普通日常工作,并未得到特别重视,缺乏协同性及有序性,政府工作人员的激

励考核机制缺失。其结果是部分企业反映市场与政府主体间国际化信息和资源对接不畅,对各类支持政策信息不够了解。三是缺乏对国际化产业新生业态的专业研究和快速反应。如阿里一达通"新贸易"作为一种新生业态,虽然各地政府给予了很大支持,但在一些重要领域的监管理念及工作方式方法仍未适时转变,其中,在海关监管方面仍以平台一达通公司为单一对象,而一达通公司无法做到全链条式追踪监管;在税收管理方面,杭州高新区(滨江)国税部门承担了平台内绝大多数出口企业的退税等工作,但其机构人员数量并未发生变化,导致工作压力较大。

## 三、国内外一流高科技园区的国际化经验分析

### (一)全球著名高科技园区的国际化经验

选取当前全球创新活力最强的硅谷和以色列特拉维夫为学习标杆,深入剖析两大世界一流高科技园区的成功经验。

#### 1.硅谷园区:"三区合一"的全球科创中心

硅谷是目前世界上国际化做得最著名、最成功的科技园区,实践中的硅谷实现了校区、园区和社区的高度融合,"三区合一"推动全球科创中心发展,具体园区国际化措施包括:

(1)"外引型"人才战略

据统计,硅谷每年吸引外来技术移民数量超过 2 万人,硕士以上学历的高素质人才有 64% 来自海外,技术移民创办的企业占比超过 1/3。硅谷的人才资源路径走的是一种"外引型"人才战略。首先,优先给予外国专业技术人才和其家人美国公民待遇,允许他们迁入美国。其次,利用外籍留学生。硅谷中的高层次人才以学生身份从世界各地来到这里,建立他们的网络并维护与自己母国的密切联系,这些人奠定了硅谷强大的全球链接基础。

(2)打造适合国际性人才生活的优质社区

硅谷对辖地居民的教育高度重视,受到外籍人才的普遍赞誉;硅谷对居民健康与安全的关注超过加州其他地区;硅谷还密切关注居民居住密度、通勤方式、住房可支付性、房租可支付性、公民参与等,从而为外籍人才提供了一个优质生活社区。

(3)营造发展国际化所需的良好环境

硅谷拥有国际化所需要的金融、保险机构,有会计、法律、信息咨询、市场调查、会展、研发与技术服务、教育培训、广告、公关等高度发达的中介组织,能为企业国际化提供综合配套的服务。此外,硅谷在市政、教育、交通、信息资源流通、社会保障等方面亦具全球领先性,具有有利于国际化发展的自由宽松、以人为本的良好环境。更为重要的是,硅谷风险投资充裕,这些风险投资活跃于国际风险资本市场,不仅支持硅谷本土企业的国际化发展,而且对国外有发展前景的企业青睐有加。

(4)培育开放创新的市场主体

硅谷的市场化程度很高,与其他国家高新区比较,其国际化发展主要是企业的自发行为。首先,硅谷企业研发全球布局,如谷歌、微软、思科等均在海外建立了研发中心。其次,硅谷高度重视国际合作研发,2014 年硅谷地区国外合作专利在比重上占到总专利数量的 15％以上。近年来,硅谷加大了对国外以获取技术、市场份额为目标的企业并购。据统计,2013 年,硅谷地区企业国外并购案例近 1000 起,同期中关村企业并购案例仅为 134 起,其中海外并购 14 起。

## 2. 以色列特拉维夫科技园:政府推动的创新创业天堂

近年来,地处沙漠边缘地带的中东小国以色列,在高新技术产业国际化方面取得了令人瞩目的成就。在科技创新上的出色表现,让以色列特拉维夫被誉为"硅谷火种在全球最好的承接者与复制者",其中政府作用功不可没。

(1)大力培育初创型企业

以色列因国内市场狭小,其初创企业从诞生之日就服务于全球市场。为了扶持初创企业的国际竞争力,以色列政府制定了《投资促进法》,对园区具有高技术含量和高附加值、在国际市场上具有竞争力的投资项目给予政策倾斜,但同时对所支持的项目进行严格的评估与筛选,以色列评估机构的项目申请通过率一般只有 3％,从而保障所支持的项目具有较强的国际化潜力。此外,特拉维夫市政府将其目标定位于以创新为主的国际商业中心,陆续出台举措,包括为创业公司提供由政府补贴的公共办公空间、建立网络信息平台、促进创业者交流与合作,为企业提供优惠税率等。

（2）重视发展国际化风险投资基金

以色列政府与国外投资者合作的风险投资基金已达到 100 多个，运营资金高达 35 亿美元，其规模仅次于美国，而人均国际高技术风险投资基金占有量居世界首位，是全球风险投资基金聚集度极高的国家之一。特拉维夫市政府为了促进科技产业的国际化，政府出面与国外投资者合作建立了若干个风险投资基金以支持园区企业的国际化。以色列政府 20 世纪 70 年代以来金融管制逐步放松，积极促进国内外金融业的交流。到 90 年代，以色列已成为中东金融中心，大多数国际知名的投行都在以色列设办事处，为以色列的高技术企业开展国际业务提供有效的资金融通、兼并、收购等服务。此外，为了让外国的风投来以色列移民，以色列政府通过为其风投提供一定的担保等方式来消除他们的投资顾虑。

（3）高度重视人才资源的国际化建设

首先，特拉维夫市政府加大了国际化人才的引进力度，并为本国企业人才的国际化培训提供资助。其次，高度重视外企的人才资源建设。一是外国企业录用本地的技术人员能获得相当丰厚的补贴；二是鼓励外国企业与本地学校联合培育高质量人才，注重通过外企培养国内人才的创造力，以打造具有国际竞争力的人才资源。

（4）积极吸引知名跨国企业入驻

特拉维夫鼓励全球领先企业在该市成立核心研发团队，目前在该市已集聚了 240 多家跨国公司研发中心，其中 IT 和软件行业占 30%，英特尔、IBM、微软、惠普、雅虎、谷歌、苹果、思科等一大批顶尖高科技企业都在该市设有研发中心或办公室。

**（二）国内先进高新区的国际化发展经验**

国内中关村、张江、深圳和成都高新区的国际化起步较早，国际化水平相对较高，初步形成各具特色的发展经验。

**1. 中关村：促进企业制订"引进来、走出去"的国际化计划**

中关村成立了以商务部门为主、相关委办局共同管理的国际化机构，负责引导企业国际化发展方向、制订完善企业国际化发展政策，并提供相关服务。目前已投资兴建了科技型企业"走出去"一站式服务平台，并落实了中关村企业国际化三年行动计划(2014—2016 年)。主要经验:一是广设平台,为企业在海外发展提供帮助。中关村在硅谷、纽约、东京、多伦多、中国台北等地设立了 10 多家海外联络处,为园区企业搭建其开拓海外市场的服务网络;与美国硅谷、法国索菲亚科技园区、以色列特拉维夫园区、香港科技园区等建立长期合作关系,为企业国际化发展提供帮助;定期组织企业参加境外展会;每年举办若干次国际化大讲堂,专门针对企业国际化需求进行培训,帮助企业了解欧美等国家的市场情况。二是支持企业集聚更多国际化生产要素,出台《中关村国家自主创新示范区并购支持资金管理办法》,支持企业开展资本国际化,如对于中关村企业境外并购时发生的法律、财务等中介服务费用,政府给予一定资助;出台《中关村专利促进资金管理办法》,支持企业开展技术国际化,如企业申请境外专利发生的费用给予资金补助;出台《中关村国家自主创新示范区核心区加快人才引进工作暂行办法》,对重点企业在人才引进条件、破格引进、程序等方面进行了详细规定。三是大力降低企业国际化发展的成本。依据《北京市中小企业国际市场开拓资金管理办法实施细则》《关于鼓励境外投资和对外承包工程与劳务合作的意见》等文件对企业国际化发展提供资金支持;出台《中关村国家自主创新示范区企业购买中介服务支持资金管理办法》《中关村国家自主创新示范区协会商会组织发展支持资金管理办法》等,促进中介组织发展,以降低企业国际化过程中的交易成本。四是提供企业国际化发展的有利基础条件。北京是国际交流中心,为中关村企业开展国际交流合作活动提供了较好的基础条件;北京的大学与科研院所较多,使得中关村在科技企业孵化器、留学生创业园及各类专业园和中介协会等建设方面在国内具有相对较强的优势,为企业国际化提供有效支持。

### 2.深圳高新区:高起点顶层设计的国际化战略

深圳市以顶层设计架构城市国际化推进制度,制订分阶段实施计划,出台系列实施政策,通过国际化机构、规划和机制来落实"一区十园"全域国际化的协同推进,为深圳高新区建设世界一流园区提供了最有力的支撑。深圳高新区国际化经验,一是广设国际化平台,创建深圳国际科技商务平台和国际技术转移服务平台。国际科技商务平台主要功能和作用是依托境外科技商务机构的资源,为投资、贸易及政府和民间对外友好交流牵线搭桥。国际技术转移服务平台引进境外先进技术,提升园区企业的源头创新能力和国际竞争力。二是吸引国际高端要素,积极引进世界500强企业地区总部、国内大型企业集团国际总部,初步形成具有国际影响力的总部经济发展集聚地;通过成立深圳高新区创业投资服务广场和深圳市科技金融服务中心,为高新区企业的国际化提供金融支持;启动深圳石岩湖73万平方米国际院士村项目,将容纳50名"全球院士+诺贝尔奖获得者",为深圳高新区提供顶级智力支持。三是营造最开放的国际化环境,深圳前海现代服务业合作区聚集国际化的高端服务业,试点国际金融政策为深圳高新区提供了最开放的营商环境。深圳高新区根据园区发展需要,逐步建立了社会事务平台、文化建设平台、创新总裁俱乐部、创业服务平台等,为外籍人员提供较好的公共服务及与国际接轨的市场监管和社会管理,从而为外籍人员营造了良好的国际化营商环境。

### 3. 上海张江高新区:积极融入的国际化路径

上海建设全球城市和国际科创中心,为张江高新区带来融入全球市场的机遇和路径。一是通过环境对接融入全球发展。推进市级行政审批权下放,激发归国人员创办企业的动力;加强社团建设,以行业协会的形式帮助园区国内外企业沟通,促进行业自律;建立健全外国人才管理服务机制,定期组织各种类型的人文活动,帮助外国人才更好地融入上海;设立首席外国专家评选制度,给予首席外国专家特殊保障;开展外国高层次人才国际商业医疗保险结算中心建设试点,构建适应外国人才需要的国际医疗中心等。二是通过平台对接融入全球市场。加强与美国硅谷和欧洲部分国家的高新区和战略机构的合作,并组织园区企业进行项目对接;成功加入国际科技园协会组织,帮助整合国际资源;与国外创新中心机构合作建立张江国际科技合作公共服务平台,为企业科技国际化提供帮助;在波士顿建立孵化园,依托麻省理工学院的开放性实验室寻找有市场化价值的技术。三是通过政策对接融入全球资源。大力引进国际化人才,制订人才签证实施细则,明确外国人才申请和取得人才签证的标准条件和办理程序,实现外国人来华工作许可和居留许可并联审批模式。四是拓宽国际化的融资渠道。通过设立专项资金支持张江各园区开展国际化金融信用,对进入国际资本市场融资的高新技术企业给予资助;大力引进创业风险投资公司,对企业国际化提供风险投资;加大对跨国公司地区总部入驻的鼓励政策;支持园区重点技术申请国际专利,对此类专利的维持费用给予补贴,对构成国际标准的核心专利给予重点奖励;成立协同创新研究院,利用高校的优质资源为园区企业的科技国际化服务。

### 4.成都高新区:政府引导跨国合作的国际化方式

成都高新区深入实施产业大智造、人才大汇聚、开放大融合、产城大提升、体制大突破、民生大保障"七大行动"计划,提升园区国际化水平。一是大力引进国际化要素。首先,引进各个产业上的世界级公司入驻,如英特尔、富士康、戴尔等;其次,深入实施"高新人才计划",通过建立"海外人才工作站""高层次人才服务中心"等工作平台,成都高新区大力引进了一大批具有国际视野、熟悉国际规则的顶尖领军人才与创业团队;再次,设立企业创新专项资金,推动世界500强企业和国际知名企业到区内设立研发中心、创新中心、工程技术中心。二是加强与国际区域的交流合作。全力打造欧洽会等中欧合作品牌,推动成都高新区与欧洲国家的经贸合作;加强与硅谷、索菲亚、特拉维夫等全球著名高新区建立稳定合作关系,加速要素双向流动;通过推进与国际标准化组织合作,加快了成都高新区标准接轨国际的步伐。三是加大平台建设力度。成都高新区与国外部分高新区共同出资建立了中外创新创业园建设基金,定期举办中外青年创新创业大赛和中外科技创新论坛、中外产业创新合作对接会等。

### (三)国内外先进科技园区发展经验的若干启示

### 1.聚焦高科技产业发展的国际化

从以色列特拉维夫科技园区、中关村、张江与深圳高新区等的成功经验可以看出,后发高新区要实现产业的赶超,必须加大对本区优势产业国际化的扶持力度。杭州高新区(滨江)的优势产业在于网络信息技术、大健康和节能环保等相关产业,因此,杭州高新区(滨江)必须加大对这些产业的国际化支持力度。

### 2.着力中小科技企业国际化培育

中关村、张江与深圳高新区以大城市为依托,吸引了一大批具有国际化视野的大型内资企业,提升了高新区的国际化水平。但浙江的优势在于民企发达,且多数企业为中小企业。中小企业更有创新动力和应变能力,创新体制机制上约束更少,更能适应高科技领域的快速变化。因此,杭州高新区(滨江)必须着力于中小创新型企业国际化的政策措施,帮助融资、提供市场信息、便捷地分享专业技术平台和孵化基地的服务。

### 3.注重国际化人才的招引集聚

无论是国外的硅谷特拉维夫,还是国内的中关村、张江等高新区,均十分重视人才要素的集聚,可见人才是高新区国际化发展的根本。为此,杭州高新区(滨江)应进一步加大国际化人才集聚的支持力度,下大力气引进国际化人才,想方设法留住人才。

### 4.建立健全相关国际化网络

截至2017年,中关村、张江、成都等高新区都在海外建有自己的国际化联络机构,杭州高新区(滨江)在海外还未设立此类组织。因此,杭州高新区(滨江)应在海外积极构筑开放的科技园区创新网络,为企业的国际化提供帮助;应加强与世界高科技园区的合作,逐步提升杭州高新区(滨江)的高科技产业在全球价值链中的地位和影响力。

### 5.完善国际化发展的制度平台

中关村、张江、深圳高新区在国际化发展过程中,均设有国际化组织,均为国际化进行了制度创新。为此,杭州高新区(滨江)应建立国际化的公共服务平台和专业技术平台,创新相关制度,提升政府的国际服务能力。

### 6.构建有利于国际化发展的环境

硅谷国际化之所以长盛不衰,在于其优良的发展环境吸引国际要素不断进入,国内先进高新区在国际化过程中均加大了高新区的环境建设力度。因此,构建有利于国际化发展的环境是杭州高新区(滨江)国际化加快发展的重要步骤,需要打造国际化的便利交通、高标准建设城市基础设施,大力提升国际化公共服务和商务服务。

## 四、杭州高新区(滨江)国际化发展的目标和路径研究

### (一)国际化发展的战略定位

美国硅谷、以色列特拉维夫、新加坡、中关村、深圳南山等国内外先进高科技园区,始终遵循"世界眼光、国际标准、本土优势"的指导理念,从战略、规

划、计划三个层面推进"国际滨"发展，努力培养国际视野，着力提升经济、文化、社会和生态文明发展的国际水准，全力打造全球影响力的"互联网＋"创新创业高地、全球科创网络重要节点、世界一流宜居宜业环境，提升"国际滨"的全球配置力、影响力和竞争力，分步建成国际创新园区及世界一流高科技园区，充分彰显科技新城首位度，率先实现全城高质量发展，当好杭州"拥江发展"示范区。

**(二)国际化发展的具体目标**

发挥 G20 后峰会效应，以迎接亚运会为契机，完善国际化各项服务功能，融合国际元素，展现"国际滨"品牌形象，形成世界影响力的创新型产业集群，推动全球创新要素大量集聚，实现区域自主创新力大幅提升、体制机制改革率先突破，重点打造有全球影响力的"互联网＋"创新创业高地。深度融入"一带一路"建设，全力推广"国际滨"的品牌声誉，深化国际化进程，进一步提升区内企业在世界产业价值链的位置，在全球产业产品标准的制订中获得更多的话语权，使杭州高新区(滨江)成为全球新兴技术、产业和国际化规则的策源地。进一步完善国际化的平台建设，形成融入国际的人文环境，创建智慧城市治理新样板，将杭州高新区(滨江)打造成为全球科创网络重要节点，初步建成有一定影响力的世界一流高科技园区。力争到 2022 年园区实现生产总值 1800 亿元，培育 5 个以上国际影响力的产业集聚区及巨型企业，聚集国家级高新技术企业 850 家，聚集海外高层次创新创业人才 11000 人，拥有境外授权专利 1000 件，制订国际、国家和行业标准 1000 项，实现 100 家以上内资控股企业设立海外研发和营销机构，从业人员中归国留学人员和外籍常驻人员比例达到 2％以上，经认定高新技术企业出口总额占营业总收入比 10％以上。

经过 5 到 10 年的努力，以更长远的世界眼光，坚持国际化发展路径，最终将杭州高新区(滨江)建成有较高影响力的世界一流高科技园区，力争到 2027 年，实现园区生产总值达到 3000 亿元，培育 10 个以上国际影响力的产业集聚区及巨型企业，从业人员中归国留学人员和外籍常驻人员比例达到 3％，经认定高新技术企业出口总额占园区营业总收入 15％以上。

**(三)国际化发展的主要路径**

**1."国际参与→全球影响"的融入发展路径**

综合运用"引进来"和"走出去"战略，着力培育全球影响力的产业集群和创新创业中心,主动对接"一带一路"、长江经济带等,积极融入长三角都市圈发展,尤其融入以上海为龙头的多极化的全球科创中心建设。加强国际联系,积极参与各种国际活动,并逐步从国际参与转向主动影响,承接国际行业展会、学术研讨会、国际赛事等,输出行业标准、国际规则及区域创新理念、特色文化,实现积极融入发展。

### 2."跟踪模仿→自主创新"的跨越发展路径

瞄准世界领先的高科技产业园区,从跟踪模仿各类先进技术和现代管理制度,逐步转向技术自主研发、管理模式创新的赶超发展路径。充分发挥杭州高新区(滨江)的市场活力和企业家资源,成为全球创新浪潮的策源地,实现从专业型高科技园区向各项功能不断完善的"专业+综合"型国际开放创新区跨越发展。

### 3."生产国际化→要素国际化"的升级发展路径

契合全球化各种浪潮,杭州高新区(滨江)的国际化重心从产品和服务贸易转向企业全球范围的生产和供应链布局,以提升企业竞争力、避免贸易摩擦。面对创新国际化的新趋向,杭州高新区(滨江)再度走从生产国际化走向要素国际化的升级发展道路,包括国际技术转移、人才流动及最高级阶段的资本国际化,实现在全球范围配置创新资源,构建创新国际网络。

### 4."经济国际化→全域国际化"的协同发展路径

深化"产业引领、创新驱动、产城融合"的区域发展战略,发挥杭州高新区(滨江)产业和创新国际化的先发优势,通过经济国际化倒逼行政服务体制的创新改革。以"全域国际化"为目标,提升城市建设和生态环境的国际标准,提升市民素质和文明水平,提升国际文化认同,推进"经济国际化、城市国际化、环境国际化"三位一体的协同发展路径。

### (四)国际化发展的重点任务

以"产业国际化、平台国际化、创新国际化、服务国际化"为重点任务,分步建设国际创新园区及世界一流高科技园区。

### 1.培育本土国际品牌,形成国际化的创新型产业集群

积极培育龙头企业树立国际品牌、实现跨国经营。充分利用国家对外经

济合作专项资金,省、市"走出去"专项资金等政策资金,支持企业拓展海外市场,提高海外经营能力和风险控制能力,树立国际品牌;鼓励企业开展围绕专业的国际研讨、交流活动,鼓励其在区内引入国际化行业会议;支持企业制订国际标准,申请国际专利,掌握国际竞争主导权;支持企业利用区政府并购基金、海外业务保险等撬动各方资源,积极实施海外并购,进一步扩大对外投资。建立对接区内重点企业的"政府联络员"制度和海外企业同盟组织,积极对接在杭州市成立的国际企业家咨询委员会,确保企业遇到国际化经营问题能及时向政府和同行求助。深化"信用杭州"建设,积极培育区内信用管理示范企业。力争 2022 年在区内自主培育 2 家以上巨型跨国企业。

加大对中小企业的国际化服务和扶持。积极培育国际化的中小型科技企业,使之快速成长为在全新领域具备国际领先水平的新锐企业;举办更多的中小企业海外业务培训、咨询活动,组织领军企业、瞪羚企业的海外资源对接活动,鼓励中小企业借船出海、抱团出海;鼓励文创、生物医药等中小企业借助行业龙头企业及企业投资人的国际化发展平台、渠道和经验,加快走出去步伐。

培育国际竞争力的创新型产业集群。一方面要"引进来",加大国际项目的招引力度。突破政策优惠型传统招商模式,加快向环境优化型、资本运作型现代产业招商创新模式转变,实施与世界 500 强和全球行业领军企业合作行动计划,开展"跨国公司招商大走访"计划,吸引跨国公司在杭州高新区(滨江)设立区域性总部和研发中心;坚持全球视野,主动引入"院士"、"国千"和"长江学者"特聘教授等专家领衔的研发团队,实现高端产业延链强链,力争2022 年世界 500 强和全球行业领军企业在区内投资项目数超过 100 个。另一方面要"走出去",鼓励区内组建多企业协作技术标准联盟、知识产权联盟;鼓励多企业协办国际会议会展,重点发展"云计算大数据""智慧安防""工厂物联""智慧健康""跨境电商"等创新型产业集群,形成国际区域品牌优势,充分发挥创新型产业集群的国际竞争优势。

**2. 完善国际创新要素对接平台,打造全球创新网络重要节点**

促进平台国际化,发挥杭州高新区(滨江)在国际化创新创业中的引领、枢纽和辐射功能,打造全球创新网络的重要节点。

完善海外信息集散平台。组建海外推荐平台,主动在海外设立相关组织,承接信息的内外交流;对接杭州国际会展中心建设,参与和承办各类展会、峰会活动,为企业搭建国际性的交流展示平台;组织各国经济和科技参展活动;鼓励 MONEY20/20(财富无限)盛会等行业性或学术性国际会议和高端论坛永久落户杭州高新区(滨江);开设杭州高新区(滨江)国际化大讲堂等,着力打造信息资源的区域国际交流中心。

完善国际技术转移平台。主动引入欧恰会(NGO 组织)等国际经贸和技术合作促进组织,在区内开展中国—欧盟投资贸易科技合作洽谈会,推广其在成都高新区和青岛高新区的合作经验,争取欧洲企业网(EEN)中国南部中心落户杭州高新区(滨江)。组织开展国际科技合作经验交流与资源对接会议,帮助企业及时对接国际先进科学技术。坚持市场主体、政府引导,面向不同目标国家设立技术转移中心,利用产业引导基金,鼓励设立海内外双向的创新创业孵化器。提升海外孵化器运作能力,构建海外知识产权交易制度和平台,将海外专利和技术引入区内落地孵化;发挥海外并购公会等中介作用,引入专业国际商务机构,搭建海外并购平台,着力建构知识和技术的区域国际创新中心。

完善国际资本对接平台。举办跨国投资研讨会,增进投资国和杭州高新区(滨江)投资环境的相互了解,促进双方达成合作;组织企业参加国际活动,组织中小企业参加各类专业科技交流活动,吸引海外资金投资企业科技项目;搭建海外招商平台,结合市"外资招引攻坚年"行动方案,在浙洽会、杭商大会、"以外引外"恳谈会等各类活动中积极做好区域环境宣传、上门招商及项目签约工作。

完善国际人才交流平台。组织海外人才沙龙活动,组织在杭高校留学生与区内企业对接活动,组织长三角地区高新技术企业的人才交流活动等,形成密集的技术流、信息流、人才流,促进各类企业、研究机构与各层次国际人才进行及时供需对接,重点打造生产要素的区域国际配置中心。

### 3. 营造开放创新"生态",打造"互联网+"创新创业高地

打造国际化人才集聚地。启动人才的国际化市场化"两化"联动工作,重点在"引进、保障、培育"上下功夫。一是编制国际化创新园区紧缺人才开发目录并定期发布,建立与国际接轨的专业人才培养质量标准和评估认证体系;设立"人才引进培育专项资金",对国际一流的创新创业领军人才及其团

队给予不低于1000万元的支持,符合要求的人才最高享受300万元的安家补助,提升政策吸引力。二是引入国内外著名猎头公司、国际人才中介服务机构;进一步明确外籍人才签证的标准条件和办理程序,进一步优化外国人来华工作许可和居留许可的审批服务;政府招标采购区内各种市场化社会化的人才服务项目,引入并留住更多国际化人才。三是建立与国内外知名高校的人才合作项目。一方面加强与浙大等本地高校合作,吸引本地留学人才和海归人才集聚区内;另一方面,抓住全市未来10年计划引入30所名校名院名所的机遇,抢先出台《加快引进优质高等教育资源实施办法》,明确土地、服务、资金和建设支持等政策措施,积极争取"中科院系""高校系""国际系"三大系科研院所和研究生院落户杭州高新区(滨江);在区内展开科研机构体制机制改革创新,比如创建类似西湖大学、清华科技研究院等新型科技研究机构。通过教育机构、企业研究机构和海创基地等平台引才聚才及支持人才创业,杭州高新区(滨江)力争2022年海外留学人才和外籍常驻人员占从业人员的比率超过2%。

推动建设国际科技园区。发挥政府和市场多重优势,主动出击,与世界领先的高科技园区建立中外合作园,加快与美国硅谷、坎布里奇,以色列特拉维夫,加拿大卡尔顿,英国苏格兰,德国慕尼黑,法国索菲亚,日本筑波等的战略合作,积极加入国际科技园协会组织,为开放创新提供一流的平台。学习青岛蓝谷等地招引高校研究机构的经验,针对杭州高新区(滨江)主导的网络通信、生命健康、节能环保和文创产业,利用资金、土地、建设和服务支持积极引入国内和国际一流的高校研究所,提升国内外科技协作的能力。

建构更加开放的资本市场。积极融入钱塘江金融港湾建设,整合区域金融资源;争取金融开放试点政策,建构国际资本双向流动通道;突出培育具有全球竞争力的新金融组织,以民间财富管理为特色的新金融业态;成立海外并购基金,鼓励"资本+孵化"的风投资本入驻区内,重点引进海外孵化机构、研发机构、运营机构等创新资源,重点招引硅谷和特拉维夫、中关村、深圳和张江等园区的知名风投机构,构筑更加开放的区域资本市场。

创建对接国际规则的软环境。营建符合国际规则的税收、法律、服务和管理环境,引入国际服务能力的中介机构,通过服务购买形式组织海外业务培训。在知识产权上明晰更加国际化的操作规则,建立杭州高新区(滨江)核心产业专利数据库、海外专利维权机制和海外专利申请资助机制,提升企业全球专利收储和运营能力。发挥高新区知识产权服务业集聚区和知识产权法院的先建优势,培育公平开放的创新软环境。

### 4. 发挥高新区特色和优势,实施"一带一路"倡议新模式

发挥民营资本优势,加快布局"一带一路"跨国经营。随着"一带一路"推进,俄罗斯、印度、巴基斯坦、哈萨克斯坦、泰国、越南、南非及我国新疆等西部地区跃升为建设核心区,这些地区不缺资源、劳动力、市场,缺的主要还是资本和技术。杭州高新区(滨江)具有实力强劲的民营高科技企业,拥有充足的民营资本和企业家以及先进技术,可加快布局"一带一路"核心区及丝路国家,积极打造我国民营跨国公司总部基地。海康威视、正泰科技、华三通信等已经在丝路国家具有一定的贸易和实业基础,比如正泰集团积极布局欧亚国家的光伏太阳能市场,收购德国 Conergy 企业,企业经济效益正逐步显现。当前需要梳理和宣传区内企业参与"一带一路"建设的已有案例和经验,积极制定"一带一路"参与指南。

发挥跨境电商优势,有力助推"一带一路"国家对外贸易。重点推广杭州高新区(滨江)阿里 B2B、洪铖跨境电商等在"一带一路"核心区和丝路国家的跨境贸易经验,助力中小企业开展对外贸易。可推广阿里跨境电商服务海外供应商经验,把 eWTP 新外贸模式向"一带一路"区域快速复制;通过和英国CNBC 电台合作,开发"全球创业跑"(在中国采购,回英国销售)的创业真人秀节目,推广阿里让中国制造圆梦全球创业的经验。阿里速卖通全球买家人数超过了 1 亿,在 45 个国家的 APP 购物平台排名第一,在东欧和俄罗斯等"一带一路"市场上中国企业品牌知名度快速上升,通过推广阿里跨境电商经验,促进我国传统对外贸易向现代国际贸易新体系转变。

发挥信息产业优势,积极参与"一带一路"网络建设和服务外包。"一带一路"中"铁路、水路、陆路、空路、网路、能源路"这"六路"建设需要大量的"信息化解决方案",发挥杭州高新区(滨江)信息产业先发优势,引导区内信息技术企业借船出海,积极参与"一带一路"六路建设项目。推广众合科技在非洲国家建立轨道交通、列车控制安全信号系统和相关标准的经验,推广新华三对厄瓜多尔国家安全指挥控制系统架构和服务经验,推广中控公司在中海油"一带一路"项目中的合作模式。同时充分利用杭州高新区(滨江)软件服务

外包经验,大力拓展"一带一路"服务外包项目。

发挥科技创新优势,促进"一带一路"创新资源互惠共享。英国、欧盟、以色列、乌克兰和印度等"一带一路"国家拥有丰富的创新资源,尤其是先进的通信科技、大量的创新人才和风投资本,可以和杭州高新区(滨江)实行充分的资源对接。加强与"一带一路"沿线国家的国际人才引进、交流与合作,探索组建"一带一路"国际人才智力合作联盟,开展"柔性引才",通过合作研究、兼职、咨询和讲学等方式柔性引进海外高端智力。积极开展"一带一路"国家的中外科技园区建设、科技合作项目开发、创新项目孵化等,实现创新融入。尤其是出台政策积极鼓励区内企业和研究机构争取国家科技部的"一带一路"科技重大项目,借助"一带一路"发展,打开国际创新新局面。

### 5.打造国际化的服务功能体系,建设世界一流宜居宜业环境

提升国际化行政服务功能。制订公共机构外籍雇员管理办法,鼓励外籍雇员发挥专长,支持其引进国外先进管理模式,推动国际合作、技术指导和培训服务,建立外籍雇员服务机制和通报制度。建立国际化人才集中服务机制;打造国际化信息服务平台;设置企业国际化业务专员联络制度;在区行政服务中心进一步提升双语服务能力,固定外籍人员服务窗口和服务时间;加快推广滨江政策百事通公众号,提升公众号的外文解说能力,提高国际化政策的知晓度和执行效率等。

提升国际化中介服务功能。培育和引入一批有国际服务能力的会计师事务所、律师事务所、人才服务和专业咨询机构、外国非银行金融机构;吸引国际标准委员会、海外并购公会、全球华人商会、全球行业协会、国际商事仲裁机构等非营利组织及分支机构落户杭州高新区(滨江),通过政府创新券等多种形式支持企业购买相关中介服务,引导企业通过联合购买等多种方式提升国际知名中介的服务购买力。积极对接上海、北京的国际化中介服务机构,提升专利、商标国际申请等国际化中介服务功能。积极发展智库产业,成为国内外知名的高科技产业发展信息咨询中心、教育培训中心、商务交流中心、人文展示中心和投资洽谈中心。力争2022年入驻区内的各类国际中介服务机构超过50家。

提升国际化商贸服务功能。对接杭州"标准国际化创新型城市"建设要求,推进国际街区建设、提升商贸商业配套服务功能。加快建设商业综合体,

不断完善商业配套,丰富多元化的饮食和娱乐服务,提升商贸配套的国际化服务水平,以吸引和留住更多国际人才。建立和落实国际会展招引机制,引进一批国际知名的会展项目和会展服务机构,以奥体、白马湖区块为核心做大做精各种类型的国际化展会,力争2022年树立10个以上高端国际会展品牌,提升"滨江"全球知名度。

提升国际化社区服务功能,推进国际人才社区建设,引导开发面向海外各类人才的多层次房源,鼓励建设供海外高层次人才拎包入住的国际公寓;从上海、深圳等地引入国际化社会服务机构,在现有社区植入更多国际化要素,提升国际化生活配套功能,营造更好的国际化氛围,力争2022年形成3个以上新型国际化社区。

提升国际化公共服务功能。大力引进国内外优质师资力量,切实提高国际化教育水平,积极申报杭州教育国际化示范学校。建立高层次人才就医绿色通道,开通国际社保结算,完善高层次人才医疗保障服务。加强制度建设和流程优化,实现接轨世界最高标准的国际医疗服务。完善公共体育设施,为国际人才提供便捷开放的运动场地。提升公共服务的国际化语言环境。

**(五)国际化发展的保障措施**

按照党中央、国务院提出的构建开放型经济新体制的"四新"总体要求,即"建立市场配置资源新机制、形成经济运行管理新模式、形成全方位开放新格局、形成国际合作竞争新优势",根据省市国际化工作的新要求,不断完善相关组织机构、工作机制、活动内容和政策体系等,以确保国际化发展任务的完成。

**1.落实国际化工作机构和推进机制**

对接杭国推办[2017]3号《2017杭州城市国际化行动方案》。根据即将出台的全市城市国际化工作考核考评办法,及时建立杭州高新区(滨江)国际化专委会等专项工作推进机构,建立国际化工作统筹协调机制、宣传推荐机制、政府人才培养机制,工作推进落实机制和通报督查考核机制等,依据杭州市国际化评估指标体系,推出区内国际化工作的评估指标,设立国际化工作专项考评制度。建立国际化战略"产业、创新、平台、服务、法治"等多个专项工作组,分解专项任务,细化国际化计划和落实具体事项。"推进杭州林东新能源科技股份有限公司 LHD 海洋发电项目"已列入 2017 年杭州城市国际化重点项目,杭州高新区(滨江)和市发改委作为责任单位,需要全力配合,积极争取项目顺利完成。

### 2. 配备国际化工作的各类人才

学习青岛中德生态园和青岛蓝谷管委会经验,在区内的中外合作园区、五大平台指挥部等相关单位探索推进与行政级别脱钩的事业单位职员制改革,组织相关单位进行改革模拟测算,逐步试点,解决国际化进程中的人员激励不足问题,在国际化相关部门和单位提高涉外工作人员比例。邀请国内外知名专家担任杭州高新区(滨江)国际化战略咨询委员,扩大咨政影响力。

### 3. 策划"滨江"品牌系列活动

统一"滨江"整体宣传策划方案,在全域范围统一展现"滨江"品牌象征、独特文化、大型广告;同时开展海外的文化沟通活动,通过外籍人士策划系列宣传片,组织各种国际化交流会,在美国硅谷、法国法兰克福等地推出"滨江"品牌展示,积极融入杭州的对外宣传活动,提升区域知名度和美誉度,吸引更多国际要素流入,也帮助区内企业顺利"走出去"。

### 4. 出台并实施国际化政策

在新一轮产业政策调整中出台高新区国际化专项政策的基础上,出台具体实施细则,就企业设立国外营销机构、出口、在国外投资研发类项目、参与国际竞争、国外并购、跨境电子商务平台建设和品牌培育、服务贸易创新发展、创新平台建设、设立研发机构、设立创投机构、培育和引进国际化人才、鼓励举办国际会议等方面给予资金扶持,加快杭州高新区(滨江)产业和创新的国际化发展。

# 附录1 杭州人才住房需求问卷调查表

尊敬的受访者：

为更好地服务杭州市人才，2017市委党校中青班"杭州世界名城建设的人才问题研究"专题调研组需要向您了解情况，谢谢！

2017 年 10 月

1. 您的性别？

☐男 ☐女

2. 您的年龄？

☐20—30 岁 ☐31—40 岁 ☐41—50 岁 ☐51—60 岁

☐60 岁以上

3. 您的婚育情况？

☐未婚 ☐已婚

4. 是否育有子女？

☐是，_____人 ☐否

5. 您的学历是？

☐本科 ☐硕士 ☐博士 ☐其他_____

6. 您的年收入区间？

☐10 万元以下 ☐10 万元—20 万元

☐20 万元—30 万元 ☐30 万元—40 万元

☐40 万元以上

7. 您的工作单位类型是？

☐党政机关 ☐事业单位 ☐科研机构 ☐国有企业

☐外资企业 ☐私营企业 ☐其他_____

8. 对杭州市人才住房政策是否满意？

☐是 ☐否，如不满意，原因：_____

9. 您是否享受过杭州市政府的人才住房政策?

□货币补助_____万元　　　　□入住公租房_____平方米

□其他政策性住房政策_____　　□没有任何享受

10. 您目前的居住状态是?

□租住私房(整租)　　　　　　　□租住私房(合租)

□单位公寓、宿舍　　　　　　　□与家人亲戚同住

□自有产权房　　　　　　　　　□其他:_____

11. 您现所在单位是否能够提供住(租)房补贴、人才公寓、集体宿舍等住房条件?

□是　　　　　　　□否

12. 根据您的家庭需求,您对于人才公租房的需求程度?

□不需要

□更倾向于选择通勤便利、配套方便的市场租房

□只要租金相对便宜,无论区位或者周边配套情况如何,都会考虑租赁人才公租房

□需要综合考虑人才公租房的区位、设施等条件看是否租赁

13. 根据您的家庭需求,您对于人才公租房的需求时间?

□不需要　　　　　　　　□短期租赁做周转(短于1年)

□固定期限租赁(1—3年)　□需要长期租赁(超过3年)

14. 您认为人才公租房轮候多长时间能够忍受(注:指从申请到最后能分配到自己的时间)?

□1年以内　　　□1—2年　　　□2—4年　　　□4年以上

15. 您认为政府对于租赁人才公租房达到多少年限的人员可提供购买经济适用房政策?

□3年　　　　□5年　　　　□10年　　　　□10年以上

16. 您能接受的人才公租房租金价格区间是(单位:元/平方米)?

□10以下　　□10—15　　□15—20　　　□20—25

□25以上

17. 您认为政府确定人才公租房租金时最应当考虑以下哪些因素(此题

为多选)?

☐地段　　　　　☐周边配套设施　☐房屋年份　　　☐房屋造价

18.您是否能接受如下政府的人才租赁房退出机制?

☐人才综合评估后不符条件的退出　☐租住五年或更长时间后退出

☐收入条件达到较高水平后退出　　☐个人自愿退出

☐其他退出原因＿＿＿＿＿＿＿＿＿＿＿＿＿＿＿＿＿＿＿＿＿＿

19.您希望政府为保障人才住房能提供哪些优惠政策(如购房贷款利息优惠、购买经济适用房等)?

＿＿＿＿＿＿＿＿＿＿＿＿＿＿＿＿＿＿＿＿＿＿＿＿＿＿＿＿＿＿＿

＿＿＿＿＿＿＿＿＿＿＿＿＿＿＿＿＿＿＿＿＿＿＿＿＿＿＿＿＿＿＿

＿＿＿＿＿＿＿＿＿＿＿＿＿＿＿＿＿＿＿＿＿＿＿＿＿＿＿＿＿＿＿

＿＿＿＿＿＿＿＿＿＿＿＿＿＿＿＿＿＿＿＿＿＿＿＿＿＿＿＿＿＿＿

＿＿＿＿＿＿＿＿＿＿＿＿＿＿＿＿＿＿＿＿＿＿＿＿＿＿＿＿＿＿＿

# 附录2 杭州市城市国际化促进
# 条例(草案)
# (征求意见稿)

## 第一章 总 则

第一条【立法目的】为了加快推进城市国际化,建设独特韵味别样精彩的世界名城,根据有关法律、法规,结合本市实际,制定本条例。

第二条【适用范围】本市行政区域内的城市国际化促进工作,适用本条例。

第三条【战略和目标】本市实施城市国际化战略,优化区域开放布局,创新对外投资方式,促进国际产能合作,创建面向全球的贸易、投融资、生产、服务和文化交流网络。

本市城市国际化的目标是,建设具有全球影响力的"互联网＋"创新创业中心、国际会议目的地城市、国际重要的旅游休闲中心、东方文化国际交流重要城市,形成一流生态宜居环境、亚太地区重要国际门户枢纽、现代城市治理体系、区域协同发展新格局。

第四条【体制机制】促进城市国际化,应当充分运用现行法律制度和政策资源,借鉴和遵循国际理念、国际通行规则和国际惯例。

市人民政府应当组织相关部门争取国家、省相关改革试点,推进科技创新、会展旅游、招商引智、投资融资、文化交流、规划建设、生态环保、交通管理、城市治理、区域协同、对外宣传等方面改革创新,完善适合城市国际化发展需要的管理体制机制。

第五条【统筹实施】市和区、县(市)人民政府应当加强对城市国际化促进工作的统筹领导,将城市国际化促进工作纳入国民经济和社会发展规划,相关经费纳入财政预算。

市人民政府应当每年向市人民代表大会报告城市国际化推进工作情况。

第六条【领导机构】本市设立城市国际化推进工作委员会(以下简称推进工作委员会),研究决定城市国际化推进工作中的重大事项。办事机构设在市发展和改革部门,承担推进工作委员会的日常工作。根据工作需要,推进工作委员会可以设置若干专业领域的推进工作机构(以下简称专业领域推进工作机构)。

区、县(市)人民政府应当建立相应的城市国际化促进工作机制,负责本地区的城市国际化促进工作。

规划、建设、城市管理、交通、商务、贸促、会展、旅游、文化、医疗、教育、质监、公安、外侨、宣传、信息等部门,应当根据各自职责共同做好城市国际化促进的相关工作。

第七条【城市国际日】每年 9 月 5 日为"杭州国际日"。

市和区、县(市)人民政府应当组织开展国际经贸文化交流、国际化城市发展论坛等促进城市国际化的相关活动,提升本市国际影响力。

第八条【社会参与】市和区、县(市)人民政府及有关部门应当鼓励企业、社会组织和个人依法开展有利于促进城市国际化的经济、社会、文化交流合作,并提供必要支持。

## 第二章　产业国际化

第九条【产业政策】本市实行差异化的产业发展政策,市人民政府确定的战略新兴产业、重点产业、高端产业等可享有行业扶持、园区入住、人才使用等优惠政策,具体办法由市和区、县(市)人民政府另行制定。

第十条【信息经济】本市建设具有全球影响力的"互联网＋"创新创业中心,形成国际一流的云平台和大数据平台,构建国际前沿和高端产业集群,建设全球领先的信息经济科创中心,培育具有国际竞争力的创新型领军企业,引领国际标准制定。

第十一条【跨境电商】本市建设中国(杭州)跨境电子商务综合试验区,加强与国内外大型电商企业的合作,推进全球电子商务平台建设,打造国际网络贸易中心;在技术标准、知识产权、贸易方式、政府监管等方面加强国际合作,引领制定全球跨境电商发展的管理制度和规则,建立网上贸易争端解决机制。

第十二条【自主创新示范区】本市建设国家自主创新示范区,完善国际创新创业生态环境,合理规划建设创新园区、产业园区、国际合作园区等,按规定给予土地、财政、税收、人才、配套服务和公共资源使用等方面的优惠政策。

第十三条【创新生态】市和区、县（市）人民政府应当就以下事项制定政策措施，营造国际创新创业生态环境：

（一）完善产学研合作机制；

（二）加快创新创业平台建设和政策支持；

（三）引导资本服务于创新创业企业；

（四）鼓励引进和培育国际化人才；

（五）促进知识产权保护与成果转化应用；

（六）培育科技型初创企业，推动小微企业创新和壮大；

（七）鼓励社会资金和人员投入技术研发。

第十四条【科技合作】鼓励本地企业开展国际科技合作和成果交流，鼓励境外企业、高校和科研机构与本地企业、高校和科研机构合作设立国际联合研究中心、前沿科学中心和创新服务机构。

第十五条【会展赛事】市和区、县（市）人民政府应当完善会展、赛事管理机制，整合相关资源，依法加强对会展业的政策引导和资金支持，建设全球会议目的地城市和会展之都、赛事之城。

政府及有关部门应当合理规划建设大型会议、展览、赛事场馆和国际酒店群，健全场馆运营机制，发挥场馆经济效益和社会效益；培育引进专业会议组织者、目的地管理公司等专业机构；提升本地会展、赛事的国际知名度，鼓励本地会展企业和品牌加入国际知名会展业组织，提高举办国际会展、赛事的承载服务能力。

市人民政府应当建立国际会展引进和申办联动机制，加强与国际机构、国家部委和省级部门合作，引进国内外大型会议、展览和赛事；推动联合国相关机构和会议、展览、赛事等方面的国际组织、品牌机构入驻本市或者设立办事机构。

第十六条【旅游休闲】市人民政府应当制定实施旅游国际化行动计划，推进旅游国际化与全域化，加大旅游产品、营销、功能、服务、管理、环境的国际化建设，打造国际重要的旅游休闲中心。

旅游管理部门应当制定政策措施，鼓励依托本市自然山水和历史文化资源，开发符合国际需求的旅游产品，建立国际旅游营销体系，开展全球性精准化营销主题推广活动，加快建设与国际接轨的游客服务体系、导游服务队伍和旅游环境,提升旅游国际可进入性。

区、县(市)人民应当根据实际建设具有本地特色的国际展示体验区块,开展生活品质国际体验项目,促进东西方文化交流。

第十七条【品质消费】市和区、县(市)人民政府应当完善国际化消费环境,建设特色街区和本地特色商品展销中心,推进国际化商圈和进口商品展示交易中心建设,增强对国际高端消费的吸引力。

政府及有关部门应当主动适应群众消费需求的变化,在文化、体育、健康、养老等方面引入国际服务资源,促进高品质服务消费领域有效供给。

市人民政府应当加强跨境消费者权益保护,建设国家电子商务投诉维权中心和国家流通领域网络商品质量监测中心。

第十八条【招商合作】市和区、县(市)人民政府应当建立跨区域协作、内外资统一的国际化专业招商机制,开展营商环境国际推介活动。

本市重点引进世界500强企业、全球行业领先企业、国际创新型企业以及优质浙商回归项目等,市和区、县(市)人民政府可以按规定给予优惠政策并奖励招商团队。

第十九条【境外投资】鼓励企业通过跨国并购、兼并、股权投资等多种方式开展境外投资,建设境外产业合作园区和海外仓储设施,增强本地企业国际竞争力和影响力。

政府以及有关部门应当积极开展本地知名企业推介活动,优化境外投资项目审核、备案制度,完善投资服务体系和风险防控机制。

## 第三章　城市环境国际化

第二十条【城市规划】市和区、县(市)人民政府应当根据城市特色和区域功能,科学规划城市空间布局,实现城市建设前瞻性、系统性、稳定性和可持续性。

城市总体规划、集中体现城市特色或者功能定位的区域规划设计和建设项目方案,鼓励面向国际招标。

第二十一条【特色风貌】市规划行政部门应当组织编制城市设计和相关导则,报市人民政府批准后组织实施。城市区域规划与建筑形态应当符合城市设计和相关导则,体现城市特色、建筑美学和时代风貌,并有序实施更新。

建设行政主管部门应当通过建设项目方案审查加强建筑形态管控,维护和展现本市特色风貌。

重要沿山滨水区、历史风貌区、公共活动中心区、交通枢纽等地区,市建设行政主管部门可以划定为城市风貌管控重点区域。

第二十二条【宜居环境】市和区、县(市)人民政府应当加强水、气、废等环境综合治理,优化景观绿化,保护生态环境,营造舒适宜居的城市环境。

本市对城市环境实行承载力预警,健全环境信用评价制度,完善重点生态功能区的生态补偿机制,实施环境污染责任保险制和生态环境损害责任终身追究制。

第二十三条【交通能力】市人民政府应当采取措施,增加本市与世界重点城市的国际客货运班列、航线,加强空陆、公铁、水铁、江河海等多种交通方式的联运衔接和设施互联互通,建设区域性国际物流中心,形成亚太地区重要的国际门户枢纽。

市人民政府应当采取措施,加快形成以杭州为中心的省域一小时交通圈,推动城市轨道交通加快成网,优化城市快速路网,推进杭甬运河二通道建设,依托开放共享的交通综合信息平台和交通大数据,提升智慧交通管理和服务水平。

第二十四条【信息基础设施】公共信息基础设施是城市基础设施的组成部分,同步纳入城市基础设施规划建设,并应当符合人口规模和生产生活需求,与城市区域功能协同发展。

市人民政府应当加快国家下一代互联网示范城市建设,提升本地与国际网络交换能力,推动杭州成为国际贸易、金融、物流等大数据汇集、交易、挖掘、应用的重要枢纽城市。

第二十五条【公共信息标识】城市道路、机场、车站、码头、风景旅游区、医院、会议中心、宾馆饭店、公共厕所等公共场所,应当设置公共信息标识。已有国际通用标识的,应当使用国际通用标识;没有国际通用标识的,应当按规定设置双语或者多语标识,其译写规范应当通过市外事工作部门和市语言文字工作部门共同审核认定。

公共信息标识的设置应当纳入各类新建、扩建、改建工程竣工验收内容。

公共信息标识的设置标准由市质量技术监督部门会同有关部门确定。

### 第四章　公共服务国际化

第二十六条【政务环境】市和区、县(市)人民政府应当推进政务数据资源的跨层级、跨部门的归集、共享、开放和应用,形成城市管理数据体系,提升城市治理智慧化水平。

各级政府及其部门应当加快推进行政审批制度改革,涉外行政审批实行国民待遇和准入前负面清单管理制度,运用信息技术手段提高政府运行透明度和办事效率,涉外服务平台应当提供多语种服务。

第二十七条【信用环境】市和区、县(市)人民政府应当加强公共信用体系建设,鼓励发展社会征信机构,建立健全守信激励和失信惩戒联动机制。

公共信用信息管理部门应当加强与境外信用管理机构合作,推动本市信用服务企业参与全球信用行业建设。

第二十八条【人才引进】市和区、县(市)人民政府应当建立国际高层次人才引进制度,为国际创新人才、创业团队的引进和交流提供政策支持和便利化服务。引进人才在居住、医疗、子女教育等方面享有优惠待遇,具体办法由市和区、县(市)人民政府另行制定。

市和区、县(市)人民政府应当建立外籍专家工作站和外籍专家人才库,为创新创业企业提供人才支持;鼓励开展本地人才海外培训、国际交流活动,加快本地人才国际化;试行政府部门外籍雇员制。

第二十九条【教育领域】市教育行政主管部门应当鼓励学校开展国际教育交流与合作,加强本地教师境外研修力度,支持学校聘请境外教师,促进境外优质教育资源公平引进与配置。中小学校应当开展国际认知和理解教育。

市和区、县(市)应当积极引进国内外著名高校来杭州办学或者与本地高等院校合作办学;根据外籍人才引进情况,合理规划建设外籍人员子女学校。

第三十条【医疗领域】市和区、县(市)人民政府应当制定政策,鼓励本市医院与境外医学院校、医疗机构和医学研究机构合作组建国际医疗机构,引进海外高层次医疗人才。

鼓励医院与国际医疗保险机构签订合作协议,实现国际医疗保险直接支付;三级甲等医院应当具备为外籍人员提供医疗服务的能力。

第三十一条【入境服务】国际空港应当在旅客通行、货币兑换、网络环境、交通换乘等方面提升服务水平,提高入境便捷程度。

第三十二条【居留签证】公安、人力资源和社会保障等部门应当依法简化外籍人员工作、居留许可程序,研究制定外籍人员在签证办理时限、居留期限等方面的便利政策,为外籍人员在本市工作、生活、旅游提供便利条件。

第三十三条【使领馆】市人民政府应当积极争取国家支持在本市设置外国使领馆,加强与境外国家和地区的联系。

第三十四条【法律服务】加强涉外法律服务,完善法律援助机制,为本市居民和外籍人员提供优质法律服务。加快建设杭州国际仲裁中心,推动仲裁的国际合作。

## 第五章　文化国际交流

第三十五条【文明与包容】本市坚持精致和谐、大气开放的城市人文精神,培育开放包容、多元共融的城市文化,塑造东方文化品牌,打造东方文化国际交流重要城市。

第三十六条【文化保护与宣传】市和区、县(市)人民政府应当依法保护和开发世界文化遗产、文化遗址、非物质文化遗产和优秀传统文化,展示丝绸、茶叶、金石篆刻等杭州特色文化,培育发展时尚产业文化。

市人民政府应当挖掘地域历史文化,建设城市历史演进展示馆,记录和宣传城市发展历史。

第三十七条【文化传播和交流】市和区、县(市)人民政府应当积极采取措施,鼓励文化传播和国际交流:

(一)建设和完善影剧院、音乐厅、美术馆、图书馆、文化馆、非物质文化遗产展示馆、书画院等文化交流场所;

(二)引进文化人才、技术和经营管理经验;

(三)支持创作富有杭州特色和国际元素的文化作品;

(四)举办有国际影响力的戏剧、文学、音乐、舞蹈、影视、动漫、美术等文化活动和节庆赛事;

(五)引导社会力量参与对外文化交流,拓展境外市场;

(六)加强与国际知名文化组织、机构合作,建设国际文化交流平台。

第三十八条【执法合作】文化执法部门应当加强国际执法合作,深化文化作品知识产权保护工作。

第三十九条【市民素质】市和区、县(市)人民政府应当采取措施提升居民文明素质和国际意识,引导市民理解各国文化差异,鼓励市民宣传中国和本市文化。

市和区、县(市)人民政府应当加强公共文化空间与设施建设,鼓励教育机构设置关于中外文化、礼仪等有助于加强国际理解和交流的课程,鼓励社区开展外语教学和外语志愿服务,提高居民对外交流能力。

第四十条【对外宣传】推进工作委员会和负责宣传工作的专业领域推进工作机构,应当建立对外宣传和城市国际形象推广机制,加强与国内外主流媒体合作,提升杭州国际知名度和影响力。

本市可以聘请有关人员担任"杭州国际形象大使",加强本市对外宣传和推介;对本市经济社会发展和国际交流做出突出贡献的境外人员,可以授予"杭州市荣誉市民"称号。

第四十一条【友城合作】市外侨部门应当构建更广泛的国际友城网络,促进本市与国际友好城市在经贸、文化和社会管理方面的交流与实质性合作。

第四十二条【民间交往】市人民政府推动设立以社会力量为主体的城市国际交流合作基金会和以海外规范侨团为主体的海外交流协会,借助社会资源拓展民间外交,支持开展各类国际经济、科技与人文交流项目。

## 第六章　保障措施

第四十三条【咨询机制】本市建立城市国际化专家咨询机制和市长国际企业家咨询机制,就本市城市国际化发展的重大问题提供咨询意见。具体机制的建立和实施由市发展和改革部门负责。

第四十四条【政策开放】除国家或者省另有规定外,本市基础设施和公共服务领域对国内外市场主体开放,各部门不得制定有碍市场开放和公平竞争的政策与规定,但因国家和地区安全必须做出限制性规定的除外。

第四十五条【评估体系】市人民政府应当建立并公布城市国际化评价指标体系,委托有关组织开展城市国际化水平评估,评估报告应当向社会公布。

第四十六条【发展规划】市发展和改革部门应当会同各区、县(市)人民政府和专业领域推进工作机构,编制城市国际化发展规划,经市政府批准后组织实施。

专业领域推进工作机构可以根据城市国际化发展规划,制定本领域的城市国际化专项规划或者行动计划。

第四十七条【年度计划和考核】市发展和改革部门应当会同专业领域推进工作机构,制定城市国际化年度计划并组织实施。

城市国际化年度计划应当明确项目的责任单位和实施要求,并对执行情况开展考核。具体考核办法由市发展和改革部门另行制定,专业领域推进工作机构牵头单位可以制定相关考核细则。

第四十八条【示范实践】鼓励区、县(市)和街道、社区、园区、楼宇等开展区域性城市国际化综合治理探索实践。

在发展开放型经济、提升科技创新能力、增强区域国际包容性、加强社会治理与公共服务、推进国际交流合作、塑造国际形象等方面起到示范引领作用的区域和项目,可以认定为"城市国际化示范区(项目)",并按规定予以表彰和奖励。具体办法由市发展和改革部门制定。

第四十九条【表彰奖励】对城市国际化促进工作有突出贡献的单位和个人,由推进工作委员会按规定给予表彰和奖励。

## 第七章　附　　则

第五十条【施行时间】本条例自　　年　月　日起施行。

# 参 考 文 献

[1] 张骁儒,黄发玉.国际化城市与深圳方略[M].深圳:海天出版社,2014.

[2] 白友涛,吴填,俞晓霞.引入与融合:城市国际化研究[M].南京:东南大学出版社,2008.

[3] HALL P. The world cities[M]. London: Weidenfeld and Nicolson Ltd. ,1984.

[4] FRIEDMANN J. The world city hypothesis[J]. Development and Change, 1986,(17).

[5] FRIEDMANN J. Where we stand: a decade of world city research[M]// KNOX P, TALOR P. World cities in a world system[M]. Cambridge: Cambridge University Press, 1995.

[6] CASTELLS M. The rise of the network society[M]. 2nd ed. Oxford: Blackwell, 2001.

[7] 曼纽尔·卡斯特.流动空间[J].王志弘,译.国外城市规划,2006(5).

[8] 陆枭麟,皇甫玥.大事件诱导下的空间嬗变与治理尺度重构——以北京奥运会为例[M].// 城乡治理与规划改革——2014中国城市规划年会论文集(12—居住区规划).北京:中国建筑工业出版社,2014.

[9] 冯贵盛,陈萍.沈阳创建国际化城市的若干问题思考[J].社会科学辑刊,1997(6).

[10] 周振华.全球化、全球城市网络与全球城市的逻辑关系[J].社会科学,2006(10).

[11] 吴林军,余长景.国际城市理论研究综述[J].湖北行政学院学报,2004(5).

[12] 郑伯红,陈存友.世界城市理论研究综述[J].长沙铁道学院学报(社会科学版),2007(2).

[13] 倪鹏飞,等.中国城市竞争力报告 No.2[M].北京:中国科学文献出版社,2004.

[14] 吴伟强,Wu Anqi,李俊,等.后 G20 时代杭州城市国际化的关键指标——基于全球化城市指数(GCI)[J].浙江工业大学学报(社会科学版),2016(4).

[15] 李丽纯,李松龄,夏传文.长沙城市国际化水平比较研究[J].经济地理,2011(10).

[16] 周春山,王朝宇,吴晓松.广州城市国际化发展水平研究[J].城市观察,2016(4).

[17] 梅琳,黄柏石,等.武汉城市国际化水平的比较评价与优化路径研究[J].华中师范大学学报(自然科学版),2014(2).

[18] 周蜀泰.基于特色竞争优势的城市国际化路径[J].南京社会科学,2010(11).

[19] 叶南客,李程骅,周蜀泰.基于"大事件"驱动的城市国际化战略研究[J].南京社会科学,2011(10).

[20] 李明超.基于区域竞争力的城市国际化评估与提升路径[J].企业经济,2017(10).

[21] 史健洁,林炳耀.经济全球化背景下的城市化[J].城市问题,2002(4).

[22] 国务院发展研究中心课题组.世界城市化和城市发展的若干新趋势和新理念[J].中国发展观察,2013 年第 1 期.

[23] 编者.OECD 国家的大都市区治理[J].国外社会科学,2015(5).

[24] 汤丽霞,海闻.深圳国际化城市建设比较研究报告[M].北京:中国发展出版社,2014.

[25] 胡国洪.新加坡经济发展的模式及经验管窥[J].中国城市经济,2011(12).

[26] 汪慕恒,黄汉生.新加坡独立后的经济发展[J],厦门大学学报(哲学社会科学版),1994(3).

[27] 杨世国,程全兵.深圳:"创新之城"是如何炼成的[J].人民日报海外版,2015-4-15(7).

[28] 方东华,陈珊珊.国外先进城市管理模式及其对宁波的启示[J].宁波大学学报(人文科学版),2012(4).

[29] 吴红艳.成都提升城市国际化水平的举措经验及对宁波的启示[J].宁波经济,2016(10).

[30] 叶南客,李程骅,周蜀秦.基于"大事件"驱动的城市国际化战略研究[J].南京社会科学,2011(10).

[31] 约瑟夫·奈.软实力[M].马娟娟,译.北京:中信出版社,2013.

[32] 王国平.城市论[M].北京:人民出版社,2009.

[33] 中共杭州市委宣传部,杭州市文化创意产业办公室.杭州文化创意产业发展报告(2016)[M].杭州:杭州出版社,2017.

[34] 陈宁.杭州的传统文化及其现代转换[J].中共杭州市委党校学报,2001(6).

[35] 黄健.江南文化的诗性品格与杭州文化的发展[J].中共杭州市委党校学报,2007(6).

[36] 周乾松.杭州历史文化遗产保护的思考与对策[J].城市观察,2012(2).

[37] 迈克尔·波特.国家竞争优势[M].李明轩,邱如美,译.北京:中信出版社,2007.

[38] 孙万松.高新区自主创新与核心竞争力[M].北京:中国经济出版社,2006.

[39] 陈姚朵,郝义国,涂山峰.东湖高新区科技创新国际化发展研究[J].科技进步与对策,2016(3).

[40] 李志赋.浅谈高新园区的理论研究[J].经济视野,2014(11).

[41] 王缉慈,等.创新的空间:企业集群与区域发展[M].北京:北京大学出版,2001.

[42] 冷俊峰.关于国家高新区产业国际化的思考[J].中国高新区,2014(5).

[43] 唐锦铨.中小型高新技术企业国际化与企业绩效关系[J].科技管理研究,2015(1).

[44] 侯媛媛,刘云.高新区创新国际化运行机制及绩效研究[J].中国管理科学,2013(11).

[45] 谷国锋.区域科技创新运行机制与评价指标体系研究[J].东北师大学报(哲学社会科学版),2003(4).

# 后　记

在写作过程中,迎来了中国共产党第十九次全国代表大会的召开,课题组认真学习大会报告,将会议精神及时融入书稿撰写。报告对"两个一百年"奋斗目标做出了更加清晰的描绘,将 2020 年到 21 世纪中叶这 30 年分两个阶段,做出战略安排:第一个阶段,从 2020 年到 2035 年,在全面建成小康社会的基础上,再奋斗十五年,基本实现社会主义现代化;第二个阶段,从 2035 年到 21 世纪中叶,在基本实现现代化的基础上,再奋斗十五年,把我国建成富强民主文明和谐美丽的社会主义现代化强国。2020 年全面建成小康社会、2035 年基本实现社会主义现代化、2050 年把我国建成富强民主文明和谐美丽的社会主义现代化强国,这就是新时代的"三步走"战略。在我的理解中,这样一个宏伟战略愿景需要铸就一个坚实的发展基础,尤其是新时代区域、城市的高质量发展更是重中之重。为此,我和多位同事共同致力于长三角城市群,特别是杭州的城市发展研究,在改革开放四十周年之际,回顾历史、及时分析、展望未来,勾画杭州的世界名城建设之路。杭州市发改委、市决咨委、市政府政研室、市委组织部及浙江大学经济学院等诸多专家学者悉心指导、热情参与,加上多位同事的无私奉献、不倦探讨终使本书稿顺利完成。书稿有关内容整理后报杭州市委市政府领导参阅,陈红英副市长和组织部张仲灿部长分别做出了肯定性批示,给予了课题组极大的鼓励。浙大黄先海教授带领团队潜心于城市国际化研究,为杭州完成"城市国际化评价"研究,为书稿提供了充实的科学分析依据,黎晓春博士作为主要成员参与课题整个过程,并完成第一篇全部文字撰写,胡秀丽副教授完成第三篇第九章撰稿,杭州市规划局综合处丁芳处长帮助撰写第四篇第十章的大部分文字,杭州市交通运输局规划计划处梁强勇处长执笔完成第四篇第十一章全部内容,张乐才和黎晓春博士参与了第十二章的写作,特此感谢。另外,由衷感谢杭州市委党校将"杭州城市国际化问题研究"列为教研咨一体化重点项目,给予最强大的支持,特别感谢杭州市委党校 2017 年秋季中青班"杭州世界名城建设的人才问题研究"调研组全体成员(顾勇敏、梁强勇、丁芳、王珍薇、蒋磊、严超、郭君萍、王飞航、胡蓓、王莉、谷穗、丁毅、张洪阁、潘洪、富艳荣、阿依古丽·阿布都热依木),也感谢默默支持我的家人、好友和专家学者。今天,我们开始关注世界名城建设的"杭州样本""杭州故事",希望明天能坚持并深化这一领域的理论研究。

限于本人才疏学浅,书中疏漏和不妥之处,欢迎广大读者不吝赐教,任何批评和建议都将受到最热烈的欢迎。

常 敏

2018 年 1 月 8 日